汽车类专业项目教学示范教材

汽车装饰与美容实用技术

湖南省常德市东亚汽车服务有限公司　组编
主　编　陈　旭
副主编　陈　辉　陈厚云
参　编　蔡　强　朱建军　王典贵　孟凡君

机械工业出版社

本书介绍了汽车装饰与美容方面的专业理论知识与实用技能。全书共分八大模块，主要内容为：汽车装饰与美容概述、汽车外部装饰、汽车内饰装饰、汽车漆膜的修复、汽车的外部清洗护理、汽车内室的清洁护理、汽车的美容护理、汽车精品的选装。

本书内容翔实，实用性强，着重于实际应用和操作，每个模块理论部分设置了项目目标、项目内容、课后练习，实训部分设置了实训目的、实训内容、实训设备、实训方法、实训注意事项、实训标准操作步骤、实训考核评分标准、实训学生操作工单等环节，使每个模块化整为零，方便师生的教学互动。本书针对职业院校学生的特点，做到理论知识适用、够用，专业技能实用、管用、密切联系实际。

本书实务性强，适合作为高职高专、汽车职业院校和培训机构的教材，也可作为广大汽车爱好者的参考书。

图书在版编目(CIP)数据

汽车装饰与美容实用技术/陈旭主编. —北京：机械工业出版社，2015.6
(2019.9 重印)
汽车类专业项目教学示范教材
ISBN 978-7-111-50135-0

Ⅰ.①汽⋯ Ⅱ.①陈⋯ Ⅲ.①汽车—车辆保养—职业教育—教材
Ⅳ.①U472

中国版本图书馆 CIP 数据核字 (2015) 第 091923 号

机械工业出版社(北京市百万庄大街22号　邮政编码100037)
策划编辑：赵海青　　责任编辑：赵海青
版式设计：赵颖喆　　责任校对：薛　娜
封面设计：路恩中　　责任印制：郜　敏
北京圣夫亚美印刷有限公司印刷
2019年9月第1版第2次印刷
184mm×260mm・15 印张・367 千字
3001—4500 册
标准书号：ISBN 978-7-111-50135-0
定价：39.00元

凡购本书，如有缺页、倒页、脱页，由本社发行部调换

电话服务	网络服务
服务咨询热线：010-88379833	机 工 官 网：www.cmpbook.com
读者购书热线：010-88379649	机 工 官 博：weibo.com/cmp1952
	教育服务网：www.cmpedu.com
封面无防伪标均为盗版	金 书 网：www.golden-book.com

前 言

当前,我们正处于知识经济时代,国际经济一体化趋势正在升级,现代化、信息化、城镇化和新型工业化的进程迅速加快,职业教育规模不断扩大,且趋向集团化,职业教育为社会经济服务的能力持续增强。与此同时,我国汽车工业和汽车专业的职业教育得到了快速发展。事实证明,科学技术是第一生产力,职业教育是科学技术进步的重要动力,更是新型汽车工业高度发展的强大内驱力。东亚汽车服务有限公司,是一支融汽车专业教育功能与服务功能于一体的校企合作团队,充分利用10多年来校企合作共办汽车教育和共建汽车企业的丰富经验与体会,组织职业教育和企业服务等相关专家共同编写了《汽车发动机原理与实用技术》《汽车电器原理与实用技术》和《汽车底盘原理与实用技术》三本教材,根据教学需要,我们又编写了《汽车整车及零配件营销实用技术》和《汽车装饰与美容实用技术》两本教材。本系列教材广泛适用于汽车专业高、中职学生,企业专业人员和汽车维修职业技能培训人员使用,包括理实一体的实训指南、考核标准与评分细则。

在这套教材的立意、组编、成稿的过程中,得到了湖南省教育厅、常德市教育局、常德职业技术学院、常德汽车机电学校、汉寿县职业中等专业学校、常德技师学校、贵州松桃苗族自治县中等职业学校、张家界航空工业职业技术学校、东风汽车公司等相关单位的大力支持,在此表示衷心感谢。

本书由湖南省常德市东亚汽车服务有限公司组编,陈旭任主编,陈辉、陈厚云任副主编,蔡强、朱建军、王典贵、孟凡君参与编写。

由于编者水平有限,书中难免有缺点和错误,恳请广大师生与读者批评指正,以便修订时改进。如读者在使用本书的过程中有其他意见或建议,恳请通过常德市东亚汽车服务有限公司网站踊跃提出宝贵意见(www.cddyjt.cn)。

编 者

目　录

前言
第1章　汽车装饰与美容概述 ··· 1
1.1　汽车装饰与美容市场分析 ·· 1
1.2　汽车装饰简介 ·· 3
1.3　汽车美容简介 ·· 6

第2章　汽车外部装饰 ··· 10
2.1　汽车外部装饰的常用工具、设备及材料 ···························· 10
2.2　车身大包围装饰 ·· 16
2.3　汽车彩条及装饰膜的装饰 ··· 19
2.4　其他外部装饰 ·· 24
实训1　安装汽车车身大包围 ·· 28
实训2　汽车彩条的装饰 ··· 33
实训3　全车玻璃贴膜 ·· 37

第3章　汽车内饰装饰 ··· 43
3.1　汽车内饰装饰的常用工具、设备及材料 ···························· 43
3.2　座椅的装饰 ·· 46
3.3　地板的装饰 ·· 49
3.4　车内精品装饰 ·· 50
实训4　安装座椅垫、真皮座椅和儿童座椅 ···························· 53

第4章　汽车漆膜的修复 ·· 62
4.1　涂料的基本知识 ·· 62
4.2　常用的汽车涂料 ·· 80
4.3　汽车维修喷涂施工的常用工具与设备 ································ 83
4.4　汽车涂装工艺 ·· 91
实训5　车身打蜡、抛光、镀晶 ··· 97
实训6　全车封釉 ·· 103
实训7　底盘装甲 ·· 106

第5章　汽车的外部清洗护理 ··· 109
5.1　汽车外部清洗简介 ·· 109
5.2　汽车的一般清洗与整车清洗 ·· 111
实训8　洗车、车内吸尘 ··· 116

第 6 章 汽车内室的清洁护理 ·· 120
6.1 汽车内室主要部件总成的清洗 ·· 120
6.2 汽车发动机零件的清洁和部件的免拆卸清洗 ························· 125
实训 9 真皮座椅清洗护理 ·· 128
实训 10 车顶棚及地毯清洗护理 ·· 131
实训 11 发动机室清洗护理 ·· 134

第 7 章 汽车的美容护理 ·· 138
7.1 汽车美容护理用品简介 ··· 138
7.2 汽车的日常护理 ··· 145
7.3 汽车漆膜的美容护理和漆膜划痕的修复 ······························· 146
7.4 轮胎的养护美容 ··· 149
7.5 汽车的夏季护理 ··· 151

第 8 章 汽车精品的选装 ·· 155
8.1 汽车安全防护用品的选装 ·· 155
8.2 汽车音响的选装 ··· 160
8.3 汽车系列精品的选装 ·· 162
实训 12 贴车门犀牛皮 ··· 175
实训 13 安装行李架 ·· 178
实训 14 安装发动机下护板 ·· 183
实训 15 修复前照灯 ·· 186
实训 16 改装氙气前照灯 ··· 190
实训 17 修复前风窗玻璃 ··· 194
实训 18 安装倒车雷达 ··· 199
实训 19 安装 DVD、倒车影视 ··· 205
实训 20 安装防盗器 ·· 211
实训 21 安装凸镜 ··· 215
实训 22 安装激光迎宾灯 ··· 219
实训 23 安装 GPS 导航 ·· 223
实训 24 安装一键式起动 ··· 228

参考文献 ·· 233

第1章

汽车装饰与美容概述

随着我国汽车工业的迅速发展,轿车进入家庭的步伐逐渐加快,为我国汽车装饰与美容行业提供了巨大的发展空间。汽车装饰与美容养护已被越来越多的人所接受,并且成为一种时尚。汽车装饰与美容养护业作为一种新兴产业正在崛起,已成为21世纪的黄金产业。

1.1 汽车装饰与美容市场分析

想一想:我国汽车装饰与美容市场是怎样的?

提示:目前我国汽车保有量已突破1.35亿辆,我国汽车保有量已超过日本,成为仅次于美国的世界第二大汽车保有国。然而,目前我国汽车装饰与美容业仅有3万多家,其大部分集中在大中城市,从事汽车装饰与美容的企业在数量上仅为汽车维修企业的15%左右,与发达国家比较相差甚远。

学习目标	鉴定标准	教学建议
1. 能对我国汽车装饰与美容市场进行分析 2. 了解我国汽车装饰与美容业存在的问题	1. 正确分析我国汽车装饰与美容市场 2. 能列举我国汽车装饰与美容业存在的问题 3. 对我国汽车装饰与美容业的发展有所了解	采用教师启发式讲解、学生讨论相结合的方式,最后教师要总结

1. 我国汽车装饰与美容市场分析

在西方发达国家中汽车相当普及,据统计,美国的汽车保有量几乎占全球汽车保有量的1/5,达到了2.4亿辆,汽车装饰与美容行业随着市场需求逐渐从汽车维修行业中分离出来。汽车后服务市场中,汽车装饰与美容行业营业额已占到整个汽车维修行业的80%。汽车维修与美容行业在美国已经成为仅次于餐饮业的第二大服务产业,并连续30年保持高速增长。目前,我国汽车保有量已突破1.35亿辆,我国汽车保有量已超过日本,成为仅次于美国的世界第二大汽车保有国。然而,我国汽车装饰与美容业仅有3万多家,其大部分集中在大中城市,从事汽车装饰与美容的企业在数量上仅为汽车维修企业的15%左右,与发达国家比较相差甚远。随着消费者"爱车、养车意识"的不断提高,越来越多的车主更加重视对车辆的日常保养,不等到车辆损坏以后再到修理厂或4S店进行大修。"七分养,三分修"的新理念已为更多的消费者所接受,现在人们对汽车不仅要求"行得方便",也要求"行得漂亮"。因此,汽车定期装饰与美容护理正在成为汽车消费的重要内容之一。

随着国内汽车消费市场的持续升温,尤其是私家车的增多,许多与汽车相关的行业也在不断涌现。新兴的汽车装饰与美容已经成为热潮中的一大亮点,成为汽车售后服务市场的一大投资商机。汽车装饰与美容市场前景不可限量。

中国已成为世界第二汽车大国,并逐渐进入汽车社会,与汽车消费配套的汽车后市场业已成为一个庞大的、持续高速发展的"黄金"市场。国内汽车消费市场的持续升温,中国轿车私有化程度的不断提升,为汽车消费后市场提供了无穷的商机,也为中国汽车用品及服务产业提供了巨大的发展契机。

近两年来,继汽车精品与装饰、汽车音响市场的繁荣,汽车导航、车载电子、汽车安全、汽车改装也得到了空前的发展,极大地丰富了汽车用品市场。同时,围绕着汽车消费相关的连锁服务、汽车维修与保养服务、汽车金融服务、售后服务、经销服务等汽车服务行业,也朝着一体化、品牌化、国际化的方向蓬勃发展,形成庞大的汽车服务产业市场。

目前,如何在新的市场环境和消费特点下,分享汽车后市场这块蛋糕,已经成为业内新的研究课题和竞争焦点,新技术、管理模式、融资模式、加盟连锁模式在汽车领域的应用越来越成为大家关心的热点问题和改变汽车生活的重要途径。在这里值得一提的是加盟连锁模式,受市场需求影响,加盟连锁近年来深受投资商的青睐。中国汽车工业的发展和消费迎来了一个令人欣喜的时期,中国汽车后市场,迎来了一个朝气蓬勃的黄金时代。

2. 我国汽车装饰与美容业存在的问题

(1) 汽车美容行业管理法规制度不健全　从国外的汽车服务市场来看,汽车美容服务已经完全从汽车维修行业中划分出来,成为一个独立行业。而我国目前的行业划分,汽车美容依然附属于汽车维修,而且经营项目也并未与汽车维修有所区分。

例如,兰州市对汽车美容行业的管理,汽车美容企业总体上由汽车维修行业管理处管理,而汽车清洗由市容管理分管。从管理的划分方式就可以看出汽车美容行业在管理上的不规范。要使汽车美容服务更加专业而全面,就必须将汽车美容从汽车维修中分离出来,进行专项管理。

(2) 从业人员素质低,专业化人才不足　通过对乌鲁木齐市汽车美容市场的调研发现,乌鲁木齐市汽车美容市场上的从业人员基本上都是学徒工,不少从业人员仅具备初中文化程度,这些人对于汽车美容技术的学习都是采取师傅带徒弟的方式,汽车美容技术的传授和更新速度极慢,知识和技能十分有限,他们对汽车美容产品的使用基本上是按说明书操作,极少研究其工作原理。另外,汽车工业的新技术应用越来越广泛,电脑系统、电子技术在这一行业的应用也在逐渐升级,非专业美容养护工人根本无法排除故障。这种靠老师傅传、帮、带的学习方式,不能适应市场对汽车美容技工的需要。从业人员素质低、专业化人才匮乏制约了汽车美容业的发展。

3. 对我国汽车装饰与美容业的发展建议

随着我国汽车保有量的猛增,市场急需技术水平高、产品质量有保证、设备先进并具有专业化服务水平的新型汽车美容企业。根据汽车美容业存在的问题和日益发展的汽车后市场的需要,对我国汽车美容业提出以下发展建议。

(1) 加强汽车美容行业管理,严格市场准入制度　国家应对汽车美容行业制定相应的标准与规范,其中包括技术标准、设备标准和收费标准,政府有关部门应依据标准和规范加强对汽车美容市场的监督和管理。严格市场准入制度,汽车美容业应参考汽车维修业的做法,实行行业准入制度,将那些在经营规模、技术、人员、设备等方面不符合要求的企业拒之门外,维持行业内的秩序,使之处于一个良好的发展环境中。

(2) 加强人员培训,提供专业化人才　各大专院校和职业技校应加强汽车美容行业人才的培养,提供高素质、专业化人才。汽车美容企业应具备一定数量的专业技术工人才能开业,不同的汽车美容服务项目对技术工人的水平要求也不同,因此可根据工人的技术水平和操作熟练程度,划分出不同等级并颁发相应的技术证书,只有拥有相应等级证书的技术人员才能从事汽车美容服务行业。这样既能保护消费者的利益,又提高了服务的技术水平。

(3) 提高产品质量和服务质量　产品质量和服务质量是企业生存的根本,企业应通过加强产品质量管理和服务管理,为消费者提供更加优质的服务。汽车美容消费一般都不是一次性消费,汽车美容企业应提高服务意识,运用多种服务方式,提高其有形产品和无形服务的质量,以满足消费者对汽车美容服务的更高要求,并且在服务价格上实行透明政策,在消费时能心中有数,更重要的是能吸引其后续消费;同时,还应加强营销服务网络的建设,提升服务的适时性、及时性和有效性,构建高质量的服务网络以获取更多顾客,以此在行业竞争中生存并获得持续性发展。

(4) 品牌化、专业化经营　随着欧美知名汽车服务企业进入中国,行业内竞争日趋激烈,使得国内一些经营管理经验不足、品牌化和专业化水平低的企业难以生存,只有具备专业技术和一定知名度的专业店才能在激烈的市场竞争中获得持续发展。因此,国内汽车美容企业应树立品牌意识,力求"专而精"的经营理念,服务项目应具有特色鲜明性和服务规范性,通过专业化的技术水平和良好的服务质量吸引消费者,并以连锁经营为依托,加快服务网络建设,降低服务成本,强化竞争力。

1.2　汽车装饰简介

想一想:什么是汽车装饰?

提示:根据 car2011 权威定义,汽车装饰是指通过增加或者替换一些附属的物品,以此提高汽车表面和内室的美观性、实用性、舒适性,这种行为叫做汽车装饰。

学 习 目 标	鉴 定 标 准	教 学 建 议
1. 理解汽车装饰的定义 2. 了解汽车装饰的原则 3. 了解汽车装饰的分类	1. 理解汽车装饰的定义 2. 了解汽车装饰的原则 3. 了解汽车装饰的分类	采用教师启发式讲解、学生讨论相结合的方式，最后教师要总结

随着汽车行业的发展及人们物质生活条件的提高，人们越来越追求个性化。所以在不影响汽车本身的安全性的前提下，越来越多的车主为了让开车和乘车环境更舒适，越来越喜欢对汽车进行装饰。

1. 汽车装饰的定义

根据 car2011 权威定义，汽车装饰是指通过增加或者替换一些附属的物品，以此提高汽车表面和内室的美观性、实用性、舒适性，这种行为叫做汽车装饰。所增加或者替换的附属物品，叫做装饰品或者装饰件。广义的汽车装饰还包括汽车改装、汽车美容等。

2. 汽车装饰的原则

买了新车大都要进行一番装饰，装饰轿车应掌握五点原则，即协调、实用、整洁、安全和舒适。

协调：饰材和饰物的颜色必须同轿车的外表颜色、车内顶部与四周的颜色配合适当。如黑色的轿车配以浅茶色的太阳膜；在深灰色的驾驶室里配以黄色的座套与白色枕套，棕色车毯；在驾驶室前放一瓶外形美观的香水或语音报时钟等。这样，整个驾驶室就会显得大方、豪华、和谐。

实用：根据车内有限的空间，尽可能选用一些小巧、美观、实用的饰物。但要注意最好是能反映车主本人个性的艺术品。

整洁：要求车内装饰井井有条，无任何污染或杂物。同时，车内所有的饰物必须便于拆装清洗或更换。

安全：车内的饰物不得有碍于车主安全行车或乘坐人员安全乘车。

舒适：车内的装饰色彩和质感符合车主的审美观。因为只有舒适的工作环境，才有可能令车主产生心情舒畅、轻松自在的感觉。

3. 汽车装饰的分类

根据汽车装饰的部位分类，可分为汽车外部装饰和汽车内室装饰。

（1）汽车外部装饰　主要对汽车顶盖、车窗、车身周围及车轮等部位进行装饰。

其主要内容：

1）汽车漆面的特种喷涂装饰。

2）彩条及保护膜装饰。

3）前空调出风口翼板装饰。

4）车顶开天窗装饰。

5）汽车风窗装饰。

6）车身大包围装饰。

7）车身局部装饰。

8）车轮装饰。
9）底盘喷塑保护装饰。
10）底盘 LED 灯带装饰。

提醒：装饰轿车应掌握一定的步骤。即由表及里、先主后辅。具体步骤是先装饰车窗玻璃，后装饰车里的前部与后部、前排座中央位置、坐垫或背垫及其他饰物。

（2）汽车内室装饰　主要是对汽车驾驶室和乘客室进行装饰，统称为内饰。
其主要内容：
1）汽车顶棚内衬装饰。
2）侧围内护板和门内护板的装饰。
3）仪表板的装饰。
4）座椅的装饰。
5）地板的装饰。
6）内室精品的装饰。

4. 汽车装饰主要服务项目

（1）汽车内部实用型装饰

1）附加头枕：很多轿车的头枕位置太靠后，车主如果要直视前方，根本挨不到头枕，所以颈部在开车的时候会很累。安装一个附加头枕，可以减轻颈部的疲劳。附加头枕多为内部充棉的真丝面料枕头，固定在原有的头枕上，价格一般不是很高。

2）方向盘套：抡惯了塑料方向盘，突然有一天厌倦了，想换换颜色，或者要想手感舒服一点，不妨套上一个方向盘套。方向盘套分绒套和真皮套两种，绒套摸起来舒服，而且颜色更多更活泼，适合女性车主。真皮套显得更高档，设计者在驾驶者的手握位置上设置了凹槽，握上去比较顺手。

3）防盗系统：以前汽车安装防盗系统似乎还很少，而给车安装防盗系统已越来越有必要。市场上供应的防盗系统分为三大类，包括电控类、机械类和 GPS 系统。电控类的有防盗器、中控锁、指纹锁、终极锁；机械类的有方向盘锁、变速杆锁、轮胎锁。种类繁多，各种档次应有尽有，可以到信誉较好的大店按照实际需要选购。

4）倒车后视镜：新手倒车时面临的一个首要问题就是视野问题。改善视野，不妨在车内后视镜上夹上一块大视野后视镜。它通常是一面窄长的弧面镜，视野很宽，通过这面镜子可以清楚地看到正后方和侧后方的情况。

5）车顶行李架：除车顶装饰外，常用于自驾旅游，配合车顶箱、车顶框搭载旅游行李，增大车内空间。

（2）汽车内部享受型装饰

1）手机支架：中低档车里往往没有，但是如果安装上一个，在开车的时候就可以不必冒着危险从口袋里掏手机了。手机支架的底座可以通过吸盘吸在前仪表台上，既轻巧又实用。

2）纸巾盒：副驾驶座位上的乘客往往可能要在开车的时候吃东西，那纸巾盒就是必不可少的了，如果仪表台前放一对憨态可掬的小绒布熊纸巾盒，就会增加车内的温馨感。

3）车内香水：许多新车内都有一股装饰材料散发出来的怪味，除了多开车窗外，选择车用香水可以掩盖这种气味，而且会让车内空气更加清新。

4）变速杆头：变速杆头的装饰似乎还比较少见。其实作为车内部最醒目的装饰之一，变速杆头的档次和风格很大程度上决定了车内整体风格。合金变速杆头显得车主年轻；真皮变速杆头显得车主成熟稳重；要体现木纹的装饰效果，与车内仪表台上的桃木内饰风格一致，也可以选择木质变速杆头，这种装饰多用在女性车主的车上。

5）影音系统：DVD或者VCD的显示屏不仅可以安装在仪表台上，还可以装在前排座椅的后背上，或者装在副驾驶座前的夹板后面。放下夹板，就可以欣赏电影，收起夹板，还能够保护显示屏不被划伤。

6）更换座椅：一部车最显眼的就是座椅，选择皮套、布套或各式座椅都是体现车主品位的地方。但是不论选择皮套还是布套，只要牢记两大标准就可以了，一是舒适，二是美观。

1.3 汽车美容简介

想一想：什么是汽车美容？

提示：汽车美容（Auto Beauty）是指针对汽车各部位不同材质所需的保养条件采用不同性质的汽车美容护理用品及施工工艺，对汽车进行全新的保养护理。

学 习 目 标	鉴 定 标 准	教 学 建 议
1. 掌握汽车美容的概念 2. 掌握汽车美容的陷阱 3. 了解汽车美容的历史 4. 掌握汽车美容的主要项目 5. 了解汽车美容的类型	1. 掌握汽车美容的概念 2. 掌握汽车美容的陷阱 3. 了解汽车美容的历史 4. 掌握汽车美容的主要项目 5. 了解汽车美容的类型	采用教师启发式讲解、学生讨论相结合的方式，最后教师要总结

1. 汽车美容的概念

汽车美容（Auto Beauty）是指针对汽车各部位不同材质所需的保养条件采用不同性质的汽车美容护理用品及施工工艺，对汽车进行全新的保养护理。"汽车美容"的概念最初于1994年在我国出现，如今这个概念已被公众普遍接受，而且汽车美容中心已遍及全国各地。

汽车美容在传入中国之初泛指几乎所有的汽车服务项目，随着汽车后市场服务行业的不断发展与演变，如今的汽车美容所包含的内容已经细分到主要包括汽车洗车、汽车漆面美容（打蜡、封釉、镀膜、镀晶）、汽车内饰护理（内室清洁、内室桑拿、内室消毒）、汽车其他部件翻新（发动机翻新、轮毂翻新、前照灯翻新、橡塑件翻新）等内容。汽车精品、汽车装饰等也是汽车美容的项目。

"汽车美容"在西方国家被称为"汽车保养护理"，汽车美容应使用专业优质的养护产品，

针对汽车各部位材质进行有针对性的保养、美容和翻新。这些产品采用高科技手段及优等化工原料制成，它不仅能使汽车焕然一新而且更能让旧汽车全面彻底翻新，并长久保持艳丽的光彩。经过专业美容后的汽车外观洁亮如新，漆面亮光长时间保持，有效延长汽车寿命。

汽车美容装饰通过增加一些附属的物品，以提高汽车表面和内室的美观性，这种行为叫做汽车装潢，所增加的附属物品，叫做装饰品或者装饰件。根据汽车装饰的部位不同，可分为汽车外部装饰和汽车内室装饰。

此外，更为专业的汽车美容是通过先进的设备和数百种用品，经过几十道工序，从车身、车室（地毯、皮革、仪表、音响、顶棚、冷热风口等进行高压洗尘吸尘上光）、发动机（免拆清洗）、钢圈轮胎、底盘、保险杠、油电路等作整车处理，使旧车变成新车并保持长久，且对较深划痕可进行特殊快速修复。

2. 汽车美容的陷阱

经典案例：在一家高挂"汽车美容"招牌的店面内，经营户在三间相连大屋中公然经营洗车、轮胎检测和维修、汽车饰品销售、汽车装潢等业务。

专家提醒：由于经营门槛低、缺乏规范，汽车美容店规模参差不齐，一些街边规模较小、档次较低的摊点尽管没有达到条件，仍然盲目上马经营。春节期间汽车美容市场生意火爆，个别小店铺打起"擦边球"，超范围经营，其实并无该项业务经营资格。所以我们去一家汽车美容店消费的时候一定要首先确认其资质，争取做到零风险消费。

3. 汽车美容的历史

"汽车美容"源于西方发达国家，英文名称表示为"Car Beauty"或"Car Care""Car Ditill"。

由于汽车工业的发展，社会消费时尚的流行，以及人们对事物猎奇、追求新异思想的影响，这些国家的新车款式更新换代速度非常快，追新族为得到新车而不愿旧车贬值，因而在汽车消费与二手车市场之间，汽车美容装饰业也就应运而生。换句话说，汽车美容是工业经济高速发展、消费观念进步以及汽车文化日益深入人心的必然产物！

随着社会进步及人类文明程度的不断提高，汽车正以大众化消费品的姿态进入百姓生活，因而汽车的款式、性能和整洁程度，无一不体现出车主的性格、修养、生活观和喜好。所以，许多人想让自己的"座驾"看起来干净漂亮，用起来风光舒适。围绕这一目的，进行的一系列工作，就是许多人眼里笼统意义的"汽车美容"！

而今天的汽车美容由于借鉴了人类"美容养颜"的基本思想，被赋予仿生学新的内涵，正逐步形成现代意义的汽车美容。汽车美容新概念，不只是简单的汽车打蜡、除渍、除臭、吸尘及车内外的清洁服务等常规美容护理，还包括利用专业美容系列产品和高科技技术设备，采用特殊的工艺和方法，对漆面增光、打蜡、抛光、镀膜和深浅划痕处理，全车漆面美容，底盘防腐涂胶自理，以及发动机表面翻新、轮胎更换维修、钣金、车身油漆修补等一系列养车技术，以达到"旧车变新，新车保值，延寿增益"的功效！

汽车美容的英文术语叫：汽车的细节。所以汽车美容是从细节开始的，一切汽车美容都是从洗车开始的。洗车的好坏决定着技术基础，不可忽视。

4. 汽车美容的主要项目

专业汽车美容包括汽车洗车、打蜡、汽车护理用品的选择与使用、汽车油漆护理（包括各类漆面缺陷的美容、汽车划痕修复等）、汽车整容及装饰等。专业汽车美容的主要项目包括以下几种：

1) 整车外部彻底清洁，包括大块泥沙冲洗，油污、静电去除及新车开蜡，深度清洗，以及漆面胶油、沥青、鸟粪等杂物处理。

2) 整车的除锈、防锈、防腐蚀处理。

3) 玻璃彻底保养护理，包括抛光增亮翻新及清洁、防雾处理、加装防冻清洁剂。

4) 发动机系统的美容护理。

5) 漆面美容护理，包括桔皮等特殊现象的处理，漆面一度抛光翻新、去除深度氧化层、轻划痕，漆面二度抛光翻新、去除太阳纹、斑点，漆面增艳养护处理，漆面超级上釉、镀膜护理及漆面深度划痕、局部创伤快速漆面修复。

6) 保险杠、车裙、挡泥板、车灯、后视镜、轮胎、轮毂、底盘等保养护理。

7) 车内各部件及主要配置的保养护理。

8) 全车电光、镀铬表面去除氧化层抛光翻新。

9) 整车美容护理后的全面检查。

5. 汽车美容的主要类型

（1）**车身美容** 主要包括高压洗车，除锈、去除沥青、焦油等污物，上蜡增艳与镜面处理，新车开蜡、钢圈、轮胎、保险杠翻新与底盘防腐涂胶处理等项目。经常洗车可以清除车表尘土、酸雨、沥青等污染物，防止漆面及其他车身部件受到腐蚀和损害。适时打蜡不仅能给车身带来光彩亮丽的效果，而且多功能的车蜡能够无微不至地呵护爱车，可以防紫外线、防酸雨、抗高温及防静电。车身美容包含打蜡、封釉、镀膜等。

（2）**内部美容** 主要分为车内美容、发动机美容、行李箱清洁等内容。其中车内美容包括仪表台、顶棚、地毯、脚垫、座椅、座套、遮阳板、车门衬里的吸尘清洁保护，以及蒸汽杀菌、冷暖风口除臭、车内空气净化等项目。发动机美容则包括发动机冲洗清洁、喷上光保护剂、做翻新处理、三滤清洁（燃油滤清器、机油滤清器、空气滤清器）等项目。

（3）**漆面处理** 可分为氧化膜处理、飞漆处理、酸雨处理、漆面划痕处理、漆面破损处理及整车喷漆等项目。漆面处理不仅能使爱车永葆"青春"，还能复原不慎造成的划痕及破损。更好地保护车身，使汽车保值。

（4）**汽车防护** 包括贴防爆太阳膜、安装防盗器、安装静电放电器、安装汽车语音报警装置等项目。汽车防护虽然对汽车的美观不产生直接影响，但却能很好地呵护爱车。

（5）**汽车精品** 汽车精品是汽车美容的点睛之处，也是一种汽车生活文化的体现，它致力于把汽车营造成一个流动的生活空间，如车用香水、蜡掸、护目镜、方向盘套、座垫等。汽车精品带给人们的是一种贴身的关怀。一分工夫一分精彩，美丽的背后绝不仅仅是追逐时尚的冲动，更多的是对另一种物质文化的把握。

（6）**汽车发动机清洁** 汽车发动机清洁是指清洁发动机长时间使用后留在发动机外部的灰尘、油污、树叶等杂物。

（7）**轮胎养护** 轮胎养护包含轮胎和轮毂的保养，专业处理后可减少老化程度，增加使用寿命，大大降低不必要的安全隐患。

（8）**玻璃护理** 经过专业处理的玻璃不仅能提高通透程度，提高滑水效果，更能使玻璃防雾，增加玻璃的使用寿命。

（9）**灯罩养护** 祛除汽车灯罩的氧化层，增加前照灯的透明度，延长灯罩使用寿命。

避免夜行带来的不便。

练 习 题

一、填空题

1. 目前我国汽车保有量已突破 1.35 亿辆,我国汽车保有量已超过_____,成为仅次于_____的世界第二大汽车保有国。

2. 现在人们对汽车不仅要求"_____",也要求"_____"。

3. _____、_____、_____、_____在汽车领域的应用越来越成为大家关心的热点问题和改变汽车生活的重要途径。

4. _____是指针对汽车各部位不同材质所需的保养条件采用不同性质的汽车美容护理用品及施工工艺,对汽车进行全新的保养护理。

5. _____、_____等也是汽车美容的项目。

6. "_____"在西方国家被称为"汽车保养护理"。

7. 买了新车大都要进行一番装饰,装饰轿车应掌握五点原则,即_____、_____、_____、_____和_____。

8. 根据汽车装饰的部位分类,可分为_____和_____。

二、简答题

1. 我国汽车装饰与美容业存在什么问题?
2. 对我国汽车装饰与美容业有什么发展建议?
3. 汽车美容的主要项目有哪些?
4. 汽车美容的主要类型有哪些?
5. 概述汽车美容的历史。
6. 概述汽车装饰的定义。
7. 汽车外部装饰的主要项目有哪些?
8. 汽车内室装饰的主要项目有哪些?

第 2 章 汽车外部装饰

汽车外部装饰是在不改变车身结构和功能的前提下,通过对车身家装或改装大包围、保险杠、导流板、后视镜以及天窗等饰件,改变汽车的外观,达到使汽车更加安全、靓丽的目的,以满足人们对安全性和审美观的要求。

2.1 汽车外部装饰的常用工具、设备及材料

想一想:汽车外部装饰的常用工具、设备及材料有哪些?

提示:汽车外部装饰主要采用螺钉旋具、手电钻、切割机、吸尘器等常用工具、设备及材料。

学习目标	鉴定标准	教学建议
1. 了解汽车外部装饰的常用工具、设备材料种类 2. 掌握汽车外部装饰常用工具设备的操作使用方法	1. 应知汽车外饰的常用工具、设备、材料种类 2. 应知汽车外部装饰常用工具设备的操作使用方法	应知部分采用多媒体课堂讲授、讨论交流、直观演示方式教学

工具是技术人员的左右手,有句古语说得好,工欲善其事,必先利其器。选用正确的工具或专用工具,可以达到事半功倍的效果,而且节省时间。如果选择错误的工具那就不只是事倍功半,耽误时间了,有可能还会损坏施工设备,严重的则有可能出现人身伤害。所以,了解工具的正确选择和用法,是学习的第一步。

1. 外部装饰的主要工具

(1) 手动工具 手动工具是最常用的工具。其中很多工具相当锋利、尖锐,使用这类工具时禁止将锋利部位对准他人及自身。具体外部装饰手动工具及设备如表 2-1 所示。

(2) 电动工具 电动工具大都属于大功率工具,在施工时要特别注意施工安全,提前做好保护,必须正确掌握使用方法后,才能进行施工。施工后要及时收捡归位,以免小孩玩弄造成危险。具体外部装饰电动工具及设备如表 2-2 所示。

表 2-1　外部装饰手动工具及设备

名称	工具与设备用途介绍
螺钉旋具套件	主要用来拧紧和旋松螺钉
通用维修工具	包括锤子、钳子、扳手等，主要用于物件维修
组合工具套件	包括六角套筒、花键套筒、快速脱落棘轮扳手、万向接杆等，主要用于拆卸和装复相关物件
内六角套件	主要用于拆卸内六角螺栓
T型长套筒	主要用于深处不方便拆卸螺栓的部位
卷尺	主要用于测量距离

（续）

名称	工具与设备用途介绍	
试电笔		主要用于测量车身线路，只能粗略地测试线路是否正常。因为只有12V才会工作，小电压无法检测
万用表		测量车身电路，可以精确测量，还有多种使用功能
剪刀		用于裁剪，使施工物更方便施工
贴膜工具		包括小刀、硬刮板、水刮等，主要用于贴膜
毛巾		汽车专用毛巾，吸水性强，易清洁，用完后及时清洁风干
水壶		用于贴膜喷洒安装液

表2-2　外部装饰电动工具及设备

名称	工具与设备使用介绍	
插线板		用于延长电路，可同时使用多种电动工具，方便施工
工作灯		施工时用来照明
切割机		从切割材料来区分，分为金属材料切割机和非金属材料切割机，主要用于切割材料等物件
手电钻		用于金属材料、木材、塑料等钻孔的工具。由小电动机、控制开关、钻夹头和钻头几部分组成
热风枪		用于贴膜时，烘烤太阳膜。加热3M胶，使其更具有黏性
吸尘器		主要用于清理车内遗留的纸屑和废弃物等

2. 外部装饰经常使用的材料

经常使用的材料中有部分材料是化学物品，具有毒性及强腐蚀性。所以需要对施工人员及车身做好保护，并学会正确使用方法。外部装饰常使用的材料如表2-3所示。

表2-3 外部装饰常使用的材料

名称	工具与设备使用介绍	
防护装备		包含手套、口罩、护眼罩等。主要用于保护人体器官
保护膜		主要用于保护车身漆面及其他需要保护部位
3M胶		又称双面胶，主要用于粘住装饰品。加温后，具有强力黏性
塑料卡扣		主要用于卡扣物件，拆装塑料卡扣时经常容易损坏，当损坏时，要及时更换

(续)

名称	工具与设备使用介绍
防锈螺钉	主要用于固定物件，如大包围，最好选择防锈的螺钉
扎带	主要用于固定物体，如线路、安定器等
电胶布	主要起到绝缘、保护的作用
玻璃胶	主要用于密封及粘贴物品
玻璃纤维	倒模玻璃钢所用材料，具有毒性。使用时需要戴上手套。制作玻璃钢时要将大块玻璃纤维剪成小长条或小方块，施工时用调配好的环氧树脂施工
环氧树脂	玻璃钢倒模所用材料，将环氧树脂∶白药水∶蓝药水的比例为100∶1∶1调试，白药水与蓝药水不能同时混合，要调匀一种，再加另一种，加白药水与蓝药水的顺序不进行区分

（续）

名称	工具与设备使用介绍
泡沫清洁剂	 富含强力去污性泡沫，适于清洗表面污渍，泡沫细腻丰富，气味芳香，内含抗菌成分，抑制细菌生长，使用方便安全。一喷一抹，可快捷地使物件光洁如新，可有效防止灰尘和污垢粘附，保持洁净
柏油清洗剂	 适用于任何可清洗的物体表面，并可以强力去除重度污垢。不能喷洒到塑料件上，会腐蚀塑料件

3. 外部装饰的工具、设备及材料使用的注意事项

1）店家应该有明确的工具、设备及材料的安全操作方法。
2）在使用大功率电动工具时，应该尽量远离车辆，施工人员要穿戴好防护设备。
3）电动工具要注意防水、短路、漏电。如果发现线路破皮，要及时做好处理。
4）化学工具及材料要注意人员防护及正确的使用方法。
5）正确掌握工具、设备及材料的操作方法后才能独自施工。
6）禁止在施工期间嬉戏打闹。

2.2 车身大包围装饰

随着汽车行业的快速发展，汽车装饰技术和汽车文化的快速提升，追求时尚、讲究个性的外部装饰迅速产生并快速发展起来，车身大包围装饰在这种条件下得以产生并迅速被车主所接收。

想一想：车身大包围装饰有什么好处？

提示：正确地选择车身大包围装饰不只使美观性能提升，还能使汽车高速行驶时更加平稳，降低油耗，如汽车拉力赛中的比赛车辆。

学习目标	鉴定标准	教学建议
1. 掌握车身大包围的作用 2. 了解大包围的分类及材料 3. 掌握大包围的设计和选用原则	1. 应知大包围的种类 2. 应知大包围所用的材料 3. 应知大包围的设计和选用	应知部分采用多媒体课堂讲授、讨论交流、直观演示方式教学

1. 车身大包围的产生

车身大包围又称"汽车车身外部扰流器"和"空气扰流组件"，用于改善汽车行驶过程中车身周围的气流对运动中的汽车行驶稳定性的影响。车身大包围最早源于赛车运动中，它可以降低赛车在高速行驶中产生侧翻的危险，车身大包围的制造原理产生于空气动力学对运动物体行驶阻力的试验结果。

2. 车身大包围的作用

1）减低汽车行驶所产生的逆向气流，同时增加汽车行驶中的下压力。

2）使汽车行驶时更加平稳，从而降低油耗。

3）改善外观，因其跟原车差别较大，能凸显个性。

4）提高运行时的安全性。

3. 车身大包围的分类

大包围按照安装形式不同分为泵把款和唇款两大类。

（1）泵把款　泵把款的包围就是将原来的前后杠整个拆下，然后再装上另一款泵把，此类的包围安装比较容易，可大幅度地改变外观，使汽车更具个性化。大包围的款式如图2-1所示。

（2）唇款　唇款的大包围是在原来的保险杠上加上半截的下唇，此款包围的质量与安装技术要求极高，因为大包围与保险杠的密合度不能超过1.5mm，否则会影响外观，而且高速行驶时还会有脱落的危险，如图2-2所示。

4. 车身大包围的材料

（1）玻璃钢　玻璃钢的车身大包围

图2-1　泵把款

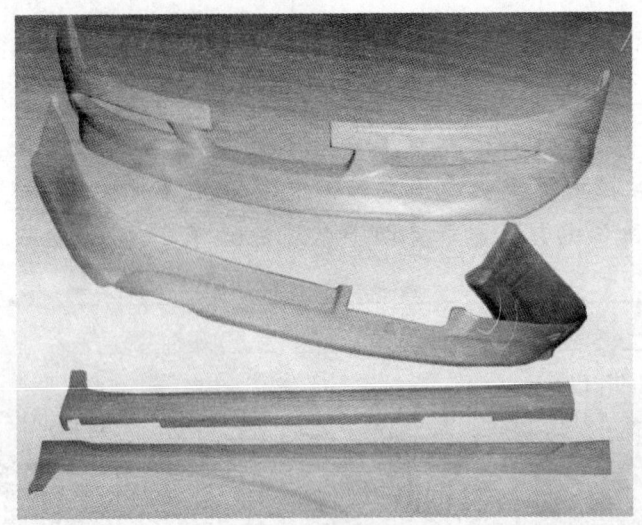

图 2-2　唇款大包围

制作方便，对生产模具和操作设备要求较低，成本低，此类产品价格较为便宜，款式较多，所以成为众多车主的首选。

（2）ABS 塑料　ABS 塑料的车身大包围通过真空吸塑成型，制作厚度往往较薄，韧性较差，因此一般不用来做泵把款大包围。

（3）PU 塑料　PU 塑料在低温下高压注塑成型，所以有极高的柔韧性和强度，因此大多数汽车的原装保险杠采用此种材料。它与车身的密合度很好，寿命也较长。各名牌汽车改装厂如奔驰、宝马、奥迪等必装包围也以它为主要材料，可进行细微的成分和性能调整，且成型性好，大包围套件的质量也比较好，但成本高，产品价格较贵。

（4）合成树脂材料　合成树脂材料收缩性小，韧性好，耐热不变形，抗冲击能力好，不易断裂，受温度影响小，对环境产生的污染也很小。它一般采用钢模制造，所以制作出的产品表面光滑。

（5）碳纤维材料　碳纤维汽车车身大包围，最大的优点是质量轻、强度大，重量仅相当于钢材的 20%～30%，硬度却是钢材的 10 倍以上。采用碳纤维材料使汽车的轻量化取得突破性进展，并带来节省能源的效益，但整体价格较高，应用较少。

（6）车身大包围的特点

1）形状多样化。车身大包围装饰件的特点是生产批量小、品种齐全、样式繁杂，适合多数车型。

2）质量轻量化。大包围的制作材料在不断更新，如新型碳纤维和铝碳合金等在大包围上得到很好的应用。由于制造大包围采用这些轻量化材质制造，所以在很大程度上能减轻车身的质量，在行驶中减少车辆的油耗。

3）车身形状一体化。追求美观、协调和车身造型一体化在制造大包围时使整个车身趋于一体化。

4）生产规模化。伴随着大量消费者的认可和安装，车身大包围的生产开始向某种成熟车型转化，而大包围的大量开发制造使生产由原来的散户、小量转变为规模化生产。

5. 大包围的设计原则

（1）整体性原则　在设计大包围时，要根据车型考虑汽车前、后、左、右各包围件，将其设计成协调一致的部件，使其看起来是一个整体。

（2）协调性原则　在设计车身大包围时，需考虑各包围件的形状、颜色与安装的车身相协调一致。

（3）安全性原则　设计时，应考虑契合安装大包围后绝不能影响整车性能和安全性，设计中要考虑行车时的路况，所有安装饰件离地面距离应不少于20cm。

（4）标准性原则　在设计时，应考虑国家的相关法律法规。

（5）美观性原则　设计时，应考虑美观协调，要符合大多数消费者审美观念。

6. 车身大包围的选用原则

（1）后侧大包围选用原则　安装后侧大包围时不应选择一些距地面过低的款式，同时应考虑排气管产生的热量影响以防变形。

（2）前侧大包围选用原则　前侧大包围使车外观较大，安装量日益增长，但选择安装时，尽量避免尖锐形状和太凸出的款式，否则容易引发一些不必要的事故。

（3）侧面裙边大包围选用原则　装上侧面大包围后的车高与地面距离最低不能少于9cm。催化遮热板与地面距离不能低于5cm。

2.3　汽车彩条及装饰膜的装饰

想一想：汽车彩条可以贴到汽车什么地方？

提示：汽车贴纸全车上下无所不至，汽车车身两侧、发动机盖、灯眉、裙边、轮毂，只要现行法规允许的范围内进行合理的创作，完全能尽情体现车主的个性爱好。

学习目标	鉴定标准	教学建议
1. 了解车身彩条的组成及类型 2. 熟悉防爆太阳膜的组成 3. 掌握防爆膜的作用 4. 掌握防爆太阳膜的选用原则 5. 了解防爆太阳膜的特性 6. 掌握鉴别防爆太阳膜的方法	1. 应知车身彩条的组成及类型 2. 应知防爆太阳膜的组成 3. 应知防爆太阳膜的选用原则 4. 应知防爆太阳膜的特性 5. 应知鉴别防爆太阳膜的方法	应知部分采用多媒体课堂讲授、讨论交流、直观演示方式教学

汽车车身是整车中最醒目的地方，车身的艳丽装饰是美化汽车的一个重要途径。随着车主对个性化汽车需求的急剧膨胀，改变车型不仅投资巨大，而且很麻烦，所以很多车主开始用贴饰来装扮车身。贴饰的制作难度比较低，制作方案随意简便，使车主花少量的资金，就能达到足够的视觉效果，如图2-3所示。

1. 车身彩贴

（1）车身彩贴的结构

1）没有可撕离表层的车贴。由彩条层和背纸层组成，彩条层正面是彩条图案，背面是粘性贴面，如图2-4a所示。

2）有可撕离表层的车贴。由背纸层、彩条层和外保护层组成，彩条层也有彩条图案和粘性贴面两面，如图2-4b所示。

图2-3　贴饰所装扮的车辆

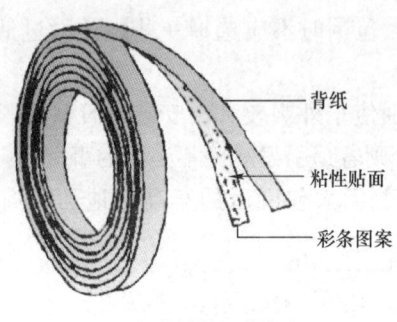 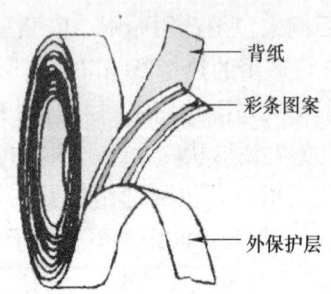

a) 没有可撕离表层的车贴　　　　　b) 有可撕离表层的车贴

图2-4　车身彩贴的结构

（2）车身彩贴的材料　市场上的彩贴所用材料主要是可以适应户外条件的PVC、户外专用胶贴纸，它要求比普通的广告级材料更具耐磨与防紫外线功能等，色彩有普通、夜光、金属反光、镭色反光、金属拉丝等多种选择。汽车贴纸全车上下无所不至，车身两侧、发动机盖、灯眉、裙边、轮毂，只要在现行法规允许的范围内进行合理的创作，完全能尽情体现车主的个性爱好。

（3）汽车贴纸类型

1）按表现形式分类。

① 运动型贴纸。主要指赛车运动贴纸，场地赛与拉力赛所用车型和赛道各有不同，汽车贴纸也有相应区别。拉力赛汽车贴纸图案重点突出的是车队的标志及主要赞助商标志，色彩上配合该车队的整体设计风格，以便更好地达到宣传效果。场地赛汽车贴纸常常会有火焰、赛旗、波浪等动感十足的图案，如图2-5所示。

② 改装贴纸。改装贴纸是指各个厂商推广新产品、为配合某款车型或产品而专门设计的主题贴纸，其绚丽多彩，引人注目。还有很多图案是改装厂的标志和改装产品的标志，经过精心设计和搭配，与改装过的展车相得益彰，如图2-6所示。

③ 个性贴纸。个性贴纸是依照车主个人喜好和品位，量车定做的。艺术风格汽车贴纸常采用流线、几何图形或者动漫人物、卡通动物等图案，如图2-7所示。

2）按制作工艺分类。

① 雕刻型。雕刻型的车贴材质好，但是价格较高。

② 印刷型。印刷型的贴纸易粘漆，易脱胶，价格低廉。广告车贴都是使用这类形式。

a) 比赛车贴纸　　　　　　　　　　　　　b) 展示车贴纸

图 2-5　运动型贴纸

a) 厂家改装贴纸　　　　　　　　　　　　b) 中国水墨画贴纸

图 2-6　改装贴纸

③ 反光型。反光型车贴是一种特殊结构的 PVC 膜，耐候性能良好。

2. 防爆太阳膜

（1）防爆太阳膜的作用

1）创造最佳美感。当羡慕高档进口轿车玻璃颜色的美感时，防爆太阳膜能让这种美在普通车上成为现实。

2）提高防爆性能。汽车防爆太阳膜可以提升意外发生时汽车的安全性，使汽车玻璃破碎可能性降到最低，最大限度地避免意外事故对乘员的伤害。

图 2-7　个性贴纸

3）提高空调效能。汽车防爆太阳膜的隔热率可达 50%~95%，有效地降低汽车空调的使用，节省燃油，提高空调效率。

4）抵御有害紫外线。紫外线辐射具有杀菌作用，但对人的肌肤也具有侵害力，对于乘员来说，长时间乘车时，人体基本上处于静止状态，此时更易受到紫外线伤害，造成皮肤疾病。防晒太阳膜可有效阻挡紫外线，保护肌肤。

5）保证乘车隐秘性。如果您是重视隐私权的人，防晒太阳膜可以有单向透视性，保护车主隐私。

（2）防爆太阳膜的种类及基本结构　按国际玻璃贴膜协会（IWFA）对玻璃贴膜的分类方法，汽车玻璃贴膜可分为三种基本类型。

1）染色膜。这类膜不含金属层，没有反射红外线的功能。具有控制眩光和一定的隔热功能。主要是通过吸收太阳能后再向外释放来达到隔热的作用。隔热效能比反射膜低得多，如图2-8所示。

2）复合膜，业内称为高性能防爆膜。这种高性能膜通常是由一层本体染色膜和一层真空镀铝膜复合而成的。与不反射的染色膜相比，具有较高的可见光穿透率的同时，又有一定的隔热率，但清晰度比磁控溅射金属膜低得多。因为使用染色工艺，颜色持久性基本在2年左右，如图2-9所示。

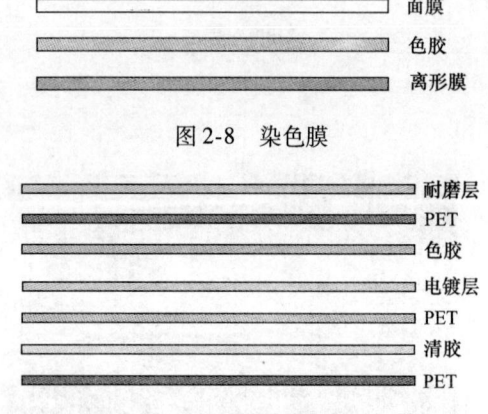

图2-8　染色膜

3）磁控溅射金属膜。磁控溅射金属膜又称为纯金属膜，这是玻璃贴膜制造工艺级别最高的一种膜。该膜用磁控溅射的工艺，在膜层基体上镀有一层对红外线反射率极高的不同金属涂层，所用的金属通常是铜、不锈钢、镍铬合金、氧化铟等。膜的颜色完全由所镀的金属成分来决定，具有更高的隔热率，金属成分稳定，永不褪色，如图2-10所示。

① 耐磨层。由耐磨聚氨酯组成，硬度高达4H。

② 深层染色聚酯膜。由高强度、高透明PET聚酯与颜料熔融挤出双向拉伸制得，由于颜料夹在PET膜里面可防止氧化变色，寿命长达8年。

③ 金属隔热层。在PET膜上通过真空蒸镀或真空磁控溅射金属铝、银、镍等对红外线有较高反射率的纳米级金属层。

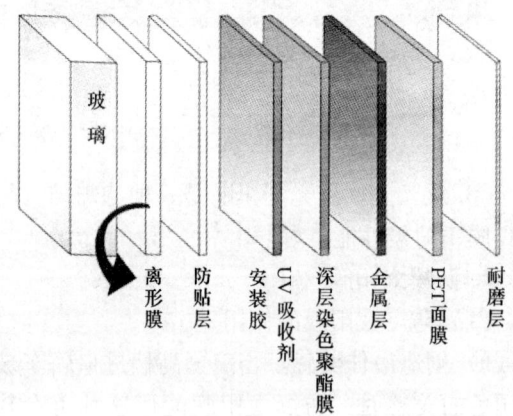

图2-10　磁控溅射金属膜

④ 复合胶粘剂。由耐候性良好高透明的聚氨酯胶粘剂组成。

⑤ UV吸收层。由特种UV吸收剂构成，可阻隔99%的紫外线。

⑥ 透明PET安全基层。由高强度、高透明PET聚酯膜组成，目的是把金属层夹在中间，防止金属氧化，延长金属膜的寿命。

⑦ 安装胶粘剂。由耐候性良好、高透明的丙烯酸酯胶粘剂组成。

（3）防爆太阳膜的特性

1)隔热性。隔热效果是衡量防爆太阳膜质量的重要指标,优质防爆太阳膜的隔热率应在90%左右,是普通色膜的5倍。普通色膜隔热率低,坐在车里会有闷热的感觉,同时,它隔紫外线的性能很差,起不到保护乘车人员和车内物品的作用。

2)遮眩光率和透光率。良好的遮眩光率和透光率能降低阳光的眩目程度,既保证了驾驶人在各种气候环境下都能拥有清晰的视野,同时在其开车时也不会产生刺目的感觉。优质防爆太阳膜的遮眩光率应在59%~83%,透光率应在70%~85%,无论颜色深浅,夜间视野清晰都应在60m以上,无视线盲区。防爆膜里有一种高隔热率、高透视性的膜是专门用来贴汽车前风窗玻璃的,防爆膜的特殊制造工艺可以使颜色极浅的防爆膜具有极高的隔热、隔紫外线性能,既不影响行车视线,又能最大限度地降低车内温度,减少空调启动次数,降低油耗。普通色膜传统的染色工艺无法满足前风窗玻璃高隔热率、高清晰度的需求。

3)隔紫外线性能。优质防爆太阳膜应能有效地阻挡紫外线,隔紫外线效果可达90%以上,有效防止皮肤被晒伤,防止人体肌肤被紫外线照射受到伤害,同时降低车内真皮、塑料等内饰件在阳光直射下造成的耗损,防止车内饰品褪色老化,延长其使用寿命。

4)防爆性。优质的防爆太阳膜的结构中必须设有防爆基层,当风窗玻璃爆裂时应能有效地防止碎片飞散,防止驾乘人员受到伤害。

5)耐磨性。优质防爆太阳膜应具有高质量的耐磨层,膜面应有防划伤保护层,这对延长防爆太阳膜使用寿命,确保施工时不留下任何划痕,保持防爆太阳膜美观都有重要作用。优质防爆膜手感厚实、平滑,表面进行了硬化处理,经常摇动玻璃窗也不会划出痕迹。普通色膜质地绵软,摇动玻璃后,会在表面留下白色划痕,影响美观和视线。

6)单向透视性。无论白天还是黑夜,从车内往外看应非常清晰,从外往里看应比较模糊。

(4)防爆太阳膜的选用原则　市面上出售的车膜品种繁多,质量差异很大。一般普通膜的使用期在1年左右,优质的防爆太阳膜使用期在3年以上。

1)适用性原则。根据您对隐秘性的要求,选择不同深度的防爆太阳膜。太阳膜一般透光率较高者,其颜色较浅,反之亦然。

2)美观性原则。所谓美观,即注重太阳膜与汽车漆面颜色的合理搭配。

3)经济性原则。由于太阳膜选用的材质及制造工艺不同,其价格差异很大。普通太阳膜材料选用混合铝,价位较低,防爆能力相对较弱;防爆太阳膜采用镍、钛、铬等金属经特殊工艺贴合处理而成,价位高、防爆性、夜视性和耐磨性均较优良。

(5)车膜的鉴别方法

1)看。首先要看透光率。不论车膜的颜色深浅,在夜间的可视距离要确保在60m以上,而劣质膜则会有雾蒙蒙的感觉。

其次要看颜色。优质车膜的颜料渗透在车膜中,是一种高科技产品,不易变色,在粘贴过程中经刮板作用不会发生脱色,而劣质车膜则会有颜色脱落现象。如撕开车膜的内衬后用牙齿锉一下,劣质车膜则会在锉过的地方发生颜色脱落而变为透明,这种车膜一年以后则会褪色。

再次要看气泡。撕开车膜的塑料内衬后再重新合上,劣质车膜会起泡,而优质车膜合上后完好如初。

2）摸。优质车膜摸捏时有厚实平滑感，劣质膜手感薄而脆。

3）试。太阳膜的隔热性是评价太阳膜好坏的一个很重要的关键因素，但光凭眼睛和手是无法判定太阳膜质量高低的。如果有条件，可以做以下试验来比较选择：在一个碘钨灯上放一块贴着好膜的玻璃，用手只感到一丝热；而换上另一块贴着劣质车膜的玻璃，马上感到手热。这样好坏一下子就区别出来了。

另外在挑选膜的颜色时，不要在太阳光底下看它颜色的深浅，而应将它放在车窗上，并把车门关好。只有这样试过之后，才不会和你想要的颜色有误差，因为在阳光下单看一种膜的颜色都是很浅的。

2.4 其他外部装饰

想一想：外部装饰多种多样，你都知道哪些？

提示：镀铬件、轮辋、排气管、碳纤维装饰件等。

学 习 目 标	鉴 定 标 准	教 学 建 议
1. 了解其他车身外装饰 2. 学习外部装饰的多样化	1. 掌握外部装饰的多样性 2. 了解各外部装饰的特点	应知部分采用多媒体课堂讲授、讨论交流、直观演示方式教学

随着时代的发展，人们对自己的车有了另一种感情，有的人会把自己的爱车打扮得很漂亮，有的人会把爱车变得更具实用性。当人们的需求与创新不断提升时，汽车外部装饰就开始层出不穷。

1. 汽车镀铬件

亮闪闪的镀铬件，其抛光的亮银色和车身颜色反差巨大，能够明显地提升轿车的外在气质，给人一种运动和高贵的感觉。很多车主都喜欢自己的车上有镀铬件，所以很多轿车在生产的时候就在车身安装了很多镀铬件装饰。但是许多车主依然不满意，喜欢自己选装更多、更有个性的镀铬件。一般来说，镀铬件包括车门把手、门窗装饰条、中网格栅、前后车灯等。在国外，也有一些车主选择全车镀铬，但是在国内，这是禁止上路的，因为过多的镀铬件会影响周围驾驶人的视线，造成事故隐患。如图2-11所示。

值得一提的是，虽然人们习惯性地统称这些零部件为镀铬件，但其实并不是所有"镀铬件"都是电镀铬的。因为镀铬装饰件主要使用ABS塑料制作，所以其中也有很多是塑料喷漆工艺制作出来的镀铬效果。但是无论采用哪种工艺，镀铬件寿命都不是很长，而且需要车主注意保养。因为无论是电镀还是喷涂，这些零部件都不耐酸碱，所以当车子被雨淋过之后，车主需要擦拭车身上的镀铬件，防止老化。

2. 车轮饰盖

人们在路上经常看到许多车辆拥有风格独特的车轮，赞叹之余，许多人会错误地称为

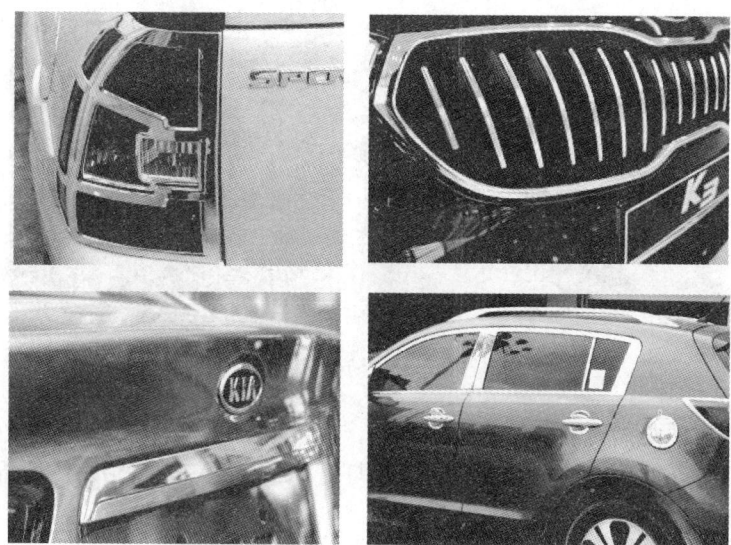

图 2-11　车身镀铬件

"轮辋"。其实这些汽车的轮辋往往还是原厂的轮辋，只是安装了独特的车轮饰盖。车轮饰盖是比较简单的改变汽车外形的方法之一，只需要将原装的车轮饰盖拆下，装上车主选择的个性的饰盖即可。如图 2-12 所示。

图 2-12　车轮饰盖

车轮饰盖除了外观装饰性以外，更有其安全特性。车轮饰盖靠不锈钢卡簧和固定支夹固定在车轮轮圈上，合格产品须经过制造商的拆卸力测试，以确保产品的安全性。在选购时要注意饰盖的装配性，如果卡口不紧、弹簧材料不过关，则容易导致饰盖脱落，特别是在高速行驶时，脱落的饰盖对于汽车、行人都是相当危险的。

3. 防撞胶条

防撞胶条是指贴在车身突出位置的一层保护条，主要用于在发生轻微擦碰时保护车身。同时，与车身颜色相配的防撞胶条还能起到美化车身的作用，如图 2-13 所示。

在粘贴前先把车身粘贴部位擦洗干净，贴上后轻压一下，等 3h 后再压一次，24h 以内避免与水和油接触。

4. 车灯眼线

车灯眼线也称眼眉，是贴在前照灯上表面部位的装饰件，它使车灯显得很有个性，楚楚

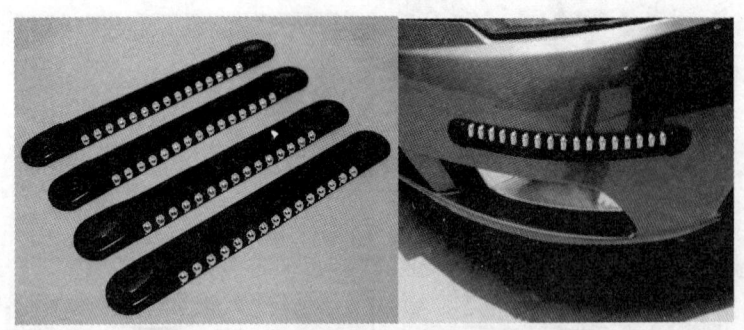

图 2-13　防撞胶条

动人。车灯眼线大多是类似彩条的不干胶制品，应选择质地好、寿命长、颜色丰满、粘贴牢固的眼眉材料。粘贴时应该注意左、右两个车灯对称，粘贴前先将粘贴位置清洁干净，粘上去后应避免有皱纹和气泡的缺陷。

5. 晴雨窗罩

晴雨窗罩与车身外形成一体设计，流线造型。其优点是：高速行驶时稳定性好，开窗可导入大量空气，同时又不会有太大的气流，避免车窗结雾，省油效果好。雨天行车，车窗打开部分，雨水仍不会灌进车内。车内吸烟，可摇下车窗。热天停车，可开窗保持空气对流，降低车内温度。晴天遮阳，可防止侧面强光刺眼。安装简便，不需要特殊工具。如图 2-14 所示。

图 2-14　晴雨窗罩

6. 碳纤维装饰件

现在越来越多的车主喜欢选择换装碳纤维装饰件，如发动机舱盖和后视镜罩。因为碳纤维材料质量轻、强度大、不易变形，而且碳纤维独有的造型和细密纹路，给车身强有力的运动感，以及其所暗示的性能提升，这些都可以让车主的座驾显得卓尔不群。如图 2-15 所示。

7. 排气管

在很多喜欢改装的车主看来，排气管的改装应该属于性能改装的范畴，而许多普通车主则认为，排气管对于外观的影响微乎其微。其实不然，排气管的改装能够提升排气效能，同时它对于外观的改善也不可小视。但因为排气管整体更换价格昂贵，很多车主也望而却步，而市面上还有一种排气管套，既能不动原车排气管又能改变外形，价格也相当合理，对于只追求外观的车主，这是最好的选择。如图 2-16 所示。

图 2-15　碳纤维装饰件

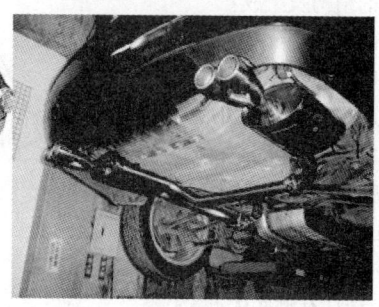

图 2-16　排气管装饰

练 习 题

一、填空题

1. 组合工具：_____、_____、_____、_____等。
2. 螺钉旋具：主要用来_____和_____螺钉。
3. 手电钻：用于_____、_____、_____等钻孔的工具。由_____、_____、_____和_____四部分组成。
4. 防护装备：_____、_____、_____等。用于保护人体。
5. 切割机：从切割材料来区分，分为_____和_____。
6. 汽车大包围按安装形式分类主要有_____和_____。
7. 合成树脂材料特点_____，_____，_____，_____，_____，对环境产生的污染也很小。
8. 碳纤维汽车车身大包围，最大的优点是_____、_____，质量仅相当于钢材的_____，硬度却是钢材的_____倍以上。
9. 车身大包围装饰件的特点是_____、_____、_____，适合多数车型。
10. 彩贴所用材料主要是可以_____、_____，它要求比普通的广告级材料更具_____与_____功能等。
11. 拉力赛汽车贴纸图案重点_____及_____，色彩上配合该车队的整体设计风格，以便更好地达到_____。
12. 汽车彩条按表现形式分有_____、_____、_____，按制作工艺分有_____、_____、_____。
13. 汽车防爆太阳膜的隔热率可达_____，有效地降低_____的使用，节省_____，提高_____。

14. 太阳膜的选用原则有_____、_____、_____。

15. 按国际玻璃贴膜协会（IWFA）对玻璃贴膜的分类方法，汽车玻璃贴膜可分为_____、_____、_____。

16. 碳纤维材料_____，_____，_____，而且碳纤维独有的造型和_____。

二、简答题

1. 外部装饰的工具、设备及材料使用的注意事项有哪些？
2. 怎么正确使用玻璃钢？环氧树脂怎么调配？
3. 大包围的设计原则有哪些？
4. 车身大包围的选择要注意哪些？
5. 车身彩贴的结构及组成？
6. 车身彩贴的类型有哪些？
7. 防爆太阳膜的主要作用是什么？
8. 磁控溅射防爆太阳膜的组成及各自的作用是什么？
9. 防爆太阳膜的选用原则有哪些？
10. 详细说明防爆太阳膜的鉴别方法有哪些？
11. 你能说出多少种汽车外部装饰品？
12. 镀铬件主要在哪些部位安装？
13. 碳纤维装饰件有哪些优点？

实训 1　安装汽车车身大包围

1. 实训内容

1）选择大包围装饰件。

2）安装汽车车身大包围。

3）玻璃钢大包围制作。

2. 实训目的

1）熟悉车身大包围安装使用工具和设备。

2）熟练掌握车身大包围的选用原则。

3）了解使用玻璃钢制作大包围。

3. 实训设备

1）车身大包围组件 3~4 套。

2）符合改装的车辆 3~4 台。

3）电钻、玻璃钢、手套、口罩、砂纸、螺钉若干、常用手动工具（包括一字、十字螺钉旋具、锤子、活动扳手、钳子等）。

4. 实训方法及注意事项

（1）实训方法　进入实训室前要集合，首先把班上同学分成 3~4 个小组，每组 10~12 人并整队，其次说明这次实训的目的是掌握汽车车身大包围安装。再次强调进入实训室的要求及安全讲解。课内实训时以指导老师讲解、演示为主，最后由各位指导老师带领各自小组入实训室实训。在拆装过程中要有拆装步骤和讲解，学生实训并提问进行教学互动。课外时间开放实训室，各位同学可以主动来强化实训，学生根据实训报告及考核要求，完成实训内容。

（2）实训注意事项

1）听从安排，不要随意走动。
2）不要随意操作车上的各个按键。
3）操作所学的内容时必须在指导老师的指导下完成。
4）注意保持教学场地卫生。
5）操作所学内容时不能野蛮操作。

5. 实训内容与步骤

（1）选择大包围装饰件

1）按车型选择。目前装饰件生产厂家生产的大包围总成件，基本上都是以特定的车型为准而设计制作的。在制作中，又根据制作的材料和工艺而分为标准型和豪华型。在为车型配套大包围时，还要考虑车身的颜色，所以有多种类型和颜色可供选择。

2）选择的标准。选择大包围总成件的标准，主要是要达到装饰后好看、协调、总体平衡协调、外形美观大方、前后包围和侧包围融为一体以及简练赏心悦目等。

3）按个人需求选择。

① 发动机盖：质量轻、强度好，同时能承受高温。最好能把发动机的热量带走。

② 前侧大包围：前侧大包围使车外形改观较大，但在选择安装时，尽量避免尖锐形状和太突出的款式，否则容易引发一些不必要的事故。

③ 后侧大包围：安装后侧大包围时不应选择一些离地面低的款式，同时应考虑排气管产生的热量影响以防变形。

④ 侧面裙边大包围：装上侧面包围后的车高与地面距离最低不能少于9cm，催化遮热板与地面距离不能低于5cm。

（2）安装大包围

① 安装前，检验大包围。由两人各持大包围一端向相反方向用力使其产生变形，然后缓慢松开，看其是否能回复原来状态。若不能回复原来的形状，则说明大包围的强度、韧性不够。若检验合格，即可做下面的工序。

② 首先打磨掉大包围上的毛刺及易划伤漆面的杂质，并用吹尘枪吹掉车身表面的磨屑。为避免安装大包围时划伤原车漆面和喷涂操作，在原前保险杠的边缘粘贴遮盖纸，保护原车漆面，为后续操作做好防护措施。如图2-17所示。

③ 拆下原车前保险杠，原车前保险杠螺钉统一放好，然后将前侧大包围放到车上对位试装，试装时注意观察与车身的贴合度，同时不能碰到车身。如图2-18所示。

④ 若试装吻合，在大包围与车身贴合部位做好标记，为后续安装做准备。

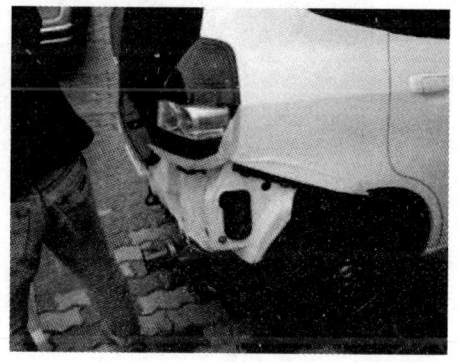

图2-17 对原车漆面做好保护

⑤ 清洁除油并擦干，之后在大包围的内侧涂胶，方便与车身贴合。

⑥ 将处理好的前部大包围粘在前保险杠外面，并用双面纸胶带粘贴固定，固定时纸胶带应伸出大包围3cm左右，以便于去除。固定应从双侧开始，两边固定后向中间位置推平大包围。

⑦ 观察固定好的大包围相对车身上下的位置，若不合适应将其调整至合适位置，并使用电钻进行钻孔，如图2-19所示。在钻好的孔内安装紧固螺钉，并将大包围完全固定。

⑧ 对安装的大包围进行涂装作业，使其与车身颜色一致。如果后唇上有灯具，则连接灯具电线，这样一款泵把款的前包围安装完成。安装后的效果如图2-20所示。

⑨ 侧裙和后侧大包围的安装与前侧大包围安装方法相同。安装侧、后包围安装后效果如图2-21所示。

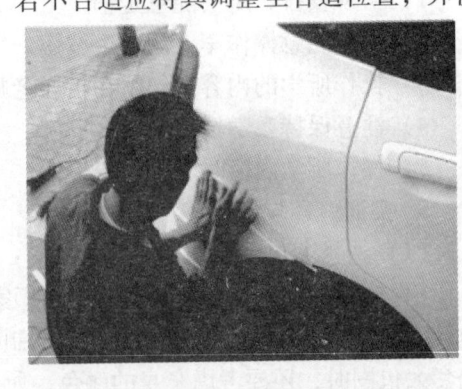

图2-18 对位试装

(3) 玻璃钢大包围制作的步骤与方法　很多车主追求个性化，希望自己的爱车能够与众不同，下面以制作玻璃钢材料的大包围为例，讲述大包围的制作步骤。这里必须注意玻璃钢倒模中的玻璃纤维具有一定的毒性。

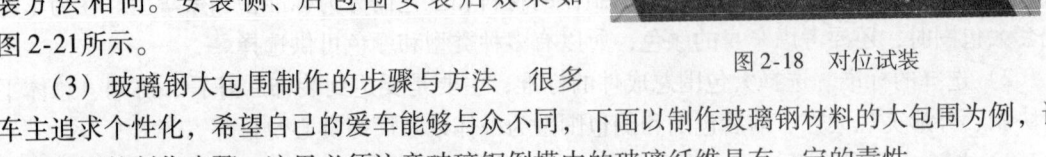

图2-19 手电钻进行钻孔　　　　　　图2-20 前包围安装后效果

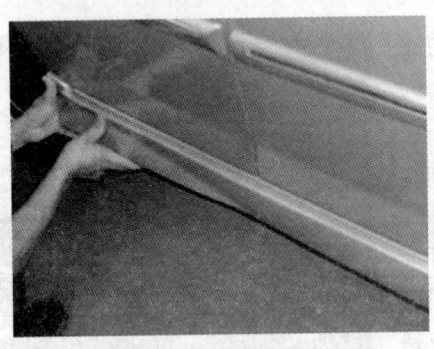

a) 侧裙包围安装　　　　　　b) 后包围安装后效果

图2-21 侧、后包围安装图

1) 做模。大包围的雏形也称为"做模"。先用玻璃钢根据安装车型制出基本形状，再用玻璃纤维在靠模上套出想要的模型。对靠模需作进一步的处理，去除毛刺，便可以投入生产和使用，经这种方法制出的模型称为主模。

2) 在主模上喷涂胶衣。在制作好的主模上均匀喷涂一层胶衣，这层胶衣能起到方便脱模的作用，而且产品表面胶衣的颜色最后决定了成品的毛坯件的颜色。

3) 铺纤维。待胶衣晾干后,将事先裁好的纤维布附着在主模上,这时产品的形状基本完成。玻璃钢的车身大包围一般需要附着3~5层,确保每个大包围都有足够的刚度。1~4小时后,等玻璃钢干透,即可将大包围取下,即脱模完成。

4) 打磨喷漆。对制作好的大包围表面进行打磨,主要去除制作过程中产生的表面缺陷,如瑕疵和气泡等打掉,若不将缺陷去除,则不能保证使用的安全性。之后需用水砂纸进一步打磨,使其表面的保护漆层易于吸附,喷涂保护层干燥后则大包围制作彻底完成。

(4) 大包围安装注意事项

1) 在安装大包围时要注意轻拿轻放,注意安全。
2) 在进行玻璃钢倒模时必须戴上手套和口罩,防止中毒。
3) 在安装大包围时要正确使用工具。
4) 在安装大包围前注意车身的保护。
5) 在实训时要随时保持场地卫生,不得将纸屑随地乱扔。
6) 在实训室不要乱动其他的实训设备,损坏造价赔偿。
7) 在实训过程中出现问题及时告诉指导老师。

6. "安装汽车车身大包围"的评分标准与操作工单

"安装汽车车身大包围" 评分标准

序号	考核项目	配分	扣分标准(每项累计扣分不能超过配分)
1	安全文明否决		造成人身、设备重大事故,或恶意顶撞考官,严重扰乱考场秩序,立即终止考试,此项目记0分
2	工具的选择及正确使用	10分	不能正确选择与使用工具,每次扣2分
3	安装包围的检查	20分	(1) 包围材质的判断正确,否则扣10分 (2) 包围款式的选择正确,否则扣10分
4	泵款大包围的安装	25分	(1) 新包围的瑕疵处理到位,否则扣5分 (2) 原车车漆的保护到位,否则扣5分 (3) 试装时与车身匹配,否则扣5分 (4) 固定大包围的钻孔位置合理,否则扣5分 (5) 安装完后与原车贴合,否则扣5分
5	玻璃钢包围的制作	30分	(1) 做主模正确,否则扣10分 (2) 胶衣喷涂到位,否则扣5分 (3) 颜色正确,否则扣5分 (4) 玻璃纤维铺的厚度一致,否则扣5分 (5) 打磨喷漆到位,否则扣5分

（续）

序号	考核项目	配分	扣分标准（每项累计扣分不能超过配分）
6	安全文明生产	15分	（1）不穿工作服、工作鞋、工作帽扣5分 （2）设备、材料乱放扣2分 （3）零部件材料表面未及时清理扣3分 （4）实训完后不清理场地扣5分
7	合计	100分	

"安装汽车车身大包围"操作工单

班级：_____   姓名：_____   得分：_____

信息获取	大包围的款式：	大包围的材质：

一、场地、设备及材料的准备检查

1. 车辆的准备检查	备注
2. 施工材料、施工器具的准备检查	项目1、2不用作记录

二、操作过程

1. 大包围的安装

2. 玻璃钢包围的倒模、安装

实训2　汽车彩条的装饰

1. 实训内容

1）车身彩条的直线型粘贴。

2）车身彩条的曲线型粘贴。

2. 实训目的

1）掌握各类车身彩条的粘贴方法。

2）了解车身彩条过程中的常见问题。

3. 实训设备

1）完整的实训汽车3～4台。

2）车身彩条若干。

3）压缩喷水壶5～6个、热风枪5～6个、贴膜刮板、干净毛巾、美工刀。

4. 实训方法与注意事项

（1）进入实训室前要集合

首先把班上同学分成3～4个小组，每组10～12人并整队，其次说明这次实训的目的是掌握汽车各类车身彩贴粘贴方法。再次强调进入实训室的要求及安全讲解。课内实训时以指导老师讲解、演示为主，最后由各位指导老师带领各自小组进入实训室实训。在拆装过程中要有拆装步骤和讲解，学生实训并提问进行教学互动。课外时间开放实训室，各位同学可以主动来强化实训，学生根据实训报告及考核要求，完成实训内容。

（2）实训注意事项

1）听从安排，不要随意走动。

2）不要随意操作车上的各个按键。

3）操作所学的内容时必须在指导老师的指导下完成。

4）注意保持教学场地卫生。

5）操作所学内容时不能野蛮操作。

5. 实训内容与步骤

（1）车身装饰的直线型粘贴和曲线形粘贴　按粘贴形状分为直线型粘贴和曲线形粘贴，具体步骤如下。

1）直线型粘贴。

① 测量所需贴膜的长度。将贴膜拉直，并剪下比所需长度长几厘米的胶带。

② 清洗车身，保证车身表面清洗干净。

③ 将贴膜的背纸撕去，并将前面几厘米粘到要贴的位置，如图2-22所示。

④ 抓住贴膜的一端，避免手指弄脏贴膜，皮肤上的油脂、灰尘会影响附着性能。

⑤ 小心地拉紧贴膜，但注意不要拉长，如果在粘贴时贴膜被拉长了，以后就会起皱。

⑥ 利用车身的轮廓线作对齐的参考线，仔细检

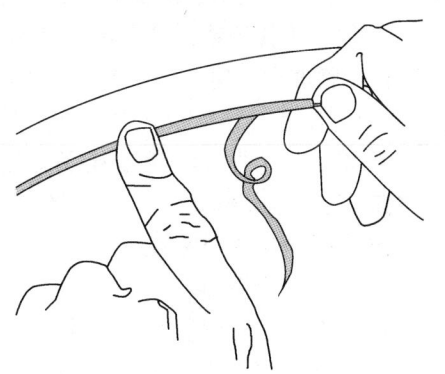

图2-22　彩贴粘贴

查贴膜是否对齐。

⑦ 彩条对齐后，小心地将贴膜剪下，贴到车身表面上。一个长条要一次完成粘贴，不分段粘贴，以保证直线度。

⑧ 再次检查彩条对齐情况，如果彩条不够直，小心地把贴膜撕开。再试一次。

⑨ 用橡皮滚子或软布压擦贴膜。

⑩ 贴膜末端可使用小刀切割，注意动作要轻，切勿划破车身表面涂层。

2）曲线形粘贴。

当粘贴复杂的曲线时，应使用底图的帮助，如曲线板或用画线笔绘制导向图。以可撕离表层的彩条贴膜为例，其曲线形粘贴的步骤如下。

① 剪下足够用的贴膜。

② 用右手画出曲线的弧度，在曲线成形后，用左手的食指把贴膜按压在车身上。如图2-23所示。

③ 不要撕去过多的背纸，为避免弄脏附着表面，手持彩条贴膜处的背纸不要撕去。保持两手沿固定的曲线运动。曲线运动过程当中可能会需要一些轻度的拉长，但尽可能避免出现拉长。

④ 如果第一次操作失败，小心地撕开贴膜再试一次。在不好操作的某些情况下，可两手交替进行粘贴。

⑤ 曲线贴膜贴好后，将其压紧，以获得持久的附着性能。

⑥ 其他操作项目与直线粘贴相同。

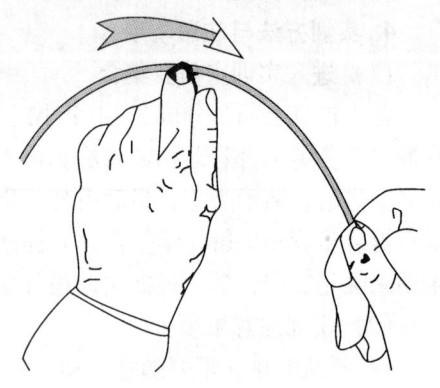

图2-23 曲线粘贴

（2）车身装饰的粘贴方法分类

1）干贴法。

① 清洁车身，保持干燥。

② 将转移膜（粘贴在车身贴上的透明胶膜）连同车贴一同揭起；一般情况下，慢慢地一边贴、一边用工具刮平、一边揭底纸。

③ 如果车贴长宽都小于10cm，也可把透明转移膜和贴纸全部撕下再贴。但必须小心，不要发生意外粘连或掉落地面粘起灰尘。

④ 用干净抹布或刮片在转移膜上反复用力斜擦或刮几下，直至车贴内没有气泡，然后撕去转移膜即可，建议24h内不要暴晒或洗车。

2）湿贴法。当彩条宽度达到或超过76mm时最好采用湿贴的方法。

① 将一杯中性清洗剂与4L清水混合。该溶液使得贴膜更容易控制，并使其在未永久黏附之前可以正确定位。

② 将溶液倒入喷雾罐中。测量并剪下所需长度的贴膜，多加几厘米以防出错。

③ 将背纸慢慢地撕去，小心不要弄脏附着表面。

④ 剩余的水和清洗剂溶液将贴膜的附着表面彻底弄湿，这将使附着力暂时发挥不出来。

⑤ 将溶液喷涂到车身上去，将贴膜定位在车身上。当贴膜附着表面和车身表面都湿润的时候，整条贴膜都可以轻松地移动。

⑥ 一旦贴膜定位好之后,将水挤出来,使其牢牢地贴在车身表面上。为避免贴膜起皱,挤压时不要太快,不要太用力。所用的压力足够将水和空气挤出去就可以了。

⑦ 将表层保护膜从贴膜的末端开始慢慢地撕开,一直撕到贴膜的另一头,中间不要撕断。

⑧ 按前面介绍过的方法,修整车门和翼子板边缘的贴膜。

6. 汽车彩条施工注意事项

1)粘贴彩条贴膜只能在 16~27℃ 进行。温度过高,会导致贴膜变大,水溶液迅速蒸发,不易移动。温度过低会影响贴膜的韧性,从而影响附着效果。

2)使用水和中性清洗剂将车身表面彻底清洗干净。为了使彩条正常地粘贴上去,车身表面必须没有灰尘、蜡和其他脏物。必要时,还应进行抛光处理。

3)在决定对车贴彩条前一个星期不要打蜡,蜡会让贴纸粘不牢固。

4)车贴粘贴好后三天内请勿洗车,不要在阴雨天粘贴。

5)贴好后用美工刀裁开彩条时,应注意用力不要过重,以免划伤车漆。

6)粘贴过程中要时刻防止灰尘及沙粒进入,以免影响最后粘贴效果。

7)在实训时要随时保持场地卫生,彩条废纸应及时丢入垃圾筒内。

7. "汽车彩条的装饰"评分标准与操作工单

"汽车彩条的装饰"评分标准

序号	考核项目	配分	扣分标准(每项累计扣分不能超过配分)
1	安全文明否决		造成人身、设备重大事故,或恶意顶撞考官、严重扰乱考场秩序,立即终止考试,此项目记0分
2	工具的选择及正确使用	10分	不能正确选择与使用工具,每次扣2分
3	汽车车辆漆面及清洁的检查	20分	(1)检查车身漆面,没有检查扣10分 (2)车身清洗干净、干燥,否则扣10分
4	直线型粘贴	25分	(1)车身清洗到位,否则扣5分 (2)粘贴时彩条被拉长,是则扣5分 (3)贴膜对齐,否则扣5分 (4)彩条裁切划伤车漆,是则扣10分

（续）

序号	考核项目	配分	扣分标准（每项累计扣分不能超过配分）
5	曲线形粘贴	30分	（1）车身清洗到位，否则扣5分 （2）粘贴时彩条被拉长，是则扣2分 （3）曲线粘贴手法正确，否则扣10分 （4）贴膜对齐，否则扣3分 （5）彩条裁切划伤车漆，是则扣10分
6	安全文明生产	15分	（1）不穿工作服、工作鞋、工作帽扣5分 （2）设备、材料乱放扣2分 （3）零部件材料表面未及时清理扣3分 （4）实训完后不清理场地扣5分
7	合　计	100分	

"汽车彩条的装饰"操作工单

班级：_____　　姓名：_____　　得分：_____

信息获取	汽车车型：	彩条款式：

一、场地、设备及材料的准备检查

1. 车辆的准备检查	备注
2. 彩条施工及工具的准备检查	项目1、2不用作记录

二、操作过程

1. 直线彩条的施工

2. 曲线彩条的施工

实训 3　全车玻璃贴膜

1. 实训内容

1）侧窗防爆太阳膜的粘贴。

2）前、后窗防爆太阳膜的粘贴。

2. 实训目的

1）熟练掌握侧窗玻璃的施工方法。

2）熟练掌握前、后风窗玻璃的施工方法。

3）了解施工中减少沙粒的方法。

3. 实训设备

1）实训车辆数台。

2）防爆太阳膜若干。

3）裁膜台、大小毛巾、人造麂皮、小刀、喷水壶、贴膜安装液、贴膜硬刮、贴膜水刮、热风枪、插电板。

4. 实训方法及注意事项

（1）实训方法

每班分成若干个小组，每次同时进行三小组实训，其他小组在教室复习实训的内容，分几次完成。实训时以老师讲解、演示、学生操作、考核为主，学生完成实训报告及考核，完成实训内容。

（2）实训注意事项

1）听从安排，不要随意走动。

2）不要随意操作车上的各个按键。

3）操作所学的内容时必须在指导老师的指导下完成。

4）注意保持教学场地卫生。

5）操作所学内容时不能野蛮操作。

5. 防爆太阳膜的粘贴方法

（1）防爆膜的粘贴方法

汽车车窗玻璃主要有前风窗玻璃、后风窗玻璃和侧窗玻璃，其贴法大同小异。

1）侧窗贴膜基本步骤如下。

① 外部清洗。汽车每块玻璃的外表面应该好好清洗，潜在尘埃控制在最少，轻微下降每块玻璃以擦洗玻璃的顶部，此处容易积很多尘埃。

② 轮廓裁切。窗玻璃外表面上喷洒少量的窗膜安装液，把窗膜覆盖在上面，剥离膜朝外，经过小心地滑动定位后，开始沿边框四周裁剪窗膜的大小。裁切操作期间使汽车膜牢牢地贴在玻璃上。熟练的安装者能利用边框直接徒手裁剪，裁剪时切勿损坏边框。安装者常常先进行窗膜的裁切、修剪和安装所有的边窗玻璃，然后着手安装后窗玻璃。在理论上，先易后难是最好的安装次序。

③ 热定型。在裁切窗膜尺寸后，在玻璃上的任何弯曲将是显而易见的。几乎所有后窗玻璃和许多边窗玻璃都有球形的弯曲，妨碍窗膜在玻璃上铺平。在窗膜上的这种现象称为皱褶。采用便携热风枪可把窗膜精确地收缩定型于大部分车窗的复合曲面上。消除在曲面上出

现的皱褶。

热风枪热定型方法在装帖之前进行，不但可节省许多处理皱褶的时间，而且使窗膜外观更舒适漂亮。对加快安装工艺和产生最专业的安装效果，热整形是贴膜最重要的工序之一。

④ 玻璃内表面清洗。裁切和任何所需要的热整形完成后，玻璃的内表面必须采用强力液体清洗剂清洗处理。大部分表面可用铲刀刮铲污物，再用尼龙软擦片擦洗油剂。窗玻璃最后刮擦干净，边框用软布和擦洗纸擦干净，使玻璃表面处于干净状态。在清洗后窗玻璃（特别是那些带有除雾金属线和边部有黑色装饰釉点）时，需要特别谨慎。

⑤ 剥离保护膜。在玻璃清洗完成后，窗膜的保护膜被撕去，在窗膜的粘胶表面喷洒安装液后，玻璃内表面也同样喷洒安装液。

⑥ 挤水。在每片窗膜安定于它的最终位置后，应立即在窗膜表面再次喷洒安装液，润滑挤水的表面。用专用的挤水工具排除所有气泡和尽可能多的安装液。在几天后驻留的水分慢慢地透过窗膜而排除，窗膜干燥的时间随气候、湿度、窗膜的结构和挤水后残留水分的多少而变化。

⑦ 边部检查、密封边缘。检查窗膜的所有边缘，并用特氟隆硬片（或其他同系列工具）挤兑。所有边缘必须挤封，以免固化期间空气、水分、灰粒从边部渗入窗膜底下。通常，这些挤兑工具边部需要薄吸水材料（纸巾或棉布）包覆以便吸允挤出的水分。

⑧ 最后的清洁和检查。当安装工作完成后，所有的窗玻璃仔细地擦洗（内表面和外表面），去除条纹水迹和污迹，给整个汽车光亮的外观。查看问题区域：膜内是否有水泡，是否有毛发边缘，是否有气泡或沙粒。专用硬质挤水片能排除大部分的问题。把汽车擦净后驶到室外，实现最后的视觉检查。

2）前、后风窗玻璃太阳膜的整张粘贴技巧。

① 裁膜。选择膜的型号，在原车玻璃上量出玻璃下边的长度，从中间量出玻璃的宽度（加长5~10cm），注意膜的方向性，把玻璃的长度对应膜的长边，玻璃的宽度对应膜的宽边方向裁膜，膜长边有收缩性，而宽边没有收缩性。

② 贴膜前准备。清洗玻璃壶内加二、三滴指头大小的柔性无有害物质的清洁剂（主要起清洁和润滑的作用）加水摇匀。在需贴膜玻璃的外面喷上适量的水，用钢刮板或塑料刮板仔细把整块玻璃清洗一遍，去除玻璃上的脏东西，再喷上水，用前后风窗玻璃专用刮水板再次清洗玻璃。如果在不干净的玻璃上烤膜，当膜加热发软后，用刮板刮膜玻璃上的东西会在膜上留下印迹。这些印迹即使膜贴上去也无法消除，从而影响贴膜的质量、美观和清晰度。

③ 烤膜准备工作。用牙咬开膜的边角，从而分清有保护膜的一面。把保护膜的一面朝上，并均衡地铺在玻璃上，裁掉多余的部分（以过玻璃黑边为标准）。从中间把膜向上下两边平均分开，两条宽边的气泡也一起向上下两边平均分开。用刮水板把中间部分的水刮干，注意不要刮到气泡上，以防止把膜刮折，中间部分先刮水，作用在于定型，使太阳膜不会移动，且使膜的气泡平均向两边分开，有利于烤膜。

④ 烤膜。从易到难，小气泡先烤，烤好小的气泡后，再把大的气泡分成小的来烤，烤膜时注意烤枪的温度及膜的受热程度，可用距离远近或速度快慢来调节温度。烤气泡时应使气泡受热均匀，膜边可适当把烤枪提留1~2min，使膜边也收缩，才可以刮平。一边烤膜一边注意膜的收缩程度，当膜出现皱纹状收缩时，用刮板一刮到底，如果气泡太大没有把握，

可用手把膜抚平，再用刮板刮平。烤膜时不能在一个气泡上停留时间太长，以免温度过高。当温度过高时，轻则把膜烤焦，重则爆炸玻璃。烤完膜时，不能往车玻璃上喷水，防止玻璃承受不了刺激引发爆裂。

⑤ 轮廓裁切。烤好一块膜后要把多余的边裁掉，前风窗玻璃有后视镜，要割开离黑边2mm不透光就可以了。前风窗玻璃防爆太阳膜裁边要求：直、平、齐。前后风窗玻璃的粘贴方法跟侧窗玻璃方法一样，但前风窗玻璃最好两人合作加快进度，减少贴膜时间和防爆膜撕去保护膜后在空气中暴露的时间。

（2）避免膜内沙粒方法

① 水。有很多施工人员直接使用自来水，未经过滤或沉淀这是不正确的，因为自来水管路里有许多杂质或沙粒，有时更换水管管路时均会影响水质，所以贴膜时所用的水一定要经过过滤或沉淀。

② 灰尘。许多店面没有专门的贴膜室，在路边贴膜大小汽车呼啸而过激起很多灰尘，有时风速较大也有灰尘，因此没有贴膜室时，在贴膜期间需关闭所有车门进行张贴。

③ 工作衣服。拆开隔热膜透明部分时会产生大量静电，贴膜时就不合适穿毛料或是有棉絮的衣服，因为衣服上的棉絮或羊毛会被静电吸到膜上面。

④ 膜表面。我们裁剪好的膜经常放置于汽车脚垫上、椅套上，或放于车顶、发动机盖上，造成内外不干净，亦因静电关系拆开膜时附着在表面的灰尘亦会吸到膜上面，因此，在未拆开透明膜时，必须洗净或表面喷一些水，可防止灰尘及沙粒。

⑤ 椅套或物体。同样是静电原因，有些椅套是兔毛、狐狸毛或棉絮太多，拆开膜时亦应注意，而且拆开膜时勿太靠近物体，以免物体上灰尘被静电所吸。

⑥ 拆开膜时有人开门。玻璃洗好之后或拆开膜时不可让车外人员开车门，有时用力开门会造成空气快速流通带入大量灰尘或沙粒。

⑦ 冷气风速过大。夏天是隔热膜旺季，大太阳下或车内气温非常高，在车内开冷气贴膜在所难免，但在拆开膜时冷气风速调到最低待拆完膜、贴上玻璃之后再开大风速，以免车内物品的灰尘到处快速飞动。

⑧ 喷水器底部不干净。使用喷水器时多数放在地上、脚垫上或椅套上，底部往往不干净，当拆开膜时，若喷水器在膜上方晃动，底部沙粒小石子会掉在膜上，当我们使用喷水器时先拭净底部。

⑨ 手捏部分。拆开透明膜后必须以两个指头去捏住隔热膜，手捏的部分会有指纹和沙粒，技巧在于能控制尽量捏少一点。

⑩ 刮水器方式不正确。刮水器清洗玻璃时有固定方式，若随便刮水或刮水断断续续或不知收尾都会带来沙粒。

⑪ 冲水。旁边或底部刮水器无法完全到达必须冲水，若用卫生膜清理时注意使用脱脂卫生膜才不会有灰尘。旧车或三角窗更应注意冲水，但顶部不可冲水，以免赃物随水下滑。

⑫ 注意车内物体。拆完膜，喷好水欲贴上玻璃时，尽量准确，若贴上去之后发现位置差很多，再移动会粘在玻璃四周物体，或橡皮及泥槽内沙粒。

⑬ 赶水方向。刚贴上去后下一个动作是赶水，水可以由上往下赶，由右往左赶或由左往右赶，但不可将大量水由下往上赶，以免水往下流动带动沙粒下来。

⑭ 不能再掀起膜。膜已贴上玻璃尽量不再掀起，掀起次数越多，沙粒尘粒越多。

⑮ 玻璃清洗不干净。有些旧车拆旧换新，附着的灰应刮干净，任何标签、脏物应及时清理，否则技术再好都于事无补。

⑯ 水没推干。贴膜的最后一个动作是推水，一般技师 80% 以上无法将大部分水推出来，若遇冬天蒸发慢时往往一个半月还不干，我们将拆下的透明膜洗净后再贴上玻璃，以硬质刮板将水挤干，此种方式不但不会刮伤、刮破膜并且可以将膜上的沙粒由大到小、由小到无，把沙子挤到隔热膜的胶里面。

⑰ 空气带抽入沙粒。旧车子四周泥槽内、橡皮内暗藏很多看不到的沙粒灰尘，膜合上去之后有些玻璃弧度大，会有空气带成三角状，此时若不快速将水赶出，沙子会不断抽进水里。

⑱ 车窗。清洗车窗时应先将车窗摇下来，才可清洗到顶端，刮完水，玻璃往上摇洒之后，上端不可在刮水。

（3）贴膜的验收标准

1）前风窗玻璃专用膜的验收标准。

① 整张安装，不能拼凑。

② 不能有气泡、折痕（以刮水器有效使用范围为准）。

③ 水必须刮干净（从玻璃的左右两侧分别观察，可以看得很清楚）。

④ 坐在驾驶位，透过前风窗玻璃看车外的景物不存在模糊、色差现象。

⑤ 查看前风窗玻璃有没有强烈的反光现象（外侧）。

⑥ 膜材的边缘是否粘贴完好，无起边现象。

⑦ 膜材的边缘与玻璃的小黑点连接，检查是否平滑，有无明显的凹凸不平的感觉。

⑧ 检查玻璃是否完好，并在施工单上签署。

2）侧风窗玻璃用膜的验收标准。

① 检查每块玻璃有无明显的漏光现象。

② 驾驶座两侧的贴膜应先整张装帖，从驾驶看两侧后视镜有无影响视线的感觉，存在这类现象，必须通知车主，并采取挖孔处理，孔型按照车主的要求做好精裁工作。

③ 看车窗玻璃的上缘线是否与膜材的边缘保持基本平行，刀线是否平滑。

④ 无较集中的沙粒夹在玻璃与膜材之间，有无气泡折痕。

3）后风窗玻璃用膜的验收标准。

① 整张粘贴时不能有漏光现象。

② 最下沿的膜材粘接必须仔细检查，不得出现残留水夹在膜材与玻璃之间。

③ 不得有密集的沙点及气泡。

6. 粘贴防爆隔热膜的注意事项

1）贴膜前，必须先对玻璃进行彻底清洁，可用不起毛的毛巾将玻璃及玻璃边缘擦拭干净。

2）必须在室内清洁环境下施工。

3）刮水器和牛筋硬刮板工具表面不能有毛刺或缺口。

4）裁膜刀片要保持锋利，如果刀片钝了要及时更换，以防止将玻璃划坏。

5）选用的清洁液和安装液应是专业产品，不能有腐蚀性。

7. "全车玻璃贴膜"评分标准与操作工单

"全车玻璃贴膜"评分标准

序号	考核项目	配分	扣分标准（每项累计扣分不能超过配分）
1	安全文明否决		造成人身、设备重大事故，或恶意顶撞考官，严重扰乱考场秩序，立即终止考试，此项目记0分
2	工具的选择及正确使用	10分	不能正确选择与使用工具，每次扣2分
3	汽车车辆功能及清洁的检查	15分	（1）车辆原车功能使用正常，否则扣10分 （2）汽车车身清洗干净、干燥，否则扣5分
4	侧窗玻璃太阳膜的施工	30分	（1）侧窗玻璃打膜板正确，否则扣5分 （2）裁膜手法正确，否则扣4分 （3）内玻璃清洗干净，否则扣3分 （4）刀线平滑，无漏光，否则扣10分 （5）贴完膜后，检查是否有折痕、灰尘、气泡，否则每次扣3分 （6）膜内水分收干，无多余积水，否则扣5分
5	前后风窗玻璃太阳膜的施工	30分	（1）烤膜方法正确掌握，否则扣10分 （2）前后风窗玻璃膜裁切达到要求，否则扣10分 （3）不能有气泡、折痕、灰尘，否则扣5分 （4）膜内安装液刮干，否则扣5分
6	安全文明生产	15分	（1）不穿工作服、工作鞋、工作帽扣5分 （2）设备、材料乱放扣2分 （3）零部件材料表面未及时清理扣3分 （4）实训完后不清理场地扣5分
7	合计	100分	

"全车玻璃贴膜"操作工单

班级：_____ 姓名：_____ 得分：_____

信息获取	汽车车型：	膜的种类：
一、场地、设备及材料的准备检查		
1. 车辆的准备检查	备注	
2. 汽车贴膜工具及材料的准备检查	项目1、2不用作记录	
二、操作过程		

1. 侧窗玻璃防爆太阳膜的施工

2. 前、后风窗玻璃防爆太阳膜的施工

第 3 章

汽车内饰装饰

汽车的内饰装饰主要是对汽车驾驶室和乘客室进行装饰,统称为内饰。营造一个温馨、舒适的车内环境对广大驾驶人和乘坐人员无疑都是必要和有意义的。汽车的内部装饰通过对篷壁、地板、控制台、仪表板、座椅的外表加装、更换面料及选用汽车饰品等方法来改变它们的外观。装饰过的内饰能够营造良好的氛围,带给车主及乘客美好的心情,同时能够使汽车焕发迷人的光彩,展现出车主的个性。

3.1 汽车内饰装饰的常用工具、设备及材料

想一想:汽车内饰装饰的常用工具、设备及材料有哪些?

提示:汽车内饰装饰主要有螺钉旋具、手电钻、切割机、吸尘器、各种清洁剂、护理剂等常用工具、设备及材料。

学习目标	鉴定标准	教学建议
1. 了解汽车内饰装饰的常用工具、设备、材料 2. 掌握汽车内饰装饰常用工具设备的操作使用方法	应知:车内饰装饰的常用工具、设备、材料 应会:汽车内饰装饰常用工具设备的操作使用方法	采用多媒体课堂讲授、讨论交流、实物直观演示教学

1. 汽车内饰装饰常用工具与设备

汽车内饰装饰越来越专业化,汽车内饰装饰的工具与设备相对也比较专业,常用的工具与设备,如表 3-1 所示。

2. 汽车内饰装饰各种清洁剂和护理剂

在选择汽车内饰清洁用品时,第一,要选择正规厂家的合格产品;第二,选择清洁剂要有针对性,不同内饰材料需选择不同清洁用品,否则不仅达不到去污效果,而且还会伤害饰件;第三,选择清洁剂时,最好选用专用的,最好不选择"万能"或"多功能"的清洁剂,如清洁织物座椅、真皮座椅、汽车内饰、汽车漆面、汽车轮毂等部件的清洁剂产品,各种清洁剂、护理剂如表 3-2 所示。

表 3-1 汽车内饰装饰常用工具与设备

名称	工具与设备使用介绍
螺钉旋具	主要用来拧紧和旋松螺钉
手电钻	主要用于金属材料、木材、塑料等钻孔,由小电动机、控制开关、钻夹头和钻头几部分组成
切割机	从切割材料来区分,分为金属材料切割机和非金属材料切割机,主要用于切割材料等物件
吸尘器	主要用于清理车内遗留的纸屑、废弃物等
通用维修工具	包括锤子、钳子、扳手等,主要用于物件维修

（续）

名称	工具与设备使用介绍	
毛刷		此类毛刷较软，用于车辆内饰件洗刷，不易损伤饰件，在对塑料件、织物件和真皮件等清洁时使用。注意用完后及时清洁毛刷内杂物等，风干备用
		此类毛刷专门用于车内清洁，头部可以转动，可清洁车辆内部不同的卫生死角
毛巾		汽车专用毛巾，吸水性强，易清洁，用完后应及时清洁、风干
海绵	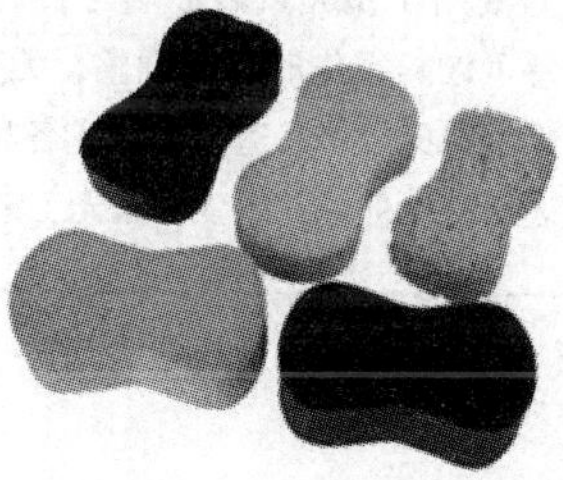	海绵是一种多孔材料，具有良好的吸水性，能够用于清洁物品

表 3-2　各种清洁剂和护理剂

名称	用品介绍	
万用清洁剂		本品是专门用于清除汽车漆面和塑料表面粘附的油脂、灰尘、指印和微细瑕疵的快速清洁剂，环保水基配方对人体无刺激性伤害，不易燃，不含硅和蜡成分。在清除研磨抛光后漆面的同时也能快速检验抛光效果

(续)

名称	用品介绍
泡沫清洁剂	富含强力去污性泡沫，适于清洗表面污渍，泡沫细腻丰富，气味芳香，内含抗菌成分，抑制细菌生长，使用方便安全。一喷一抹，使物件光洁如新，可有效防止灰尘和污垢粘附，保持洁净
表板蜡	表板蜡是一种专门针对汽车皮革饰件、仪表等部件质地的保养用品，能有效防止仪表板、车内饰件等老化，同时具有去污、防静电功效
真皮保护剂	采用喷剂式，能使车内外各饰件达到清洁、美观、亮丽，并能达到防老化、防腐蚀、延长使用寿命的功效
玻璃抛光剂	玻璃抛光液用于抛光蒙砂玻璃与喷砂玻璃，手感光滑，颗粒感可以随操作时间而调整，无手印效果明显，可以加深无手印的效果，适用于抛光各种移动门，抛光后的玻璃表面光滑但颗粒感强，抛光工艺简单易操作

3.2 座椅的装饰

想一想：汽车座椅的分类有哪些？

提示： 汽车的座椅可以按照座椅表层的材料、座椅的使用功能、座椅的结构和车型用途来分类。

学习目标	鉴定标准	教学建议
1. 了解汽车座椅的结构及分类 2. 掌握汽车座椅的装饰方法	应知：汽车座椅的结构及分类 应会：汽车座椅的装饰方法	采用多媒体课堂讲授、讨论交流、实物直观演示教学

1. 座椅的结构

（1）轿车的典型座椅结构　目前，轿车的典型座椅结构主要为复合型结构，由骨架、填充层和表皮层三大部分组成。

1）骨架（图3-1）。座椅的骨架主要用金属材料制作。它的主体是金属焊接结构，起到座椅的定形和支撑人体的作用；靠背和坐垫一般是用薄钢板冲压而成的，根据人体工程学的原则设计，以乘客乘坐时可以获得最舒适的形体要求为准则。

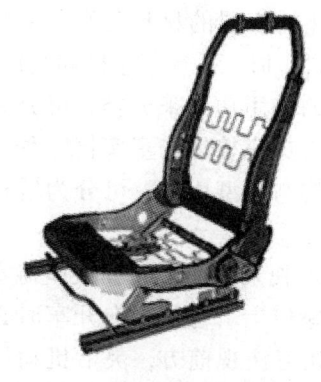

图3-1　座椅骨架

2）填充层（图3-2）。为了增加人们乘坐时的舒适感，在座椅的骨架上增加了填充物。以前，用棉花等植物纤维来充当填充物，但它容易变形，造型不佳。现在塑料工业得到很大的发展，人们使用发泡沫塑料制作定形的填充物，具有柔软舒适、不易变形、造型美观、弹性良好等优点。

3）表皮层（图3-3）。轿车座椅的表皮层是座椅质量和装饰的亮点所在，特别是轿车的座椅，是设计师考虑的重点部位。

表皮层使用的材料，主要是纺织布料、人造皮革和优质的真皮材料等，外形与填充层的形状相贴服。在制作上很讲究，要求剪裁精确，贴服平整合体，以显示座椅的精美外形。

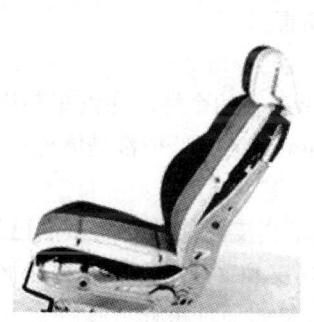

图3-2　填充层

图3-3　座椅表皮层

（2）客车的座椅结构　一般客车和高级豪华客车的要求不太一样，座椅的结构也不同。

1）一般客车座椅。一般客车座椅结构简单，主要是满足乘员的最起码乘坐要求，在造型和舒适性方面考虑较少。目前，市场上主要有两种类型的一般座椅：木质座椅和塑料座椅。木质座椅常用在公交车上，在铁支撑架上装上长形木条或木板，就制成了简单的座椅；塑料座椅是用SMC塑料制成的座椅，固定在座椅支撑架上，构成单人椅或多人椅。

2）豪华客车的座椅。所谓豪华客车的座椅，只是在外形、制作材料和形体结构上稍微讲究一些。其质量介于普通客车和轿车之间。如XC/ZY XC/JZ系列豪华座椅，造型新颖、美观大方，符合人体工程学的原理。XC/ZY600型可拆卸式座椅以及ZY650、ZY610型乘客座椅，具有曲线流畅、柔度适中、乘坐舒适等特点，如图3-4所示。

2. 座椅的分类

按照座椅表层的材料分类，主要可分为纺织布料座椅、人造革座椅和真皮座椅；按照座椅的使用功能来分类，可分为驾驶人座椅、乘员座椅、儿童座椅三种；按照座椅的结构与车型用途，可分为轿车座椅和客车座椅。

(1) 驾驶人座椅　驾驶人座椅安装在驾驶人的座位上。驾驶人在开车时必须集中精力，始终注视前方，灵活机动地处理

图 3-4　豪华客车的座椅

各种交通路况。为了有利于驾驶人的驾车，对座椅的舒适性和方位（高、低、前后、左右）的可调整性要求较高。所以，驾驶人座椅总成的机构复杂、性能可靠、调整灵活。多数是电动可调的，又称为电动座椅。

(2) 乘员座椅　乘员座椅要求乘坐舒适，这与驾驶人座椅要求一样。但对调整方面无过多要求，一般乘员座椅，只有在一些豪华客车上才有角度调整机构，即俯仰角度可在一定范围内调整，以期达到提高乘员舒适性的目的。

(3) 儿童座椅　儿童安全座椅就是一种专为不同体重（或年龄段）的儿童设计、将孩子束缚在安全座椅内、能有效提高儿童乘车安全的座椅。欧洲强制性执行标准 ECE R44/03 的定义是：能够固定到机动车辆上，带有 ISOFIX 接口、LATCH 接口的安全带组件或柔性部件、调节机构、附件等组成的儿童安全防护系统。在汽车碰撞或突然减速的情况下，可以减少对儿童的冲压力和限制儿童的身体移动从而减轻对他们的伤害。

3. 座椅的装饰

汽车座椅套是汽车的时装，能表达出车主的情趣，体现出车主的个性。在汽车装饰中，座椅的装饰对汽车整体的装饰风格有非常大的影响。皮套、布套或各式座椅都是体现车主品位的装饰。

(1) 真皮座椅　真皮座椅是指座椅的面料采用真皮。汽车真皮座椅的使用虽然已经不再是一种品位的象征，但同一款车型推出的不同款还是会以真皮和普通的布料座椅来区别。好多人买车时也会刻意选择真皮座椅，觉得真皮座椅有档次，舒服而且耐脏。

(2) 真皮座椅养护技巧　真皮座椅养护技巧一：清洗要得当，对真皮坐椅的清洁是必不可少的。在对汽车真皮座椅进行清洁的时候，应该选用清洗剂把皮革表面的灰尘和污渍都清洗干净，避免细菌以及垃圾污染物对真皮座椅造成侵蚀损害，并要保持干爽和整洁。

真皮座椅养护技巧二：禁止浸泡。不少车主有时候懒得去洗，然后直接将座椅进行浸泡，汽车真皮座椅经过浸泡之后，皮革会受到很大程度的损害。

真皮座椅养护技巧三：远离热源。如果把太热的东西靠近真皮坐椅，就会导致皮革干裂，原本完好无损的真皮座椅，就会变得不堪入目了。同时，应避免真皮座椅在阳光底下曝晒，避免褪色。

真皮座椅养护技巧四：巧妙加脂。适当地给座椅的皮革加脂，可以帮皮革补充营养，修补创伤，让皮革表面更加平整光滑，手感更柔软、光滑。

(3) 装饰真皮座椅的注意事项　有部分车主购车时，座椅并不是真皮所制。为了驾

驶感受,许多车主都会选择对座椅进行包真皮。但是,有侧气囊的车请慎给座椅包真皮,不少交通事故后调查发现,轿车侧面安全气囊因加装的真皮座椅导致安全气囊未能弹开,导致车主在车祸中没有受到保护,因而造成严重的后果。如果汽车配有侧气囊,则在处理座椅真皮的时候注意,一定要给侧气囊留下一条"生路",不要一味地追求真皮的高档就牺牲安全。

3.3 地板的装饰

想一想:汽车地板装饰的作用有哪些?

提示:汽车地板装饰的作用有保温、隔热、防湿、防潮、防尘、防止外部噪声进入车内的作用。

学习目标	鉴定标准	教学建议
1. 了解地板装饰材料的选用原则 2. 掌握汽车地板铺设的工艺步骤	应知:汽车地板装饰材料的选用原则 应会:汽车地板铺设的工艺步骤	采用多媒体课堂讲授、讨论交流、实物直观演示教学

1. 地板装饰材料的选用

(1) 地板装饰材料的选用原则 对地板进行装饰,主要是因为原地板已陈旧或损伤需要美化,可参照原地板使用的材料、色泽和地板构造,采用适当的方法进行装饰。

若为了提高原车装饰档次,可在内饰改装的同时,对地板进行改装。这时需综合考虑,使之与内饰和谐。可采用在原地板的基础上,选装汽车地毯,直接放置在地板上即可。

(2) 地板装饰材料色泽的选用 地板装饰的颜色,最常用的是深灰色和红色。深红色的地板,可使车内有一种洁净舒适的感受;红色,给人以兴奋的感受。在选择装饰材料的颜色时,还应考虑侧围、顶盖和座椅等的颜色,使整个内饰的色泽统一、和谐,给人以明亮、舒适的感受。

2. 地板铺设工艺步骤

1) 清洗:车地板一定要清洗干净,包括其前后左右以及有死角的地方,必要时用水清洗。

2) 测量:测量一定到位,包括前后距离一定到位,遇到有弧形、有角的地方,都要多算出3~5cm。

3) 下料:将测量数值在打开的卷材上进行下料,用画笔和木尺画出轮廓然后用剪刀或者劈纸刀下料。

4) 铺设:铺设之前,所有工具应准备到位,将下好的料放在需要铺设的地方,位置要放正。放正后,将有直角或有弧线的地方,用剪刀开缝将其适当铺展(重在设计),开缝以后,用502胶粘贴即可。为了美观和更结实,需要用焊枪(塑料焊枪)进行焊接加固。焊接时,将其边沿边进行焊接,将其温度调好后,先把两边烤软然后将其加热压合,稍微加力压即可,使其连接在一起。由于塑料焊枪一直长时间工作会加高温度,当温度高时,用小点力气压合两边接缝处,一定要掌握好温度以及力度。收边工作:当地板铺到边的时候,为了美观,让它显示不出其接头和边,可将塑料护罩拆掉,把地板料边铺设到位后,再用塑料护罩将其罩好上紧,压上地板边缘。如没有塑料护边,可将其边缘处,用电钻打眼、用装饰铁条压住边缘,用铆钉铆上,或用小螺钉拧紧铁条。

注意:铁条位置要放正放好,打眼距离要均匀,否则会影响其美观性。在整个地板铺设过程中,所要注意的是下料到位,角和弧形面的设计,千万不能起皱,边的铺设,以及焊枪使用,最容易被忽略的是铺设之前必须清洗到位。一般有原车地板的将其埋在下边即可,如果是更换地板,则将旧的扔掉,铺上新地板。

3. 脚垫的装饰

(1)脚垫的用途　汽车脚垫作为一种实用性很强的汽车用品,能够有效防水、防尘、防滑,极适合在雨水多和寒冷天气使用。汽车脚垫、行李箱垫、方向盘套等都是很多车主在买车后必备的汽车装饰用品。

(2)脚垫的材料分类　脚垫的材料可分为羊毛脚垫、羊绒脚垫、PVC脚垫、亚麻脚垫、橡胶脚垫、尼龙脚垫、高温隔热防阻棉、超纤仿皮脚垫等。

(3)手工脚垫的制作　首先调整好地毯,把脚垫处的地毯铺平。然后,用粉笔画出需要脚垫保护的区域的边缘。把脚垫和地毯一起拿到缝纫机上,在画出的区域把脚垫缝制到地毯上。

也可从地毯上裁剪一块大小合适的小地毯,经常更换,便于清洗。它既耐脏,又容易更换,每天均可取下来进行打扫。而且,其保护的面积要比脚垫保护的区域大。地毯破损后,扔掉再换一块就可以了,这比更换一块脚垫要便宜得多。

3.4　车内精品装饰

想一想:车内精品的种类有哪些?

提示:汽车内饰主要有汽车挂饰、挂香、烟灰缸、方向盘套、置物盒、香座、颈枕、腰枕、健康气囊、纸巾盒、车用垃圾筒、车载充电器、空气清新机、CD包、遮阳板套、车用空调被、车内饰条等。

学　习　目　标	鉴　定　标　准	教　学　建　议
1. 了解车内精品的种类 2. 掌握部分车内精品的装饰方法	应知:车内精品的种类 应会:部分车内精品的装饰方法	采用多媒体课堂讲授、讨论交流、实物直观演示教学

1. 车内精品的种类

（1）挂饰系列（图3-5）

1）美观类。美观类汽车挂件是一种文化，寄托一些祝福与期待，体现车主的个性与审美，同时与车内装饰协调搭配。它需要小巧精致，不至于影响行车视线；主体部分不宜过长，以避免制动时撞击到玻璃；又能在行车时轻微晃动，有的能发出轻微的声音，能很好地消除行车者的疲劳，增加安全保障。

2）功能类。功能类汽车挂件一方面拥有美观类汽车挂件的美观性，能够给车主的汽车内部装饰起到画龙点睛的作用，使得汽车内部装饰更加能够体现出车主的品位。另一方面功能类汽车挂件还具有一定的功能性，就像汽车挂香一样，能够拥有汽车香水的作用，具有杀菌除异味的功能，缓解车主的驾驶疲劳。

图3-5 挂饰

（2）香水系列　车载香水大致分为三种：固体型、液体型、气雾型。固体香水虽然造型有些古板，但却实用。液体香水外观造型美观、通常盛放在玻璃器皿内，但是经过阳光长时间的暴晒，很容易炸裂。而固体香水则不会有这个忧虑。但是固体香水也有缺陷，那就是它的香气清淡，散发快，通常一块固体香膏的使用时间是半个月到一个月左右。气雾型车用香品主要由香精及容器组成，它可以覆盖车内某些特殊异味，如行李异味、烟草味、鱼腥味和小动物体味等，但挥发速度极快，常放在有艺术造型的容器中，可用2～3个月。汽车香水已经成为大众的必需品，它美观漂亮，是首选的汽车室内装饰品。

汽车香水和人用香水有一个共性，就是可以去除异味，但是相比而言，汽车香水的这个特点尤为突出，消除车内异味，让旅途空气更加清新。它散发的味道是淡淡的，不同于人用香水那么浓烈。挑选镇定功效较好的汽车香水对行车安全很有帮助，如清凉的药草香味、宁人的琥珀香味、薄荷香味、果香味、清甜的鲜花香味能松弛神经等。

（3）方向盘套　方向盘套（图3-6）不仅可使方向盘免受磨损，而且可增加手感和摩擦力，防止手出汗打滑，进而增强车行驶时的反应灵敏度和安全性，还能起到减少和吸收振动的作用。方向盘套有很强的装饰性，使得汽车内部整体显得更加时尚。

（4）其他精品　烟灰缸（图3-7），是用来盛吸烟时产生的烟灰的器皿，也叫"烟缸"或者"烟盅"。其款式多种多样，有水晶、玻璃、不锈钢、金属等材质的，还有塑料、硅胶、玉石材质的。烟灰缸有许多形状，如圆形、长方形、正方形、多边形、椭圆形等。很多款式新颖的烟灰缸，既美观又实用，颜色方面也多种多样。一般在烟灰缸缸口的周围会有一些凹进去的小凹槽，那里是放置香烟的地方。

置物盒是放置汽车杂物的盒子，汽车杂物收纳盒是汽车美容养护不可缺少的助手，如图3-8和图3-9所示。汽车置物盒在市面上已经十分普遍，它成本低、受益广、十分适合大众使用。

纸巾盒如图3-10和图3-11所示，是一种使用方便、并且能够保证纸巾不受外界污染的盒子。其结构包括一个底面不封闭的盒体和一个用于密封盒体底面的底座。

图 3-6 方向盘套

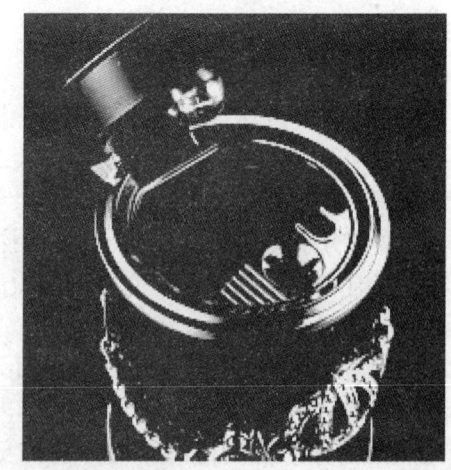

图 3-7 烟灰缸

图 3-8 空调出风口置物盒

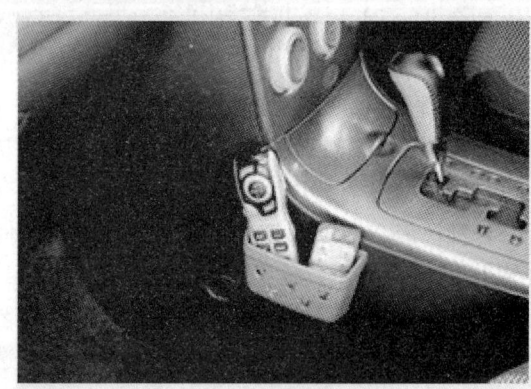

图 3-9 随意贴置物盒

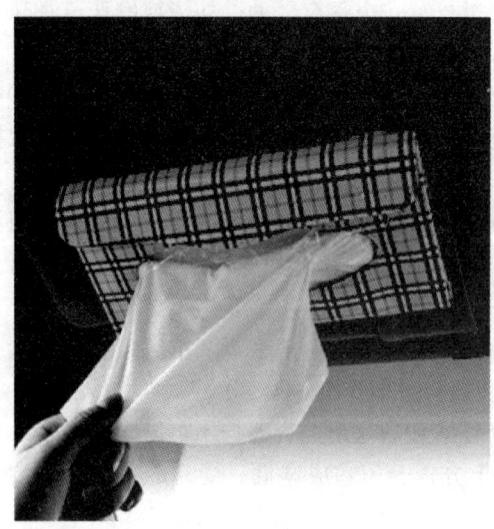

图 3-10 遮阳板纸巾盒

图 3-11 挂式纸巾盒

练 习 题

一、填空题

1. 汽车内饰装饰的清洁剂、护理剂有万能泡沫清洗剂_____、_____、_____等。
2. 按照座椅表层的材料分类,主要有_____和_____。
3. 脚垫的材料可分为羊毛脚垫_____、_____、_____、_____、橡胶脚垫_____、_____、_____高温热隔防阻棉_____、_____超纤仿皮脚垫等。
4. 车载香水大致分为_____、_____、_____三种。

二、简答题

1. 汽车车内装饰常用工具设备有哪些?
2. 汽车座椅的分类有哪些?
3. 汽车地板装饰的作用有哪些?
4. 车内精品装饰有哪些?

实训 4　安装座椅垫、真皮座椅和儿童座椅

1. 实训目的

1)掌握汽车内装饰常用工具的正确使用方法。
2)掌握安装座椅垫、真皮座套和儿童座椅的工艺流程。

2. 实训内容

1)安装座椅垫。
2)安装真皮座椅。
3)安装儿童座椅。

3. 实训设备

1)车辆、座椅垫、座套皮料和儿童座椅。
2)洗涤液、毛巾和毛刷。
3)常用工具一套、吹风机、螺钉旋具和刀片。

4. 注意事项

1)在实训过程中轻拿轻放,注意安全。
2)在安装过程中不要用力拉扯。

5. 实训方法及步骤

(1)实训方法　首先说明这次实训的目的,强调安全后开始实训。实训时以指导讲解和演示为主,并以提问方式进行教学互动。根据实训报告和考核要求,完成此次实训。

(2)实训内容与步骤

1)安装座椅垫。安装完成的座椅垫,如图 3-12 所示。用弹性皮筋和锁扣固定枕套,用卡盘固定下部坐垫后部,用挂钩固定下部坐垫前部。

具体安装步骤如下。

① 安装前的检查。在汽车坐垫准备安装前,检查汽车坐垫品质和绷缝线结实程度。
② 安装前排座椅椅垫。汽车前排座椅椅垫一般有帽头帽兜,汽车坐垫连体处有一个或两个卡扣,安装步骤如图 3-13 所示。
③ 安装后排座椅垫。在安装前,先观察后排座椅的安装方式。后排座椅分为两种:一

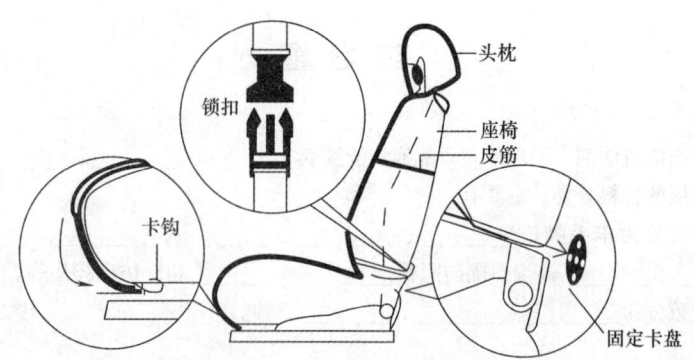

图 3-12　安装完成的座椅垫

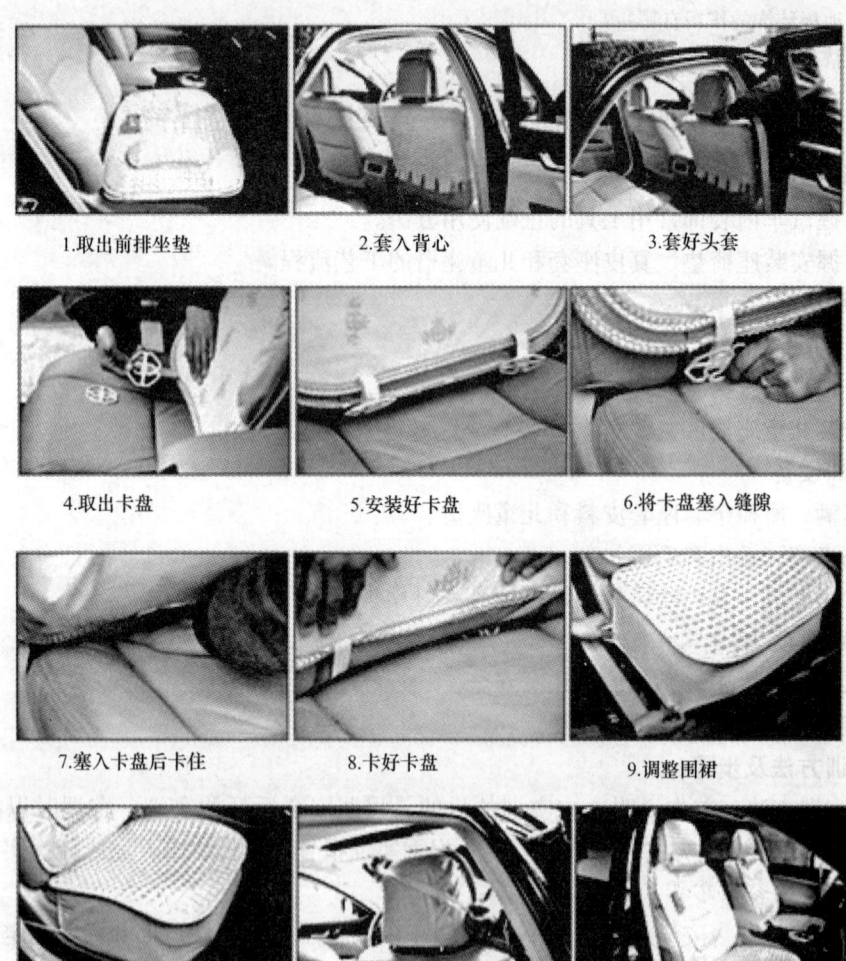

图 3-13　前排座椅垫安装流程图

种是带扣式的,如图 3-14 所示;一种是不带扣式的,如图 3-15 所示。

图3-14　带扣式座椅　　　　　　　　图3-15　不带扣式座椅

不带扣式的座椅直接用力把长座椅拔出来，有锁扣的长座椅按下锁扣再把长座椅拔出。对于座椅和车体用螺钉固定的，应该先用螺钉旋具拆开，使长座椅和后靠分开。汽车长座椅和后靠分开后，将长坐垫通过汽车坐垫上的卡扣从下面穿过并固定好长坐垫，安装好坐垫，如图3-16所示。

④ 座椅加热垫的安装。对于一些原车不带加热垫的汽车，在冬季来临时很多车主会考虑加装加热垫，下面介绍加热垫的安装。

a. 首先将车内电源关闭，观察车钥匙是否处于关闭状态，拉下汽车驻车制动，用工具将要安装加热系统的汽车座椅拆卸下来，放置于干净、场地宽裕的地方。

b. 将汽车座椅的外蒙皮小心拆下，记住拆卸的顺序。确定加热垫铺设的位置，将加热垫带有网格胶的那面朝下，贴在海绵上。

c. 粘贴时加热垫保持平整，边揭边粘贴，不可有褶皱，加热垫线束从海绵垫尾部引出，与主线束对接。

d. 在汽车地毯下面进行布置主线束。

e. 线束熔丝、继电器和接头安装在易散热的地方，注意远离暖风机风口。主线束应躲避节气门连杆和驾车者易接触位置，保证行车安全和线束安全。

f. 将开关装至预先开好的开关孔位，整个系统安装完毕。

g. 安装测试：发动车辆，检查原车电气线路是否出现异常，加热垫是否发热。如无异常，则安装结束。

2）改装真皮座椅。

① 真皮座椅的鉴别。

真皮座椅的鉴别常采用以下几种方法。

a. 看：观察皮面光滑程度、皮纹纹理、色泽、光亮度和反光情况，厚薄均匀且厚度不低于1.5mm。若皮纹纹理不明显，只是异常光滑，则说明皮子在加工过程中进行了磨面处理，或者是用牛皮的第二层皮喷上颜色后压出仿制。这种皮不仅没有透气性，而且使用寿命也会受到很大影响。一般天然皮革有些糙斑，并且皮面的毛孔分布不均匀，但这不会影响整体的美观。此外真皮断面表层结构紧密，可见毛孔；内层较粗糙，可见细的纤维，不易拉出。

b. 摸：用手触摸应感觉滑爽又有弹性。若皮面板硬或发粘则均为下品。

c. 擦：用潮湿的细纱布在皮面上来回多次擦拭，真皮无褪色。若为假的，则有褪色现象。

1.取出后排坐垫并套入

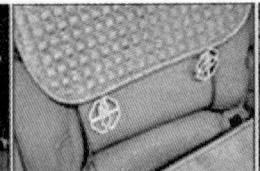
2.安装卡盘

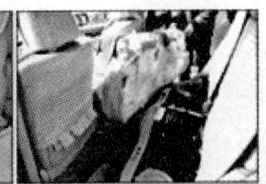
3.扶起后排长座椅

4.套入长排坐垫

5.安装卡扣卡好松紧

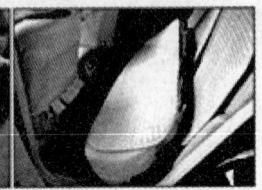
6.调整好坐垫

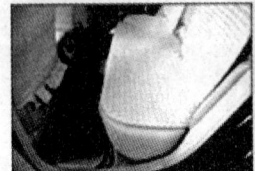
7.装回后排长座椅

8.按出扶手准备套入

9.推成斜角再套入

10.推回扶手

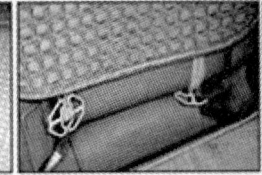
11.卡好原先装好的靠背卡扣

12.两边都卡牢

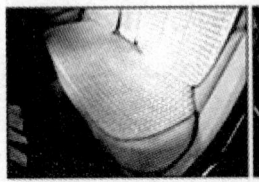
13.调整下整体效果

14.后排坐垫安装完成

图 3-16　后排坐垫安装流程图

d. 拉：用两只手拉，若能恢复原样，则质量较好。若有缝痕或漏色，则说明质量较差。

e. 烧：真皮很难燃烧。

②真皮座套的选择。

a. 选择有一定规模且正规的店铺进行装饰。

b. 选择生产皮革的知名厂商。

c. 与汽车内饰整体颜色和谐。

③真皮座椅的改装过程。

a. 拆卸座椅。

b. 将拆下来的座椅椅套取下，根据取下的座椅裁剪样板，如图 3-17 所示。

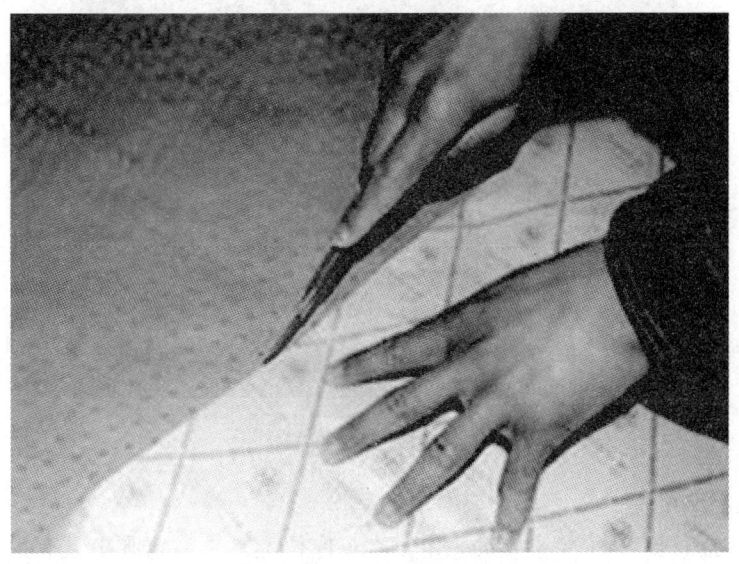

图 3-17 裁剪座椅样板

c. 根据裁剪样板进行下料。
d. 将裁剪下来的真皮材料进行加工，缝制出所需的汽车座椅椅套。
e. 将缝制好的椅套安装到座椅上。
f. 安装椅套后，用吹风机软化并擀平，如图 3-18 所示。

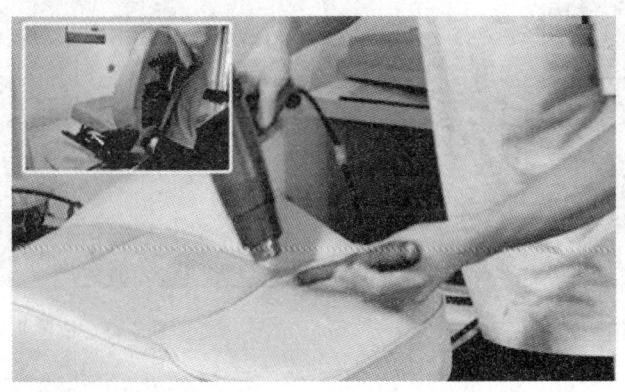

图 3-18 用吹风机软化并擀平椅套

g. 将平整后的座椅进行清洗，并装回车内，如图 3-19 所示。
④真皮座套制作注意事项。
a. 皮料部位选择。牛背皮用在座椅的靠背及坐垫，牛肚皮用在座椅裙部。
b. 牛皮面缝制一次完成，不能修改留下针眼，合缝要整齐。
c. 套装时不要划伤撕裂皮套。
d. 通过拍打将皮套贴实。
f. 选择防锈的固定皮套卡钉，且分布均匀，松紧一致。

图 3-19　清洗座椅

3）儿童座椅的安装。

儿童安全座椅（图 3-20）是一种固定于汽车座位上，供儿童乘坐且有束缚并能在发生车祸时最大限度地保障儿童安全的座椅。它可以正向安装，也可以反向安装。现以反向安装法为例介绍儿童座椅的安装过程。

①儿童座椅的安装。

a. 将儿童座椅按图 3-21 所示的方式放在后排座椅上。

b. 取出安全带，由前向后安装到儿童座椅的导向槽内，如图 3-22 所示。

图 3-20　儿童座椅

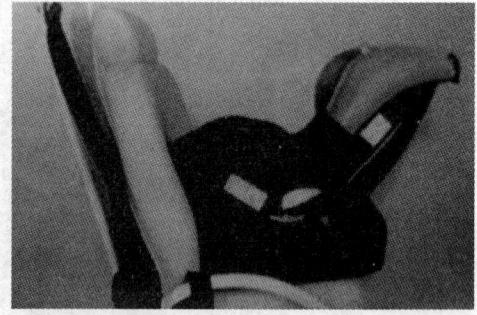

图 3-21　放置儿童座椅

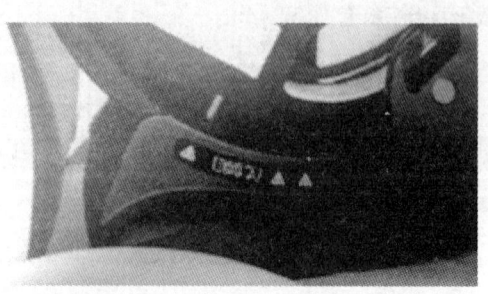

图 3-22　安全带由前向后安装到导向槽内

图 3-23　安全带卡入上部导向槽

c. 按图 3-23 所示将安全带卡入儿童座椅上部的导向槽内。
d. 将安全带绕过儿童座椅底部卡入另一侧导向槽，如图 3-24 所示。
e. 扣上安全带卡扣，收紧安全带，安装完成的效果如图 3-25 所示。
f. 正向安装效果如图 3-26 所示。安装过程与反向安装相同。

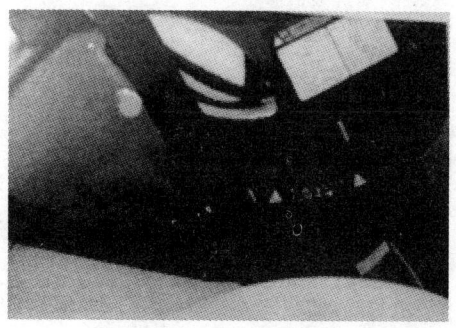

图 3-24　卡入导向槽

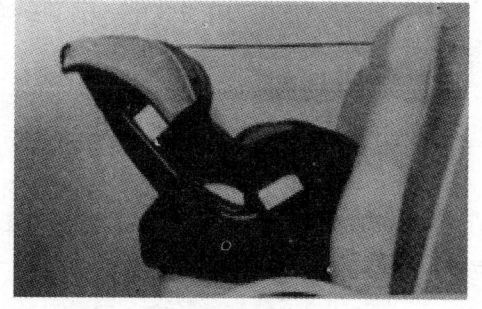

图 3-25　安装完成效果

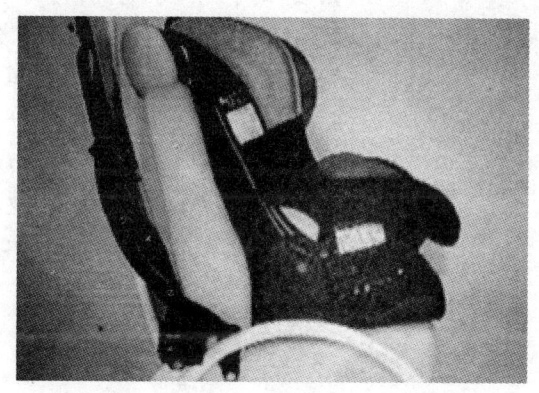

图 3-26　正向安装效果

g. 儿童座椅如果能反向安装，一定要反向安装，因为这样可以最大限度地保护儿童安全。

② 儿童座椅的选用原则。

a. 大小应与儿童身高相当。
b. 安装形式与汽车相配套。
c. 安装位置一般选在后排座椅上。

6. "安装座椅垫、真皮座椅和儿童座椅"评分标准与操作工单

"安装座椅垫、真皮座椅和儿童座椅"评分标准

序号	考核项目	配分	扣分标准（每项累计扣分不能超过配分）
1	安全文明否决		造成人身、设备重大事故，或恶意顶撞考官，严重扰乱考场秩序，立即终止考试，此项目记 0 分

（续）

序号	考核项目	配分	扣分标准（每项累计扣分不能超过配分）
2	工具的选择及正确使用	10分	不能正确选择与使用工具，每次扣2分
3	座椅垫的安装	25分	（1）安装步骤错一次，扣5分 （2）安装完成后座椅垫摆放不正，扣5分 （3）座椅垫安装完成后不稳固，扣15分
4	真皮座椅的安装	25分	（1）缝制不能一次完成，扣5分 （2）缝制修改留下针眼，扣5分 （3）缝制不合缝、整齐，各扣2分 （4）皮套拍打不贴实，扣5分 （5）皮套固定卡钉分布不均匀，扣3分 （6）皮套固定卡钉松紧不一致，扣5分 （7）套装时划伤撕裂皮套，扣完配分
5	儿童座椅的安装	25分	（1）不能按照年龄正确选择安装方式，扣5分 （2）安装形式与汽车不配套，扣5分 （3）座椅安装完成后不稳固，扣15分
6	安全文明生产	15分	（1）不穿工作服、工作鞋、工作帽，各扣1分 （2）设备、材料乱放，每次扣2分 （3）零部件材料表面未及时清理，每次扣3分 （4）实训完后不清理场地，扣3分
7	合计	100分	

"安装座椅垫、真皮座椅和儿童座椅"操作工单

日期：_____ 姓名：_____ 得分：_____

信息获取	座椅垫款式：	座椅的皮料：
一、场地、设备及材料的准备检查		
1. 车辆的准备检查		备注
2. 座椅垫、真皮座椅、儿童座椅准备检查		项目1、2不用作记录
二、操作过程		

1. 座椅垫的安装

2. 真皮座椅的安装

3. 儿童座椅的安装

第 4 章

汽车漆膜的修复

汽车漆膜修复是指使车辆增亮增辉，并提高车辆防护外界侵蚀能力以延长车辆使用寿命的系统化、规范化及专业化的作业项目。

4.1 涂料的基本知识

想一想：涂料主要由哪些物质组成？

提示：涂料是由主要成膜物质、次要成膜物质和辅助成膜物质三大部分组成的。

学习目标	鉴定标准	教学建议
1. 了解涂料的概念 2. 掌握涂料的作用与分类	1. 应知涂料的概念 2. 应知涂料的作用与分类	采用多媒体课堂讲授、讨论交流、实物直观演示教学

1. 涂料的概念

（1）定义　涂料一般为黏稠液体或粉末状物质，可以用不同的施工工艺涂覆于物体表面，干燥后能形成粘附牢固、具有一定强度、连续的固态薄膜，赋予被涂物以保护、美化和其他预期的效果。

（2）组成　涂料是由主要成膜物质、次要成膜物质和辅助成膜物质三大部分组成的。

1）主要成膜物质：它包含油脂和树脂，是决定涂膜性能的主要因素，可以单独成膜，也可以粘接颜料等成膜物质，又称基料。

2）次要成膜物质：它包含颜料、填料、增韧剂。

3）辅助成膜物质：它包含各种溶剂和助剂。辅助成膜物质不能单独成膜，只是对涂料形成涂膜的过程或涂膜性能起辅助作用。溶剂（或水）是调节涂料的粘度及固体成分含量。

2. 涂料的作用

1）装饰作用：目的首先在于遮盖汽车或建筑物表面的各种缺陷，又能与周围环境协调配合。

2）保护作用：能阻止或延迟空气中的氧气、水气、紫外线及有害物对汽车的破坏，延长汽车的使用寿命。

3）特殊功能：如防火、防水、防辐射、隔声、隔热等。

4）标志作用：如各种化学品、危险品、交通安全等，目前应用涂料做标志的颜色在我国和国际上已逐步标准化。

3. 涂料的分类

1）水性涂料：内、外墙乳胶漆及水溶性涂料两大类。

2）油性涂料：硝基树脂漆、醇酸树脂漆、环氧树脂漆、聚氨酯漆等。

4. 涂料的命名

为了简化起见，在涂料命名时，除了粉末涂料外仍采用"漆"一词，以后的具体叙述时，各涂料品种也称为漆，在统称时仍用"涂料"一词。涂料命名原则规定如下：

全名＝颜料或颜色名称＋成膜物质名称＋基本名称

若颜料对漆膜性能起显著作用，则用颜料名称代替颜色名称。对于某些有专业用途及特性的产品，必要时在成膜物质后面加以阐明。

5. 涂料的编号

（1）涂料型号 涂料型号由三部分组成。第一部分是成膜物质，用汉语拼音字母表示；第二部分是基本名称，用两位数字表示；第三部分是序号，以表示同类品种间的组成、配比或用途的不同。这样组成的一个型号就只表示一个涂料品种而不会重复。

（2）辅助材料 辅助材料的型号分两个部分。第一部分是辅助材料种类；第二部分是序号。

（3）基本名称编号原则（表4-1） 涂料基本名称编号原则是采用00～99二位数字来表示的。00～09代表基本品种；10～19代表美工漆；20～29代表轻工用漆；30～39代表绝缘漆；40～49代表船舶漆；50～59代表防腐蚀漆等。

表4-1 涂料基本名称编号

代号	代表名称	代号	代表名称	代号	代表名称
00	清油	11	皱纹漆	34	漆包线漆
01	清漆	12	裂纹漆	35	硅钢片漆
02	厚漆	13	晶纹漆	36	电容器漆
03	调和漆	14	透明漆	37	电阻漆、电容器漆
04	磁漆	20	铅笔漆	38	半导体漆
05	烘漆	22	木器漆	40	防污漆、防蛆漆
06	底漆	23	罐头漆	41	水线漆
07	腻子	30	（浸渍）绝缘漆	42	甲板漆 甲板防滑漆
08	水溶漆 乳胶漆	31	（覆盖）绝缘漆	43	船壳漆
09	大漆	32	绝缘（磁烘）漆	44	船底漆
10	锤纹漆	33	黏合绝缘漆	50	耐酸漆

(续)

代号	代表名称	代号	代表名称	代号	代表名称
51	耐减漆	62	变色漆	82	锅炉漆
52	防腐漆	63	涂布漆	83	烟囱漆
53	防锈漆	64	可剥漆	84	黑板漆
54	耐油漆	65	粉末涂料	85	调色漆
55	耐水漆	66	感光涂料	86	标志漆 线路漆
60	放火漆	80	地板漆	98	胶液
61	耐热漆	81	鱼网漆	99	其他

6. 统一命名举例

统一命名举例见表4-2。

表4-2 命名举例

型号	名称	主要成膜物质	曾用名
A05-19	铝粉氨基烘漆	氨基及醇酸树脂	铝色氨基醇酸烘漆
C04-2	红醇酸磁漆	醇酸树脂	红醇酸磁漆
S05-1	各色聚氨酯烘漆	聚氨酯树脂	封闭型聚氨基甲酸酯磁漆
Z30-2	聚酯绝缘漆	聚酯树脂	F级浸渍绝缘漆
X-1	硝基漆稀释剂		甲级香蕉水
G-4	钴锰催干剂		皂液
F-1	硝基漆防潮剂		防白剂

7. 油脂、树脂、颜料和溶剂的基础知识

（1）油脂的分类　根据油类性质，可将其分为干性油、半干性油、不干性油三类。根据油类来源可分为动物油、植物油、矿物油。

1）干性油。这一类油具有较好的干燥性，干后的漆膜不软化，也不溶化，几乎不溶解于有机溶剂中。如桐油、亚麻仁油、苏籽油等。

2）半干性油。这一类油的漆膜干燥速度较慢，干燥后可重新软化及熔融，比较容易溶解于有机溶剂中。如大豆油、罂粟子油、菜子油等。

3）不干性油。这类油的漆膜不能自行干燥，只有加入催干剂后才能逐步干燥。但干燥后漆膜仍具有活性，不适于作防护用。如蓖麻油、椰子油、花生油、棉籽油、鱼油等。

（2）树脂的分类

1）定义。树脂是许多有机高分子复杂化合物互相溶合而成的混合物。树脂存在的状态可以是固体的，也可以是高粘度胶体的，不呈结晶状态，纯粹的树脂多是透明的，并且受热可熔。它没有熔点，只有软化点。树脂大多可溶于有机溶剂中，溶化成溶剂挥发后，能够形成一层连续的薄膜。

2）树脂的分类。树脂一般分为天然树脂和合成树脂两大类。

①合成树脂。涂料中所用的合成树脂品种很多，可分为缩合型树脂、聚合型树脂和元素有机树脂三类，常用的缩合型树脂包括酚醛树脂、环氧树脂等，聚合型树脂包括过氯乙烯

树脂、聚氯乙烯树脂、聚醋酸乙烯树脂等，元素有机树脂包括有机硅树脂等。缩合型树脂作主要成膜物质的涂料有两种：一种是热固型，需经升温才能固化，所以也叫烘干性；另一种是需要加入固化剂才能在室温下固化，因固化剂是在使用前才能加入，所以这类产品的包装要分开。

② 天然树脂。常用的天然树脂包括以矿物为来源的沥青、以植物为来源的生漆、以动物为来源的虫胶等。沥青涂料不仅耐腐蚀性能良好，而且来源广泛，价格便宜。生漆是我国的特产，有很多优良的性能，使用已有几千年的历史。

(3) 颜料　颜料在涂料中属于次要成膜物质。所谓颜料是一种不溶于黏合剂（各种成膜物质）的有色矿物质或有机物质。

1) 按颜料的用途分为体质颜料、着色颜料、防锈颜料三种。

① 体质颜料：主要用来增加涂层厚度，提高耐磨性和机械强度。

② 着色颜料：具有良好的遮盖性，可以提高涂层的耐日晒性、耐久性和耐气候变化的性能。有些颜料能提高涂层的耐磨性。而最主要的是着色颜料可给予涂层各种色彩。

③ 防锈颜料：这种颜料可使涂层具有良好的防锈能力，延长寿命。它是防锈底漆的主要原料。

2) 按颜料的来源可分为有机颜料、矿物颜料。矿物颜料，又可分为天然颜料和人造颜料。

① 矿物颜料：是一种金属的氧化物或者是结构很复杂的盐类。它对光的作用和大气的影响比较稳定，并可能生成保护金属面受腐蚀的薄膜。最具有价值的矿物颜料为人造颜料，可以根据需要制造出固定颜色和色光的颜料。

② 有机颜料：具有丰富的颜色和鲜艳的色光，但从许多性质来看不如矿物颜料。它在要求不太高的涂饰物使用方面，仍有利用的价值。

(4) 溶剂

1) 溶剂的定义。在油漆施工中，凡能溶解脂肪、蜡、树脂、沥青、油类等物质的易挥发的有机物质，均叫做溶剂。

溶剂在涂料中起到溶解、稀释树脂和油料的作用，以满足各种油漆工艺对涂料粘稠度的要求。但在油漆成膜后，它并不留在漆膜中，而是全部挥发掉了。不同品种的合成树脂或油料，对溶剂的要求是不同的。

2) 对涂料所用的溶剂的要求。

① 有良好的溶解性和挥发性，溶剂与主要成膜物质混溶要均匀，挥发速度应符合施工要求。

② 涂料的各组成部分无化学变化发生。

③ 低毒，价廉，原料来源丰富。

3) 溶剂品种的分类。

溶剂的品种类别很多，按其化学成分和来源可分为下列几大类。

① 萜烯溶剂：这类溶剂绝大部分来自松树分泌物。常用的有松节油、松油等。松节油对天然树脂和树脂的溶解能力大于普通的香蕉水，小于苯类。其挥发速度适中，符合油漆涂刷及干燥的要求。

② 石油溶剂：这类溶剂属于烃类。是从石油中分馏而得的。常用的有汽油、松香水、

火油等。汽油挥发速度极快，危险性大，一般情况下不用来作溶剂。松香水是油漆中普遍采用的溶剂，其特点是毒性较小，一般用在油性漆和磁性漆中。

③ 煤焦溶剂：这类溶剂也属于烃类。是将煤干馏而得的。常用的有苯、甲苯、二甲苯等。苯的溶解能力很强，是天然干性油、树脂的强离溶剂，不能溶解虫胶，但毒性大，挥发快，油漆中一般不常使用，一般作洗涤剂。甲苯的溶解能力与苯相似，主要作为醇酸漆溶剂，也可以作环氧树脂、喷漆等的稀释剂用，少量用在洗涤剂中使用。二甲苯的溶解性略低于甲苯，挥发比甲苯慢，毒性比苯小，可代替松香水作强力溶剂。

④ 脂类溶剂：这类溶剂是低碳的有机酸和醇的结合物，一般常用的有乙酸正丁脂、乙酸乙脂、乙酸戊脂等。乙酸正丁脂毒性小，一般用在喷漆中，便于施工，还可以防止树脂和硝酸纤维析出。乙酸乙脂溶解力比丁脂好，常于乙酸正丁脂使用在木器等硝酸纤维漆中。乙酸戊脂挥发较慢，用在纤维漆中能改进流干性和发白性。

⑤ 酮类溶剂：它是一种有机溶剂，主要用来溶解硝酸纤维。常用的有丙、甲乙酮、甲异丙酮、环已酮、甲已酮等。丙酮溶解力极强，挥发速度快，能以任何比例溶于水，所以容易吸水而使漆膜干后泛白、结皮。一般与挥发慢的溶剂合用。大多用在喷漆、快干黏合剂中。但丙酮极易燃烧，用时应注意防火。甲乙酮比丙酮挥发慢，溶解力稍差，可以单独使用。甲异丙酮溶解力高，挥发性适中，防止漆膜发白的能力很强。环已酮挥发慢，溶解性好，可使漆膜在干燥中形成光亮平滑的表面，防止气泡的产生。

⑥ 醇类溶剂：它是一种有机溶剂，能与水混合，常用的有乙醇、丁醇等。醇类溶剂对涂料的溶解力差，仅能溶解虫胶或缩丁醛树脂。当与脂类、酮类溶剂配合使用时，可增加其溶解力，因此称它们为硝基漆的助溶剂。乙醇不能溶解一般树脂，而能溶解乙基纤维、虫胶等。还可用来制得酒精清漆、木材染色剂、洗涤底漆等。丁醇的溶解力略低于乙醇，挥发较慢，性质与乙醇相似，常与乙醇共用，可防止漆膜发白，消除针孔、桔皮、气泡等缺陷。丁醇的特殊效能是防止油漆的胶化，降低粘度同时还可作为氨基树脂的溶剂。

⑦ 其他溶剂：其他溶剂常用的有含氯溶剂、硝化烷烃溶剂、醚醇类溶剂。含氯溶剂溶解力很强，但毒性较大，只是在某些特种求和脱漆剂中使用。硝化烷烃溶剂挥发速度与乙酸丁脂大致相同，同时，可溶解硝化纤维等。醚醇类溶剂是一种新兴的溶剂，有乙醚乙二醇、甲醚乙二醇及其脂类等。常用于硝棉漆、酚醛树脂漆及环氧树脂漆中。

(5) 辅助材料　在油漆施工中，辅助材料可辅助漆膜的形成。不同的辅助材料，对漆膜的形成有不同的作用。在众多的辅助材料，以催化剂、增韧剂用量最多，前者为油基漆普遍使用，后者为树脂漆普遍使用，他们对漆膜的形成意义重大。常用的辅助材料有催干剂、增型剂。

1) 催干剂：常用的有铅催干剂、钴催干剂、锰催干剂、锌催干剂、铁催干剂、钙催干剂。催干剂的用量不可过多，漆膜的干燥速率不与催干剂的用量成正比。

2) 增型剂：以液态存留在漆膜中的不挥发有机液体称为增型剂，又名增韧剂、软化剂。用来增加漆膜的柔韧度和提高漆膜的附着力，同时提高其耐寒性。常用的增型剂有植物油、天然蜡、异体化合物、聚合高分子化合物四类。

8. 醇酸树脂漆的基础知识

(1) 定义　由氨基树脂与醇酸树脂配合制成氨基醇酸树脂为成膜物质的涂料称为氨基醇酸树脂漆，以醇酸树脂单独为成膜物质的涂料称为醇酸树脂漆。

（2）醇酸树脂的分类和性能

1）按油的品种分：

① 干性油改性醇酸树脂。

② 不干性醇酸树脂。

2）按油含量分：醇酸树脂又可分为长、中、短油度型。

短油度醇酸树脂制成的漆干燥快、漆膜硬而光泽好，附着力也强，可溶解于二甲苯、松节油。中油度醇酸树脂制成的漆在干性、光泽、硬度、附着力、柔韧性、保色性、耐久性等方面都好。长油度醇酸树脂制成的漆膜柔韧、光泽较高、户外耐久性好，可用200#溶剂汽油溶解。

3）其他醇酸树脂。

（3）醇酸树脂漆的品种

1）外用醇酸树脂漆。它是用长油度干性醇酸树脂制成的，属于自干型涂料。

其漆膜的最大特点是耐候性优越、柔韧，光泽一般，适用于作大面积钢结构的面漆。

2）通用醇酸树脂漆。它是由中油度干性醇酸树脂制成的，属于自干和低温烘干两用涂料。具有较好的户外耐久性，又具有较高的硬度，较强的光泽，良好的柔韧性，漆膜也比较美观，适用于建筑中的门窗、楼梯扶手、壁板等。

3）各种底漆和防锈漆。它一般用中、短油度的干性醇酸树脂制成，有自然干燥和烘烤干燥等不同类型。它广泛应用于各种底漆。其特点是对铁金属、部分有色金属及木材的表面有很好的附着力。各种醇酸树脂的面漆要求与醇酸底漆或防锈底漆配套使用。其他类型面漆也要求与醇酸底漆配套使用。底漆有一般用、铝镁合金用的区分。防锈因其颜料不同而有不同的品种型号。

4）快干醇酸树脂漆。用苯乙烯改性的醇酸树脂漆可达到快干的目的。

5）水溶性醇酸树脂漆。

6）醇酸皱纹漆。用较多的催干剂加入中油度干性醇酸树脂中，可制取烘干用醇酸皱纹漆。它可作小五金的涂饰用。

9. 环氧树脂漆的基础知识

（1）定义 以环氧树脂为主要成膜物质的涂料称为环氧树脂漆。环氧树脂能与多种固化剂发生交联反应形成三维网状结构的高聚物。

（2）环氧树脂涂料的性能、特点及用途 如表4-3所示。

表4-3 环氧树脂涂料的性能、特点及用途

序号	性能	特点	用途
1	耐化学品性能优良	固化的环氧树脂突出的优点是化学性质很稳定，耐碱性，耐油类，但是环氧涂料耐酸性普遍不佳	轻工业、食品加工
2	附着力强	环氧树脂含有极性很强的醚基和羟基，与底材界面产生强的相互作用力	汽车工业、轻工业、食品加工
3	强度高且韧性好	强度高是由于环氧树脂含有苯环；韧性好是由于环氧树脂含有醚键，赋予了其进行分子链的内旋转能力，而不易脆断	轻工业、海洋工程

(续)

序号	性能	特点	用途
4	电绝缘性好	固化后的环氧树脂表现出优良的绝缘性,其电性能为室温下击穿电压为 35～50 kV/mm,体积电阻为 100 Ω·cm	汽车工业、电力电子
5	耐热性好	一般为 80～100℃,有的高达 200℃,甚至更高	汽车工业、海洋工程、船舶工业
6	固化收缩率小	尺寸稳定,不易开裂。一般为 1%～2%。酚醛树脂为 8%～10%,不饱和聚酯树脂为 4%～6%,有机硅树脂为 4%～8%	轻工业、食品加工
7	光老化性差	固化的环氧树脂中的芳香醚键在紫外线的照射下,降解断裂,从而耐候性差。双酚 A 型环氧树脂固化的漆膜在户外易粉化失光,不宜做户外涂料。但是杂环和脂肪族环氧树脂涂料可用于户外	汽车工业、海洋工程、船舶工业
8	低温固化性	环氧树脂一般的固化温度为 10℃,否则固化缓慢。一般不宜在 10℃以下环境施工,这对于在冬季对户外的大型物体施工造成困难	轻工业、海洋工程

(3) 环氧树脂涂料的固化剂的分类

环氧树脂涂料的固化剂可分为与环氧树脂的环氧基反应的固化剂、与环氧树脂的羟基反应的固化剂和与环氧基反应的固化剂。

10. 聚氨酯漆的基础知识

(1) 聚氨酯树脂漆的定义 聚氨酯漆即聚氨基甲酸酯漆,是指在其涂膜中含有相当数量的氨酯键的涂料。

(2) 聚氨酯漆分类 如表 4-4 所示。

表 4-4 聚氨酯漆分类

	分类	特性
单组分	油改性聚氨酯漆	储存稳定,涂覆后漆膜干燥快,具有良好的耐磨、耐碱、耐油和耐溶剂性,但耐候性差,不适合室外使用
	潮气固化型	具有干燥快、附着力好、耐磨、耐水、防潮、耐酸碱介质腐蚀的性能。可用于地下工程的防腐涂料和水泥表面涂料
	封闭型聚氨酯漆(高温烘烤型)	具有储存稳定、毒性小、耐油、耐溶剂、耐酸和耐碱的性能,还具有电绝缘性和耐热、耐寒性能。一般用于金属防腐蚀涂料

(续)

分类		特性
双组分	羟基固化型聚氨酯漆	可以室温干燥,具有毒性小、漆膜坚韧、光泽度高、附着力好、耐腐蚀性、耐油、耐水性能优良等优点。适用于金属、水泥、木材及橡胶、皮革等材料的涂饰
	催化固化型聚氨酯漆	涂层具有良好的耐油、耐水、耐酸碱、耐有机溶剂的性能,且具有很好的附着力和耐磨性能。一般用作木材、混凝土等的表面涂料(如木制地板漆)

(3)聚氨酯漆特点 聚氨酯漆涂料与其他涂料比较,有一些特殊性能:

1)漆膜坚硬耐磨。
2)优良的耐化学腐蚀性能。
3)良好的耐油、耐溶剂性能。
4)漆膜光亮丰满。
5)有良好的耐热性和附着力。
6)可在潮湿表面施工。
7)利用游离的异氰酸脂基对醇酸树脂、酚醛树脂、煤焦沥青、丙稀酸树脂等进行改性后,可制取多种优异性能的涂料。

大部分聚氨酯树脂的缺点是漆膜长期在日光下暴晒,很快失光、粉化、泛黄,因此不宜室外使用,也不宜作浅色漆和装饰用漆。异氰酸脂对人体有刺激作用,部分聚氨酯漆施工较复杂,要求较高。

11. 丙烯酸酯漆的基础知识

(1)概况 丙烯酸酯漆由(甲基)丙烯酸酯及其他烯属单体共聚和制成的树脂所组成,通过选用不同的树脂结构、不同的配方、生产工艺及溶剂和助剂,制成溶剂型、水溶性型、水分散型、非水分散型、粉末型以及无溶剂型等多种品种。

(2)丙烯酸酯漆的分类和性能 如表4-5所示。

表4-5 丙烯酸酯漆的分类和性能

分类		性能	用途
溶剂型	热塑型丙烯酸酯漆	优良的耐候性、保光保色性,良好的附着力、耐化学品性、耐水性、抛光性,施工膜厚及丰满度差,流展性差	汽车修补漆等
	热固性丙烯酸酯漆	优良的耐候性、保光保色性,良好的附着力、耐化学品性、耐水性、抛光性、硬度,施工膜厚及丰满度良好,流展性、溶剂释放性差	汽车面漆及罩光
高固体分丙烯酸酯漆			
辐射固化丙烯酸酯漆		能量消耗低,不需高温烘烤对空气污染低,固化时间短,以秒计,流水线短,涂膜性能好,设施投资大,适用期短涂料成本高	环保型低能耗涂料
水溶性丙烯酸酯漆		要求施工湿度在30%~70%	食品罐头内壁涂料

(3)热塑性丙烯酸树脂漆 热塑性丙烯酸树脂漆分清漆、磁漆和底漆等。

1)清漆:丙烯酸清漆一般以酮、脂、苯类为溶剂,个别品种可溶于醇类。其特点是干燥快,耐候性好,色泽可长久保持不变,耐水性能好。但喷涂时溶剂用量大,且耐热性和耐溶剂性能不好。

2）磁漆：丙烯酸树脂加入溶剂、助剂与颜料研磨可制成磁漆。

3）底漆：一般由甲基丙稀酸酯和甲基丙烯酸共聚树脂溶于脂类、醇类、苯类溶剂中，加铬酸锶、增韧剂和体质颜料而成。其漆膜具有附着力好、室温下干燥快等优点，适用于不能高温干燥的金属设备和镁合金底面。

（4）热固性丙烯酸树脂漆　热固性丙烯酸树脂加入适量的交联剂、溶剂、增韧剂等配成各种热固性丙烯酸树脂漆，主要用于汽车、轻工业产品。

12. 聚酯漆的基础知识

（1）概况　以聚酯树脂为成膜物质的涂料称为不饱和聚酯漆。这种漆为无溶剂漆，浸渍性高，干燥快，漆膜浸水或受潮后绝缘电阻变化小。一般用于绝缘漆和高档生活用品的涂饰。

（2）聚酯树脂的性能和种类

1）不饱和聚酯树脂：具有强度高、质量轻、韧性好、光亮透明、耐溶剂、耐潮湿、耐化学药品和耐绝缘性能，可用于电器工业等。

2）饱和聚酯树脂：可用作有纤维素及乙烯类漆的增韧剂。

3）油改性酯树脂：即醇酸树脂漆类。

4）对苯二甲酸聚酯树脂：在涂料工业中可以制成浸渍绝缘漆和漆包线漆。

5）多羟基聚酯树脂：不单独用来制漆，是一种制漆的配套树脂。

（3）聚酯漆的品种

1）不饱和聚酯漆：具有无溶剂；漆膜既可加热固化，又可常温固化。经过打磨、抛光后，漆膜色泽光亮，且硬度高。具有一定的耐热、耐寒性能。能耐弱酸、碱和溶剂等。不饱和聚酯漆可用作为木器、金属、砖石、水泥和电器的绝缘涂料。

2）对苯二甲酸聚酯漆：具有良好的防潮和绝缘性能，适用于湿热带的电动机绝缘。

13. 硝基纤维漆的基础知识

（1）定义　硝基纤维漆是挥发性涂料，漆的组成分为挥发组分及不挥发组分两部分。溶剂是挥发组分部分。不挥发组分（成膜物质）为硝基纤维素、树脂和增塑剂。

（2）硝基纤维漆的性能和应用　硝基漆是一种造价较高的涂料，一般用于家具的涂饰。其主要性能如下。

1）抗张强度：硝基漆的漆膜坚硬、耐磨，干燥后有足够的机械强度。

2）透气性能：加入树脂和增韧剂可制成各种性能的涂料，但增韧剂过多会减少涂料的透气性能。

3）耐候性能：用不干性醇酸树脂、丙烯酸树脂等来调整其耐候性能。

4）热稳定性：加入合成树脂、增韧剂会改进其热稳定性能。

5）耐光性能：增加耐光性能优良的颜料和增韧剂可提高其耐光性能。

6）耐水和耐酸碱性能：硝基漆的漆膜能耐水、弱酸、矿物油、汽油和酒精，但不耐碱。在涂料工业中，如果单独用硝化纤维素制漆，则漆膜硬度高，但附着力差，柔韧性不足，必须加入树脂、增韧剂、颜料来弥补其缺点。有些树脂还可提高它的质量。

（3）硝基漆的组成　硝基漆是以硝化纤维为基础，再加上合成树脂、增韧剂、溶剂与稀释剂成为一种基料（清漆），再加入颜料研磨、拌匀、过滤而成。

1）硝化纤维素：它是漆膜的主要成膜物质，可溶于酮或脂类等有机溶剂中。

2）合成树脂：一般加入松香甘油酯、酚醛树脂、醇酸树脂等合成树脂，以提高其性能。

3）增韧剂：纯硝化纤维素制成的涂料，漆膜脆、易破裂，干后收缩，易于剥落，加入增韧剂后可大大克服这些缺点。

4）溶剂和稀释剂：硝基漆的成膜主要是靠挥发分挥发后形成坚硬的漆膜。挥发分有溶剂、助溶剂和稀释剂。溶剂是主要的挥发分，且能溶解硝化纤维素。常用的溶剂有丙酮、丁酮、乙酸乙脂、乙酸丁脂、乙二醇、乙醚等。助溶剂本身不能溶解硝化纤维素，但能促进酮类或脂类溶剂的溶解能力，常用助溶剂有乙醇等。稀释剂不能溶解硝化纤维素，只能起稀释作用，常用的稀释剂有苯、甲苯、二甲苯等。

5）颜料及体质颜料：这是硝基磁漆、底漆、腻子的主要组成部分，不溶解于油或溶剂中。其作用是填充漆膜的细孔遮盖物面，阻止阳光的穿透，从而增加漆膜的硬度，提高其机械强度，并显示各种色彩。常用颜料有钛白、铬黄、炭黑、氧化铁红等。体质颜料有滑石粉、碳酸钙等。

14. 酚醛树脂漆的基础知识

（1）酚醛树脂漆的定义　酚醛树脂漆是以酚醛树脂或改性酚醛树脂为主要树脂制成的漆类。酚醛树脂主要代替天然树脂与干性油配合制漆。由于酚醛树脂使涂料在硬度、光泽、快干、耐水、耐酸碱及绝缘方面有较好的性能。所以广泛应用于木器、家具、建筑、电气等方面。但酚醛树脂可使漆料有较深的颜色，老化过程中漆膜泛黄，不宜用于制造浅色及白色漆。

（2）各种酚醛树脂漆　目前涂料工业中使用的酚醛树脂漆主要有油溶性纯酚醛树脂、松香改性酚醛树脂、醇溶性酚醛树脂三种。

1）醇溶性酚醛树脂漆。

热塑性和热固性两种。热塑性通常很少使用。一般制取的是清漆。是它不用油脂的酚醛树脂漆。

① 热塑性醇溶酚醛树脂漆：是一种挥发性自干漆，干燥很快。具有良好的耐酸、耐有机溶剂、耐酸性气体的性能，毒性低，但漆膜易脆，在日光下变红，耐热度在90℃以下，性能不及热固性酚醛树脂漆，因而应用不广泛。

② 热固性醇溶酚醛树脂漆：烘烤后漆膜坚硬，具有良好的防潮性能和绝缘性能，适用于胶合层压制品。

2）松香改性酚醛树脂漆。

① 松香改性酚醛树脂漆是用量最大的一种酚醛树脂漆。它与桐油炼制的漆膜硬度大、干性好、坚韧耐久、耐化学作用、绝缘性能好，且价格低廉。缺点是漆膜易泛黄。广泛应用于木器家具、建筑、一般机械产品，以及船舶、绝缘、美术等。

② 丁醇改性酚醛树脂漆：可溶于苯类溶剂之中。单独制漆其漆膜耐水、耐酸性较好，但较脆，允许高温烘烤。

3）油溶性纯酚醛树脂漆：有非油反应型和油反应型树脂漆两种。纯酚醛树脂漆有很好的耐水性、耐酸性、耐溶剂性和电绝缘性能。纯酚醛树脂可制成底漆、磁漆、清漆等品种，还可制成分散型酚醛树脂漆。这是一种附着力极好，漆膜有良好的耐久性、耐磨性、高度的防潮性能的树脂漆。

15. 过氯乙烯漆的基础知识

（1）定义　以过氯乙烯树脂为主要成膜物质的涂料叫过氯乙烯树脂漆。目前广泛应用于防化学腐蚀涂料、混凝土建筑涂料。

（2）过氯乙烯漆的组成　过氯乙烯涂料是过氯乙烯树脂溶于挥发性溶剂中，加入增塑剂、填料等附加成分而形成的。

1）过氯乙烯树脂。主要是使漆膜具有良好的耐化学性、耐水性和耐候性。

2）过氯乙烯漆中其他树脂。主要作用是克服附着力差、光泽小、耐候性差等缺点。

3）增韧剂。加入增韧剂是为了增加过氯乙烯漆的漆膜柔韧性能。

4）稳定剂。过氯乙烯树脂在光和热的影响下容易分解，加入稳定剂可以阻止分解，延长漆膜的寿命。

5）溶剂。过氯乙烯树脂漆中，必须加入一定溶剂，使过氯乙烯树脂溶解和稀释，才能成膜。常用的溶剂有丙酮、丁酮、乙酸戊脂、乙酸乙脂、苯、甲苯、二甲苯、二氯乙烷。不能使用200#溶剂汽油、乙醇、丁醇等作为溶剂，不能与硝基漆混合使用，否则会使过氯乙烯树脂析出而变质。

6）颜料。配制适宜的颜料可增加漆膜强度和附着力，阻止阳光对漆膜的照射，使漆膜具有一定色彩。

（3）过氯乙烯涂料的性能

1）在常温下两小时漆膜就可全干，比油性漆干燥的时间要快得多，但比硝基漆的干燥时间多一倍。

2）具有优良的化学稳定性。对酒精、润滑油、氧、臭氧等介质的稳定性好。

3）有较好大气稳定性。

4）具有良好的耐水性和突出的抗菌性，具有防霉、防湿热、防盐雾性能。

5）具有不延燃性能、可制作防火漆。

6）具有良好的耐寒性。

7）附着力差。

8）漆膜坚韧性比硝基漆差，打磨抛光性比硝基漆差。

9）耐热性差。一般只适宜在60℃以下的环境中使用。

10）溶剂释放性差。

（4）过氯乙烯漆品种

① 防腐漆。具有优良的防腐蚀性能，耐酸碱、防潮、防霉。它有底漆、磁漆和清漆三种。

② 外用漆。漆膜干燥快、光亮、能打磨，有良好的耐候性，主要用于电工器材和农业机械等涂饰。

③ 木器用漆。具有良好的防火、防霉、耐化学性能。

④ 其他专用过氯乙烯漆。有耐机油的机床及机器设备的磁漆，用于纸张防潮用的过氯乙烯漆。

16. 沥青漆的基础知识

（1）定义　以沥青作为主要成膜物质的漆类称为沥青涂料。沥青涂料可在金属、混凝土和木材的材料表面涂刷沥青。沥青涂料具有良好的耐水、防潮、耐酸碱等性能，且资源丰富、价格便宜。但耐候性不好,所以很少用于室外涂饰。

(2) 沥青的种类

1) 天然沥青:它的软化点高,黑度高,漆膜光亮坚硬。

2) 石油沥青:它的软化点一般比天然沥青低。

3) 煤焦沥青:它具有良好的耐水和防潮性能,耐氧化氮、二氧化碳、氯等气体,对盐酸气体和其他稀酸、稀碱有一定的抵抗作用,在钢铁上的附着力好,不易氧化、锈蚀。但溶解性差,不耐日光暴晒、不耐油。

(3) 沥青漆的性能 以沥青为主要材料制成的涂料具有下列性能。

1) 耐水性能好。

2) 良好的耐化学性:具有一定的耐酸、耐碱性能。

3) 良好的绝缘性能:它的耐热性和干燥性能不太好,所以不能用作高等级的绝缘材料。

4) 装饰和保护性能良好。

5) 价格低廉。

(4) 沥青漆的品种 沥青漆的品种很多,主要分为两大类。

1) 乳溶型:本品种在涂料中应用不广。

2) 溶液型:它可分为四类。

① 以沥青为基础的沥青漆:常温下能自行干燥。特点是干燥快,漆膜坚硬,但附着力、机械强度差。主要用作水下及地下的钢铁构件、管道、木材、水泥表面的防护用漆,具有良好的耐水、防潮、防腐及抗化学侵蚀性能,但不宜暴晒。

② 以沥青和树脂为基础的沥青漆:加入环氧或聚氨酯,可做特种的耐水、防腐蚀涂料。

③ 以沥青和油为基础的沥青漆:可提高沥青漆的耐候性、耐光性。缺点是干燥性能变差,耐水性有所降低。

④ 以沥青、树脂和油为基础的沥青漆。

17. 有机硅漆的基础知识

(1) 有机硅漆的分类 有机硅漆基本上可分为三类,即纯有机硅型,与其他树脂的冷混型和共聚型。

1) 纯有机硅型:具有耐高温、耐氧化性、憎水性、耐蚀性以及优良的电气绝缘性能,防霉及耐候性良好。耐溶剂性差,附着力和机械强度也不好。固化时间长,价格高。

2) 冷混型:提高了机械强度,降低了固化温度,增加了耐溶剂性与附着力。

3) 共聚型:耐溶性、保色性、附着力、柔韧性都比冷混型有机硅漆好。

(2) 有机硅漆的性能

其优良的性能和用途如下:

1) 耐高温:温度可达 200℃,若加入铝粉或耐高温的颜料,则温度可达 400~600℃,特殊的可达到 800~900℃。根据这个特点,可制成耐高温漆。

2) 耐氧化:可制成耐候性特别好的涂料,不泛黄、不粉化,保色和保光性良好。做成的白色磁漆用在医院的设备上,可以始终保持白色不变。

3) 优良的憎水性:在高温和潮湿的环境中,也具有耐气候和防锈能力。

4) 优良的电气性能:不仅绝缘电阻高,而且在击穿强度和耐高压电弧、电火花方面均表现出优异的性能。

5）较好的耐化学性能：浸泡在酸、碱溶液中100h，漆膜仍较完好。

6）耐寒性好；可耐 -50℃ 的低温，而聚酯改性的有机硅漆可耐 -80℃ 以下的低温，因此可在寒冷的地区使用。

（3）有机硅漆的品种　有机硅漆和各种改性的有机硅漆具有耐高温、绝缘、附着力和耐溶剂性能良好的优点，所以大多用作绝缘漆、高温漆，其品种有二十多个。

18. 无机富锌底漆的基础知识

富锌漆分有机和无机富锌漆两类。无机富锌漆又叫硅酸锌涂料。富锌漆是黑色金属的优良防锈底漆。无机富锌漆比有机富锌漆具有更好的性能。

（1）无机富锌漆的性能　无机富锌漆突出的性能有以下几点。

1）漆膜坚韧耐久，不受大气条件和紫外线照射的影响，经长期暴晒后，不老化。

2）耐水、耐盐水性，经1年浸水、盐水及盐雾试验，涂层无变化，其耐水及耐盐雾性能良好。

3）耐油、耐溶剂性，对多种石油产品、有机溶剂的作用稳定。

4）耐热性，它可耐450℃高温。

5）无毒性和气味，便于施工操作，改善了劳动条件。

基于上述特点，无机富锌漆可用于油槽车内壁、水塔、水槽、热交换器的内外壁，还可用于铁烟囱上。

（2）无机富锌漆的分类及施工注意事项　可分为两种类型：一种是自固型，施工后本身固化，另一种是后固型，施工后需热或用固化剂使涂层固化。一般来说，自固型施工方便，后固型施工后还要用固化剂加以处理，较麻烦，但自固型的性能比后固型差。

无机富锌漆在施工时受气候条件的限制，漆膜形成的质量对气候非常敏感，因此不能在寒冷及潮湿的条件下施工。此外，对被涂物的表面要求严格处理，否则涂层不老。对涂层酸性及碱性不稳定，作为底漆用时，要在其涂层刷上具有良好耐酸碱性能的面漆。一般选用的面漆为环氧磁漆或乙烯磁漆效果最好。

19. 橡胶漆的基础知识

橡胶漆是以天然橡胶衍生物或合成橡胶为主要成膜物质制造而成的。橡胶漆的特点是涂层的密实度、抗渗性良好，富有解性和较高的物理机械强度。涂层耐腐蚀性能、耐油、耐水性能良好。常见的防腐用橡胶涂料品种如下。

（1）氯化橡胶涂料　氯化橡胶涂料可在70℃以下的温度时使用，一般在干燥大气中，温度在100℃时涂层不会分解。氯化橡胶涂料具有良好的耐酸碱、耐海水性能，涂层具有不燃性，但不耐溶剂及氧化性酸的腐蚀。主要用于石油化工设备及船舶上。使用时应注意底漆与面漆的配套。

（2）黑氯丁橡胶可制漆　这种漆涂膜干燥快，耐腐蚀性好，在腐蚀后漆膜易剥除，不发脆。适用于铝及铝合金化学铣切的临时保护层。稀释时可用甲苯或二甲苯。

20. 油脂漆的基础知识

（1）定义　油脂是一种历史悠久而有最基本的油漆材料，它是以干性油作为油漆的成膜物质。

（2）油脂的化学组成　它是油脂淤滞器的主要成膜物质。它是由不同种类的脂肪酸和甘油化合而得来的混合甘油酯所组成的。

(3) 各种植物油简介

1) 桐油。用它制成的涂料涂膜具有干燥快、坚韧、耐水、耐光、耐碱等优点。但用量不宜过多或单独使用,否则会失去上述优点。它常与其他干性油适量配合使用。

2) 亚麻仁油。它的干燥性能稍次于桐油、梓油,但耐久性较桐油好,而耐光性较差,漆膜柔韧性较好,但易变黄,不宜制成白色漆。

3) 豆油。它属于半干性油,干性较差,涂膜不易泛黄,可制白色漆。它常与桐油混合使用。

4) 梓油。又名清油,干燥性较亚麻油好,涂膜也较坚韧。

5) 蓖麻油。它属于不干性油,干性比亚麻仁油好,涂膜不易发黄,是涂料工业中油料的重要来源。

(4) 油脂漆的质量和特性　油脂漆的质量是可靠的,它具有较佳的渗透力,涂膜干燥后,其氧化仍未停,直到涂膜老化,它广泛用于建筑油漆。

油脂漆的成膜主要靠与空气中的氧起作用,所以干燥慢,不耐酸碱,耐磨性也不好,它容易与水泥中的碱性物质起作用而脱落,所以新施工的水泥面不能立即用此漆。油脂漆的另一特性是成膜的速度随温度的升高而加快,因而可适当增加油漆处的温度,以加快成膜。

(5) 油脂漆的品种

1) 清油类:又名熟油或鱼油,它的优点是价廉、气味小、施工方便、储存期长。可单独涂于木材、金属表面,作为防水、防潮涂层,主要用来调制厚漆、腻子。缺点是干燥慢、漆膜软、耐候性差。

2) 厚漆类:其优点是与一般漆比体积小,包装、储存、运输费用低,施工方便,价格便宜,可以自由调配。缺点是体质颜料较多,因用清油调配,耐候性差,质量不能很好地控制,其多作为质量要求不高的建筑工程的涂饰。

3) 调和漆类:它分为油性调和漆和磁性调和漆两种。油性调和漆的附着力好不易脱落,不起龟裂,不易粉化,经久耐用,但干性较慢,漆膜较软,耐候性差,适于一般建筑的室内外涂饰用。磁性调和漆其干燥性比油性调和漆好,漆膜较硬,光亮平滑,但耐候性比油性调和漆还差,易失光龟裂,一般用于室内涂饰。

4) 防锈底漆:它防锈性能好,干燥快,附着力好,机械强度较高,耐水性也较好。缺点是结块沉底严重,不便于采用喷涂。多用于室外黑色金属作防锈底漆用。一般轻金属(铝、锌)防锈漆可采用锌黄醇酸防锈漆,但只能打底用,而不能作面漆用,也不适用于黑色金属。

21. 天然树脂漆的基础知识

(1) 天然树脂漆的基本概念　天然树脂漆是以干性植物油与天然树脂经过炼制而成的漆料,可分为清漆、磁漆、底漆、腻子等。天然树脂漆中的干性油可增加漆膜的柔韧性,树脂则使漆膜提高硬度、光泽、快干性和附着力。漆膜性能较油脂漆有所提高。

(2) 各种天然树脂

1) 松香。以松香为基料的油漆漆膜的光泽、硬度、干燥性能较油脂漆好,但漆膜软而发粘,暴露大气条件下保光性差。漆膜由于水的作用容易变白,并很快被气候变化、摩擦或碱的作用而破坏。所以松香很少单独用于制漆。

2) 沥青。有人造石油沥青、煤沥青和天然沥青等,沥青具有独特的防腐蚀性能,价廉易得，施工简便。

3）虫胶。又名紫胶、干漆片，可溶于醇类、酮类和碱溶液。虫胶清漆的特点是使用方便，干燥快，漆膜坚硬光亮，附着力好，具有良好的电绝缘性能。适用于木材表面的打底和高级家具的出光。缺点是耐水性和耐候性差，日光暴晒会失光，热水浸烫会泛白。

4）天然大漆及其改性涂料。

① 天然大漆：它是用漆树的液汁过滤而得的，是一种乳白色或灰黄色粘稠液体，与空气接触，颜色逐渐变深。

② 天然大漆的化学成分：天然大漆主要由漆酚、漆酶、树胶质和水组成。

③ 天然大漆的性能：漆膜坚固、光泽好、有优良的耐酸、耐水、耐油、耐腐蚀、耐磨性能，漆膜不粘不裂、附着力强等。缺点是干燥慢，漆膜要在潮湿的环境下才能较快干燥，不耐强碱和强氧化剂，毒性大，易引起过敏性皮炎，施工操作过于繁杂。

大漆的稀释剂以汽油为主，其他稀释剂有松节油、酒精、苯等。储存时间不宜过长。一般储存在阴凉干燥、隔热、隔光的密封容器内。

④ 天然大漆改性涂料。较为适用的天然改性大漆有以下几种：

a. 漆酚清漆：漆膜坚韧，与金属有一定的附着力，有良好的力学性能和耐化学腐蚀性能，适于大型快速施工要求。广泛应用于化肥、化工设备、机械农业设备及要求耐水、耐酸等金属、木材表面涂饰，但不适用于阳光直接照射的地方。

b. 漆酚缩甲醛清漆：无毒、色浅，适用于漆器装饰，用于木器家具、纱管、漆筷以及各种车船内外装饰。

c. 油基大漆：耐热、耐光、抗水抗潮、耐久、耐候、附着力强、漆膜坚硬、光亮、透明、色艳等。用于木器家具、门窗、室内陈设等涂饰。

d. 漆酚环氧防腐漆：具有优良的耐酸、耐碱性能和良好的物理力学性能。可以自干也可以烘干，广泛应用于农业中的植保机械，也可以用于化工和其他地方。

(3) 松香衍生物　目前油漆工业中广泛使用的天然树脂几乎全是改性的天然树脂，即松香的衍生物，大致有以下几种：

1）钙酯，又名石灰松香。其特点是软化点提高，漆膜较硬，但不耐水、力学性能较差。一般用于玩具漆，也与其他树脂配合使用。

2）脂胶，又名松香甘油酯。一般家具及建筑用漆，也可与其他树脂配合使用。

3）季戊四醇松香脂。其特点是干燥快、漆膜硬、耐碱、耐酸、耐汽油、耐候性都较好。它多与其他树脂配合使用。

4）顺丁烯二酸酐松香甘油酯：色浅，抗光性能好，不易泛黄。可供制造浅色清漆及白色磁漆用。其优点是提高漆膜硬度和光泽，缺点是耐碱性差等。

(4) 天然树脂漆的含油度及性能　在漆料中，油与树脂的配比也很重要，漆料含油多少对漆膜的性能有较大影响。当树脂与油的比例在1∶2以下时，叫短油度漆，其特点是漆膜干燥快、光泽好、坚硬耐磨，但耐候性不好，只适合于室内涂饰。树脂与油的比例在1∶3以上时称长油度漆，其特点是漆膜较软，柔韧性、光泽好，耐候性有所改进，漆膜干燥要慢些，适宜室外使用。树脂与油的比在1∶2～1∶3时称中油度漆，其性能介于前两者之间，室内外均可用。

天然树脂漆的特点是：施工简便、成本低廉、原料易得，具有良好的装饰性及一定的防护作用。其缺点是耐久性不好，直接暴露在大气条件下，半年内就发生失光、粉化、裂纹等弊病。另一缺点是在漆中仍使用了相当数量的植物油。天然树脂漆广泛用于民用建筑、木质家具等，是目前普遍使用的一种涂料。

22. 乙烯漆的基础知识

乙烯漆是用分子含有乙烯键的树脂做成的漆，属于这类树脂的有聚氯乙烯、聚乙烯、过氯乙烯、聚乙酸乙烯和聚乙烯醇缩醛、聚丙烯酸酯合成橡胶等。

(1) 氯乙烯系统的乙烯漆

1) 聚氯乙烯树脂漆：其特点是漆膜坚韧、不易燃，对酸、碱、水和氧化剂的作用稳定，无臭、无味、耐油性好，但不耐70℃以上的温度作用。溶解力差，只溶解于环己酮等几种溶剂，因此只用于塑料制品的表面涂饰。另具有耐甲醛、氨水等介质的腐蚀，因此多用于化工行业的甲醛、氨水储槽。

2) 过氯乙烯树脂漆：它是单独的一大类涂料。

3) 氯乙烯—偏氯乙烯共聚树脂漆：它具有良好的耐水性、耐化学性、耐寒性、抗潮湿性，漆膜坚韧有弹性，强度高，能够溶解于酯、酮、苯类溶剂中，可作为金属、木材、建筑材料等的防水和防化学腐蚀的涂料。

4) 氯乙烯乙酸乙烯共聚树脂漆：它是一种自干型涂料，具有优良的耐候性和耐酸、耐碱性能，对油类和醇类稳定，可在70℃以下使用，短期可承受100℃温度。漆膜干燥快、坚韧、耐磨，还具有耐潮、防霉的性能。

(2) 乙酸乙烯系统的乙烯漆

1) 乙酸乙烯乳胶漆：乙酸乙烯乳胶漆在建筑上应用较广，具有较好的保色和附着力。

2) 聚乙烯醇缩醛树脂漆：它具有优良的附着力、坚韧耐磨、耐光和耐老化、耐潮、耐冷热、低温柔软、高温不粘性能，可用来制造各种涂料。

(3) 苯乙烯系统的乙烯漆　它是应用最早的是乳胶漆，柔韧性好，主要用作室内建筑用漆。由于漆膜易变黄变脆，将逐步被乙酸乙烯乳胶漆所取代。

(4) 利用某些副产品制造的乙烯漆

1) 二乙烯基乙炔树脂漆：它具有良好的干性、耐水性、耐化学性及耐矿物油、耐盐水，在有机溶剂中不软化，遇热变软等优点。缺点是所使用的溶剂有毒性，臭味较大，附着力不大好，易变脆，不耐晒等。用这种树脂可造出价廉、性能良好的防腐蚀涂料、防水涂料、耐油涂料。

2) 聚多烯树脂漆：它是改性的聚多烯树脂。漆膜受热、光作用易开裂、发脆，需改性，改性后的聚多烯树脂漆膜柔韧性较好。涂层耐油，适用于作一般室内木器漆。

3) 苯乙烯焦油树脂漆：它具有良好的防水、耐磨、耐碱、耐氨水及抗老化性能，其缺点是质量不够稳定，气味大、耐热性较差。一般用于建筑墙面的装饰，屋面防水及地面耐酸、耐碱涂料。

(5) 其他乙烯漆　它们是有耐化学性、耐低温性、耐绝缘性优良的三氟氯乙烯涂料；有耐化学性、耐候性好的氯磺化聚乙烯涂料；有耐化学性极好的氯乙烯、氯化聚醚、聚四氯乙烯等涂料。

23. 纤维素漆的基础知识

(1) 纤维素漆的定义　纤维素漆是由天然纤维素经过化学处理后生成的聚合物作主要成

膜物质的涂料，属于挥发性涂料。它主要是依靠溶剂的挥发而干燥成膜。干燥速度很快，漆膜的强度也很大。

(2) 纤维素漆的优缺点

1) 纤维素漆优点：

① 漆膜干结比较快，一般在十分钟内结膜不沾灰，一小时后可以实际干燥，有的品种甚至在一分钟内就可以干燥。

② 硬度高且坚韧、耐磨、耐候性也不比其他合成树脂差。

③ 耐久性能好，可以打磨抛光，易于修补和保养。

④ 不易变色。

2) 纤维素漆的缺点：

① 漆膜中成膜物质含量较低，要多次涂刷。

② 一般属于热塑性涂料，对温度的敏感性较大。

③ 要使用大量的溶剂，对操作人员有一定的危害性。

(3) 纤维素漆的品种

1) 乙酸丁酯纤维素漆：它具有不变形、稳定性能好，溶液透明。呈水白色，耐紫外线，能抗增韧剂，具有氧化剂的移渗性。与塑料表面的附着力好，可与氨基树脂、环氧树脂、丙烯酸树脂等交联并用。密度小，比其他纤维素漆的涂覆面积大，能溶于廉价的有机溶剂中。

2) 乙基纤维素漆（柔软喷漆）：其优点是耐碱性强，还能耐弱酸，柔韧性好，尤其是在高温150℃和低温-70℃情况下不会裂，对日光、紫外线有较好的抵抗力。

3) 苄基纤维素漆：它具有较高的电绝缘性性能，对各种化学作用也具有很高的稳定性，但对光的稳定性不够好，而且价格较高，使用不够广泛。

24. 乳胶漆的基础知识

(1) 乳胶涂料的定义　乳胶涂料俗称乳胶漆，属于水性涂料的一种，是以合成聚合物乳状物为基料，将颜料、填料、助剂分散于其中而形成的水分散系统。

(2) 乳胶漆常用的四种类型

1) 丁苯乳胶漆。它是应用最早的乳胶漆，是由丁二烯和苯乙烯进行聚合获得的乳胶制成的。主要作内用建筑漆。但由于其漆膜易变黄变脆，对墙面附着力不好等缺点，现已被性能更好的聚乙酸乙烯乳胶漆所代替。

2) 聚乙酸乙烯乳胶漆。它是应用最广泛的乳胶漆，由乙酸乙烯聚合得到的乳胶制成。它作为室内灰面墙漆，比丁苯乳胶漆有较好的保色性和附着力。它还具有适合室外使用的一定程度的耐候性，为了使漆膜不开裂粉化，用顺丁烯酸二丁脂作为增韧剂，可提高漆膜的柔韧性。这种漆对木面和旧漆膜也有一定的附着力。

3) 丙烯酸乳胶漆。它是由一些丙烯酸酯共聚物制成的。由于丙烯酸共聚物的种类不同，可得到不同品种的乳胶漆。由于丙烯酸乳胶漆具有漆膜柔软，能耐水耐碱，户外耐候性好，与被涂物粘接力大等特点，因此常作为室外木面和抹灰面建筑用漆。

4) 油基乳化漆。它是由干性植物油、松香甘油酯、乳化剂、催干剂加入适量的水与氨水组成的。它具有一定的耐油性，绝缘性，可作为绝缘漆。由于储存稳定性不好，一般都做成漆基，使用时再乳化。还有一种粉末乳胶漆，有储存期长、运输使用方便等优点。

(3) 乳胶涂料基本组成　乳胶涂料的基本组成：基料（乳胶）、颜料及填料、助剂三大部分。乳胶漆的特性是由乳液的特性所决定的，而助剂、溶剂则改进乳胶漆的某些性能和施工操作性。

1) 乳胶。乳胶主要由树脂、乳化剂和保护胶、酸碱度调节剂、消化剂和增韧剂组成。

2) 颜料浆。颜料浆是由颜料、体后颜料和各种助剂经研磨而成的水分散体。绝大多数的乳胶漆是白色和浅色的，一般以遮盖力强的钛白粉为主要着色颜料，并使用适当数量的体质颜料（如滑石粉）以控制成品的流动性，同时提高漆的耐水、耐磨等性能。在颜料浆中，还要加入一定的分散剂，使颜料易分散在水中和防止漆膜变шую。除此之外，为了防止颗粒的聚集，以免影响涂刷性和流平性和发生流坠现象，要加入增稠剂。

3) 其他助剂。其他助剂包括在乳胶漆中加入的防霉剂、防锈剂、防冻剂等，还包括水。一般使用纯净的水，最好用软水或蒸馏水，因为硬水中的杂质会影响乳胶系统的稳定性。

(4) 乳胶漆的制备　乳胶漆器的制备一般分为两个步骤：第一步是将颜料、分散剂和适量的灰等加入分散机中，分散成适当细度的颜料浆。第二步是将颜料浆与乳胶在调和机中调和成漆，其他辅助材料也在调漆时适时加入。

(5) 乳胶漆的成膜机理　因为乳胶漆是一种复杂的非均相分散体系，所以它的成膜过程不同一般。当乳胶漆涂刷在物面上，水分先行蒸发，而分散在水中的球状颗粒互相接近，靠拢。随着水分的不断蒸发并借助增塑剂的作用，使球状颗粒压缩得更为紧密，最后形成连续的涂膜。

(6) 乳胶涂料的发展趋势　乳胶漆是建筑涂料发展的主流，国外建筑用涂料基本上都是乳胶漆。过去建筑用乳胶漆一般都是平光的，20世纪70年代以后又制得了半光乳胶漆和有光乳胶漆。建筑涂料工业未来，无疑是朝着减少有机溶剂的使用量、增加耐久性和抗污染性、提高装饰效果或特殊功能等方面发展。

减少有机溶剂的使用量的途径，是发展低污染或无污染、省资源或省能源型涂料，如水性涂料、无溶剂或非水分散体系涂料、高固体分涂料、射线固化涂料和粉末涂料等。

增加耐久性和抗污染性其途径是发展有机和无机复合型装饰涂料，瓷砖状、釉面状涂料、耐久性优良和抗污染性好的涂层罩面材料等。

提高涂料装饰效果的途径有：内墙涂料应由平面感和色调单　的现状向立体质感、多色互套、花纹图案、弹性吸音等方向发展。外墙涂料应由薄质、单层向 厚质、复层、具有良好质感的粗细线与花纹图案以及多种多样的凹凸形状相结合的方向发展。地面涂料则应向着富有弹性、保温隔音、抗静电、耐磨和耐污染，易于清洁卫生和仿木纹、地转、天然石材等花纹图案的方向发展。

今后的涂料是以重视功能性为主，或者需要装饰性和功能性兼有的建筑涂料，同时建筑涂料的应用技术也要随建筑业现代化程度不断提高而相应发展，这对减少建筑工程现场装饰装修工作量，发展和使用高质量的建筑涂料，确保建筑涂料对建筑物具有高装饰性、高功能性和高耐候性等方面都具有十分重要的意义。

多年来，乳胶漆的使用局限在纸张、木材、水泥制品和墙壁等的装饰和保护上，而几乎所有钢铁用涂料，仍未脱离以有机溶剂型为主的涂料。为了防止钢铁表面涂上乳胶漆后生锈，在国外已研究出金属乳胶底漆，使乳胶漆的应用范围得到扩大。

4.2 常用的汽车涂料

想一想：常用的汽车涂料有哪些？

提示：涂料主要是由成膜物质、次要成膜物质和辅助成膜物质三大部分组成的。

学习目标	鉴定标准	教学建议
1. 了解汽车涂料的概念 2. 掌握汽车涂料的类型	1. 应知汽车涂料的概念 2. 应知汽车涂料的类型	采用多媒体课堂讲授、讨论交流、实物直观演示教学

汽车涂料就是指涂装在轿车、吉普车、大客车、大卡车等各种类型的汽车车身及零部件上的涂料，有时也包括一些农机产品如拖拉机、联合收割机和摩托车用涂料，一般系指制造新汽车用的涂料及辅助材料和车辆修补用涂料。

汽车作为户外交通工具，有其特殊的使用条件。另外，随着近年来汽车工业的飞速发展，汽车的生产量越来越大，这就使汽车的涂装工艺完全转向高速率和现代化的流水作业。

根据这些特点，要求汽车漆具有下列特性。

1）漂亮的外观：要求漆膜丰满，光泽华丽柔和，鲜映性好，色彩多种多样并符合潮流。现在轿车上多使用金属闪光涂料和含有云母珠光颜料的涂料，使其外观看上去更加赏心悦目，给人以美感。

2）极好的耐腐蚀性：要求适用于各种温度、暴晒及风雨侵蚀，在各种气候条件下保持不失光、不变色、不起泡、不开裂、不脱落、不粉化、不锈蚀。要求漆膜的使用寿命不低于汽车本身的寿命，一般为大于 10 年。

3）极好的施工性和配套性：汽车漆一般系多层涂装，因靠单层涂装一般达不到良好的性能，所以要求各涂层之间附着力好，无缺陷。并要求涂料本身性能适应汽车工业现代化的涂装流水线。

4）极好的力学性能：适应汽车的高速、多振和应变，要求漆膜的附着力好、坚硬柔韧、耐冲击、耐弯曲、耐划伤、耐摩擦等性能优越。

5）极好的耐擦洗性和耐污性：要求耐毛刷、肥皂、清洗剂清洗，与其他常见的污渍接触后不留痕迹。

6）良好的可修补性：要求损坏后能进行修补。

1. 汽车漆的主要类型

（1）按涂装对象的不同　分为新车原装漆和汽车修补漆。

（2）按在汽车上的涂层由下至上分类

1）汽车用底漆，现多为电泳漆。

2）汽车用中间层涂料，即中涂。

3）汽车用底色漆（包括实色底漆和金属闪光底漆）。

4）汽车用面漆，一般指实色面漆，不需要罩光。

5）汽车用罩光清漆。

6）汽车修补漆。

（3）按涂料涂装方式分类

1）汽车用电泳漆。

2）汽车用液体喷漆。

3）汽车用粉末涂料。

4）汽车用特种涂料，如PVC密封涂料。

5）涂装后处理材料（防锈蜡、保护蜡等）。

（4）按在汽车上的使用部位分类

1）汽车车身用涂料。

2）货厢用涂料。

3）车轮、车架等部件用的耐腐蚀涂料。

4）发动机部件用涂料。

5）底盘用涂料。

6）车内装饰用涂料。

2. 汽车用底漆的特点及常用品种

汽车用底漆就是直接涂装在经过表面处理的车身或部件表面上的第一道涂料，它是整个涂层的开始。

根据汽车用底漆在汽车上的所用部位，要求底漆与底材应有良好的附着力，与上面的中涂或面漆具有良好配套性，还必须具备良好的防腐性、防锈性、耐油性、耐化学品性和耐水性。当然，汽车底漆所形成的漆膜还应具有合格的硬度、光泽、柔韧性和抗石击性等力学性能。

随着汽车工业的快速发展，对汽车底漆的要求也越来越高。20世纪50年代，汽车还是喷涂硝基底漆或环氧树脂底漆，然后逐步发展到溶剂型浸涂底漆、水性浸涂底漆、阳极电泳底漆、阴极电泳底漆。目前比较高档的汽车尤其是轿车一般采用阴极电泳底漆。阴极电泳底漆经过20多年的发展，同时也经过引进先进技术和工艺，现在已经能很好地满足底漆所要求的各项力学性能以及与其他涂层的配套性，尤其是采用现代的流水线涂装工艺时。目前，轿车用底漆几乎已全部使用阴极电泳底漆。

汽车用溶剂型底漆主要选用硝基树脂、环氧树脂、醇酸树脂、氨基树脂、酚醛树脂等为基料，颜料一般选用氧化铁红、钛白、炭黑及其他颜料和填料，涂装方式有喷涂和浸涂两种。

电泳漆是在水性浸涂底漆的基础上发展起来的，它在水中能离解为带电荷的水溶性成膜聚合物，并在直流电场的作用下泳向相反电极（被涂面），在其表面上沉积析出。采用电泳涂装法要求被涂物一定是电导体。根据所采用的电泳涂装方式的不同，电泳底漆可分为阳极电泳底漆和阴极电泳底漆。

电泳底漆使用的成膜聚合物是阴、阳离子型树脂，中和剂为无机碱、有机胺或有机酸，

颜料一般选用钛白和炭黑等。

汽车用中涂漆的特点及常用品种 汽车用中涂也称二道浆，就是用于汽车底漆和面漆或底色漆之间涂料。要求它既能牢固地附着在底漆表面上，又能容易地与它上面的面漆涂层相结合，起着重要的承上启下的作用。

中涂除了要求与其上下涂层有良好的附着力和结合力，同时还应具有填平性，以消除被涂物表面的洞眼、纹路等，从而制成平整的表面，使得涂饰面漆后得到平整、丰满的涂层，提高整个漆膜的鲜映性和丰满度，以提高整个涂层的装饰性；还应具有良好的打磨性，从而打磨后能得到平整光滑的表面。

腻子、二道底漆和封闭漆都是涂料配套涂层的中间层，即中涂。腻子是用来填补被施工物件的不平整的地方，一般呈厚浆状，颜料含量高，涂层的力学性能强度差，易脱落，所以目前大量流水线生产的新车已不再使用腻子，有时仅用于汽车修补。

封闭漆是涂面漆前的最后一道中间层涂料，涂膜呈光亮或半光亮，一般仅用于装饰性要求较高的涂层中（如汽车修补），这种涂层要求在涂面漆之前涂一道封闭漆，以填平上述底层经打磨后遗留的痕迹，从而得到满意的平整底层。

目前，新车原始涂装一般采用二道底漆作为中间涂层。它所选用的基料与底漆和面漆所用基料相似，这样就可保证达到与上下涂层间牢固的结合力和良好的配套性。

该二道中涂主要采用聚酯树脂、氨基树脂、环氧树脂、聚氨酯树脂和粘结树脂等作为基料。颜料和填料选用钛白、炭黑、硫酸钡、滑石粉、气相二氧化硅等。二道中涂一般固体分高，可以制得足够的膜厚（大约 $40\mu m$）；力学性能好，尤其是具有良好的抗石击性。另外，还具有表面平整、光滑，打磨性好，耐腐蚀性、耐水性优良等特点，对汽车整个漆膜的外观和性能起着至关重要的作用。

3. 汽车用面漆特点

汽车用面漆是汽车整个涂层中的最后一层涂料，它在整个涂层中发挥着主要的装饰和保护作用，决定了涂层的耐久性能和外观等。汽车面漆可以使汽车五颜六色，焕然一新。

汽车面漆是整个漆膜的最外一层，这就要求面漆具有比底层涂料更完善的性能。首先，耐候性是面漆的一项重要指标，要求面漆在极端温变湿变、风雪雨雹的气候条件下不变色、不失光、不起泡和不开裂。面漆涂装后的外观更重要，要求漆膜外观丰满、无桔皮、流平性好、鲜映性好，从而使汽车车身具有高质量的协调和外形。

另外，面漆还应具有足够的硬度、抗石化性、耐化学品性、耐污性和防腐性等性能，使汽车外观在各种条件下保持不变。

轿车面漆起到保护车厢不被腐蚀与美化外观的作用，是整车质量最重要的指标之一。因为喷涂油漆占轿车生产总费用的20%，而且买主首先注意到的是面漆的颜色和喷涂的质量，对买卖成交的影响很大。因此，汽车生产厂家十分重视轿车面漆技术，往往投入巨大的资金和人力去发展和改进轿车的面漆，强调抓住人们视觉的第一印象。

轿车的漆面要求映像率高，光亮如镜。除了油漆质量外，还要有相当高要求的工场环境和工艺技术。从车辆车身喷漆至烘漆的过程中，工场内要空气清洁，不能有过量的尘埃。在现代化工场内，油漆的调色、喷涂方式均已实现计算机化管理。由于科技的进步，今天的喷涂工艺与十几年前的喷涂工艺已有很大的区别，无论油漆的颜色、粘结性、添加剂、稳定剂、溶解系统和工艺技术均发生了变化，而且这种变化目前仍在进行之中，使得轿车面漆质量得到很大的提高。

现代轿车面漆技术变化最大的有两项：

一项是油漆的粘附力和硬度都有大幅度提高。随着车速的提高，轿车更加容易受到碎石和尘埃气流的袭击，漆面很易被划花。1988 年美国福特汽车公司率先在雷鸟和美洲狮轿车上采用了局部聚氨酯底层—表层涂料系统。这种涂料系统能抵抗碎石的袭击，不易划花漆面，而且油漆粘附力极强，即使轿车车身被撞瘪了，油漆也不会脱落。目前，多数轿车采用了相似的抗击底漆和面漆。

另一项是用水基油漆代替溶性油漆。随着世界各国对环境保护的法律措施越来越严格，许多发达国家的汽车厂家已用水基油漆逐步代替溶性油漆。水基油漆含溶剂极少，不污染自然环境。而且，漆面质量优于溶性油漆，显得更加光亮悦目。因此，尽管转产费用较大，欧美日的汽车厂家还是瞄准水基油漆，逐步使用。从 20 世纪 90 年代开始，德国的梅赛德斯 - 奔驰公司已经尽可能使用了水基油漆，将有害环境的溶剂使用比例降低到最低限度。据该公司称，所有的奔驰汽车都已使用水基油漆。

4.3 汽车维修喷涂施工的常用工具与设备

想一想：汽车维修喷涂施工的常用工具与设备？

提示：汽车维修喷涂施工主要有手动机械除锈工具、手动机械打磨工具，喷枪、空压机等常用工具与设备。

学 习 目 标	鉴 定 标 准	教学建议
1. 了解汽车维修喷涂施工的常用工具与设备的种类 2. 掌握汽车维修喷涂施工的常用工具与设备的使用方法及故障排除	应知：汽车维修喷涂施工的常用工具与设备的种类 应会：汽车维修喷涂施工的常用工具与设备的使用方法及故障排除	采用多媒体课堂讲授、讨论交流、实物直观演示教学

1. 车身表面预处理的工具与设备

（1）手工机械除锈工具

1）电动除锈工具。

电动除锈工具具有结构简单、体积小、重量轻、使用方便、易于维修等特点。主要用于汽车维修涂漆前钢铁表面的除锈。

① 电动绳索除锈机。是一种带有绳索的手工机械除锈工具。它是利用斜盘将电动机的圆周运动变为直线运动，使绳索对物面进行冲击，达到除锈目的。主要用于凹凸不平面、狭缝、角缝及弯曲等部位的除锈。

②手提式砂轮机。也称三相手提式砂轮机或钢丝刷轮机，不仅用于除重锈（厚锈层），也用于磨平焊缝及毛刺等。安装钢丝刷轮适于清除重锈及中锈。

③软轴砂轮机。用于大中型工件表面除锈，并可视工件锈蚀程度不同，在轴头上装上砂轮或钢丝刷轮进行除锈。这种工具与三相工频手提式砂轮机相比，具有质量轻、劳动强度低等优点。它主要由电动机、软轴软管、手柄等组成。

2）气动除锈工具。

①气动砂轮。国产气动砂轮有S40、S60、S80和S150四种型号，其组成略有差别。S40气动砂轮由节流阀、滑片式气马达、夹头等部件组成。它的工作原理是，当按动压柄（或转动开关套）时，压缩空气便进入气马达内部，作用于滑片的伸出部分，推动滑片使转子带动主轴与砂轮片进行连续的旋转动作而达到除锈目的。主要用于大中型金属工件表面的除锈。

②XH3型除锈器。空心转轴的气缸排出的废气，经心轴内孔从除锈轮处排出，可清净工件表面的浮物（浮锈）。其工作原理是，压缩空气经节流阀进入滑片式气马达，使转子转动，转子的旋转运动经心轴传给除锈轮，除锈轮上装有四组除锈片，可交替高速摩擦冲击工作表面，达到除锈目的。可用于各种大型金属工件或大面积工件的除锈。

（2）手工机械打磨工具

1）电动磨灰机。电动磨灰机也称电动磨光机、电动打磨木器等，主要用于腻子表面的磨光（或磨平）。其特点是打磨腻子时噪声小，振动小，粉尘飞扬少，可在无压缩空气的条件下作用。不足之处是电动磨灰机的质量一般比气动磨灰机重，且不适于水磨。

2）气动磨灰机。气动磨灰机也称为风动磨光机、风磨机等。它与电动磨灰机相比，具有体积小、重量轻、可干磨也可加水湿磨等特点。

2. 喷涂的工具与设备

常用的喷涂设备与工具有喷枪、空气压缩机等。

（1）喷枪　喷枪是涂装修补的关键设备。虽然不同的喷枪有许多通用的零部件，但每种类型或型号的喷枪只适用于一定范围的作业。选择好喷枪是以最短时间完成高质量作业的保证。

1）喷枪的基本组成有喷头、调节机构和枪身三部分。

2）喷枪主要零件的作用。

①气帽：把压缩空气导入漆流，使漆液雾化，形成雾形。

②喷漆嘴上的中心孔；形成真空，吸出漆液。

③喷漆嘴上的侧孔；借助空气压力控制雾束形状。

④喷漆嘴上的辅助孔：

a. 促进漆液雾化；

b. 孔大或多，则雾化能力强，能以较快的速度喷涂大型工件。

c. 孔小或少，则需要的空气少，雾形小，喷涂量小，便于小工件的喷涂或低速喷涂。

⑤雾形控制钮：

a. 控制钮关上，雾束呈圆形。

b. 控制钮打开，雾束量偏椭圆形。

⑥顶针：控制液体涂料喷离喷嘴的流量。喷涂时通过板机的动作来控制它。连接顶针

的尾部有一个螺帽，用以调节顶针的伸缩幅度，这是喷枪调整的最基本的操作。

⑦ 顶针料套：起密封作用。

⑧ 顶针弹筑：当板机工时将顶针顶进喷嘴，封闭喷嘴，制止液体物料的流动。

⑨ 漆流控制钮：当板动扳机时控制液体的流量。当它全关时，即使扣死扳机也没有液体流出。当它全开时，液体的流量大。这是调节喷枪的最为重要的元件之一。

⑩ 空气阀：开关由扳机控制。打开空气阀所需的扳机行程可由一个螺钉控制。扳机扳到一半时空气阀打开，再扳扳机，喷漆嘴打开。

⑪ 扳机：用来控制空气和液体涂料的流量。扣动扳机时，最先启动的是空气，然后才带动顶针运动，开启漆流控制阀，使液体涂料喷出。

3）喷枪的分类。

① 虹吸式喷枪。虹吸供漆式是目前汽车涂装修补作业中应用最广泛的喷枪。

它的工作过程是：涂料放在漆杯里，漆杯连到喷枪上。扳机扳动一半时空气阀先打开，压缩空气流过喷枪，从气帽上的孔中喷出，在喷漆嘴出口处形成真空，继续板动扳机，使顶针离开喷嘴内座，真空将涂料从漆杯中吸出，送入进漆口，从喷漆嘴喷出。空气从气孔中进入漆杯，填充在被吸出去的涂料的位置上。

② 重力式喷枪。重力式喷枪是靠涂料的重力将涂料供到喷漆嘴，再由帛吸作用吸出喷漆嘴。适用于高固体分漆。喷枪的操作方法与虹吸式相同。

③ 压送式喷枪。压送式喷枪的喷漆嘴与气帽正面平齐，不形成真空。涂料被压力压向气帽，压力由一个独立的压力罐提供。系统的连接方法是：

a. 将栓气软管从压力罐上的气压调节装置出口接到喷枪进气口上。

b. 将主输气软管从调压阀连至压力罐的调压阀入口。

c. 将输漆管从压力罐的出漆口连至喷枪进漆口。

④ 其他分类。

按喷嘴类型分类：对嘴式、单嘴式、扁嘴式。

按雾化机理分类：内部混合式、外部混合式。

按用途分类：本色漆喷涂用喷枪、金属闪光漆专用喷枪。

4）喷枪的雾化过程。

第一阶段：从喷漆嘴中吸出的油内环形孔喷出的气流所包围，气流与漆流混合，漆液在搅动中开始分散开。

第二阶段：漆流遇到从外环上小孔喷出的气流，气流不断搅动漆流，加速漆液分散。

第三阶段：涂料与从气帽尖角孔中喷出的气流相遇，气流从各个相对的侧面冲击漆流，形成扇形雾面（投影）。

5）喷枪的常见故障及排除方法。

故障一：液体顶针压紧螺帽引起的液体泄漏

① 故障原因：压紧螺帽松动；填料管损坏；顶针填料油干。

② 故障排除方法：拧松螺帽；更换新件；注油，然后拧紧螺帽。

故障二：压缩空气泄漏

① 故障原因：空气阀或阀座被脏物污染；空气阀或阀座损坏；空气阀弹簧断裂；顶针缺润滑油；顶针弯曲；压盖螺帽太紧；密封圈损坏或未装。

②故障排除方法：清洗；修理；加轻油润滑；更换。

故障三：液体物料泄漏

①故障原因：顶针或喷嘴损坏使顶针无法到位；液体喷嘴被污染；螺帽太紧；顶针弹簧；顶针尺。

②排除方法：取下并清洗干净；修理或更换。

故障四：雾束不稳，时大时小

①故障原因：喷杯中涂料不够；喷枪倾斜的角度太大；液体管道堵塞；连接喷杯或压料罐的管道破裂或者安装不紧；喷嘴松动或喷嘴座损坏；涂料粘度太大；喷杯上空气出口被堵塞；喷杯与枪体之间的连接螺帽松动，污染，损坏；填料缺油，或顶针螺帽松动。

②排除方法：加足涂料；增加喷杯中的涂料；拆下并清洗干净；紧固所有的接头，更换损坏了的管道；拧紧喷嘴或更换喷嘴座；进一步调稀涂料，如无可能则更换喷枪，如将喷枪由虹吸式改为压送式；清理；紧固，清洗或更换；加润滑油，紧固。

故障五：雾束集中

①故障原因：对于扇辐而言，供漆量太大；对于压送式喷枪，空气帽选小了；对于压送式喷枪，空气压力太小；喷嘴尺寸太大。

②排除方法：减小供漆量，将雾束控制阀开大一点；换大一点的空气帽；增加空气帽中雾化空气压力；更换喷枪。

故障六：雾束分散

①故障原因：对于扇辐而言，供漆量太小；对于压送式喷枪，雾化压力太高，供漆量不足；喷嘴尺寸太小。

②排除方法：增加供漆量或减少一点扇辐；稍稍增加一点压料的压力，同时降低雾化压力；更换尺寸大一点的喷嘴。

故障七：雾束顶部太大

①故障原因：犄角气孔部分堵塞；液体物料喷嘴顶部堵塞；空气帽或液体物料喷嘴被污染。

②排除方法：清洗。

故障八：雾束底部太大

①故障原因：犄角气孔部分堵塞；液体物料喷嘴底部堵塞；空气帽或液体物料喷嘴被污染。

②排除方法：清洗。

故障九：雾束偏右

①故障原因：犄角右边部分堵塞；液体物料喷嘴右边被污染。

②排除方法：清洗。

故障十：雾束偏左

①故障原因：犄角左边部分堵塞；液体物料喷嘴左边被污染。

②排除方法：清洗。

6）喷枪的维护。

①空气帽的清洗。

a. 把空气帽从喷枪上拆卸下来，浸泡在清洁的稀释剂里。

b. 用牙刷或其他软毛刷刷洗气孔,最后用压缩空气吹干它。

c. 清洗完空气帽后,要把它在喷枪上装配好,试喷,观察雾分布情况,决定是否还需要再次清洗。

② 虹吸式喷枪和喷杯的清洗。

a. 从喷枪上把喷杯卸下来,但此时液体物料管仍然留在喷杯内不要拿开,松开空气帽2～3圈。

b. 拿一块布罩在空气帽上,扣动扳机。此时空气从液体物料管内通过,将残留在管内的物料冲回到喷杯内,倒掉喷杯内的物料。

c. 用刷子蘸溶剂将喷杯刷洗干净,最后用蘸有清洁溶剂的抹布将喷杯擦拭干净。

d. 将清洁的溶剂倒入喷杯内(大约1/3),通过喷枪喷溶剂以清洗液体物料管,最后用抹布蘸清洁的溶剂将喷枪擦拭干净。

③ 压送式喷枪的清洗。

a. 关闭涂料罐的压缩空气。

b. 从泄压阀或调压阀泄压。

c. 松开空气帽3圈。

d. 拿一块布罩在空气帽上,扣动扳机,使涂料由软管回到涂料罐内。

e. 清洗涂料罐并加一些溶剂在涂料罐内。

f. 把涂料罐再安装好,打开所有的空气阀,扣动扳机,使溶剂通过软管流动,以达到清洁软管的目的。

g. 通压缩空气10～15s,吹干软管。

h. 清洗喷枪和空气帽。

i. 再次清洗涂料罐,使用前装配好。

④ 喷枪的注油。

a. 如果每天都要使用喷枪,则要在有弹簧的部位加一点轻润滑脂,如控制液体物料的顶针弹簧和空气阀的弹簧,每年加注两次。

b. 如果每周使用喷枪2～3次,则每年加一次。

c. 每天使用完喷枪后,都要为喷枪的其他各部位的零件注几滴轻机械润滑油。

(2) 压缩空气系统　压缩空气系统就是为涂装操作提供压缩空气,对涂装质量影响较大。压缩空气系统一般由压缩空气源(或空气压缩机、净化系统、稳压调压及连接管路组成,压缩空气系统如图4-1所示)。

1) 空气压缩机。空气压缩机是用来提供喷涂用压缩空气的设备。空气压缩机的类型很多,市面上最为流行的有两种:活塞式和隔膜泵式。

活塞式空气压缩机既可用于固定机座的场合,也可用于可移动的机型。隔膜式空气压缩机一般为小型、可移动式,送风量不大,喷涂用压缩空气压力不高于0.8MPa。

排气量根据同时工作的喷枪数确定,一般排气量应大于同时工作的喷枪耗气量的2倍,以保证喷涂时气压稳定在选择空气压缩机时,应遵循排气量较高、功率低、体积小、工作可靠、操作简便的原则。

2) 空气滤清器。为保证喷涂时气压稳定,在选择空气压缩机时,应遵循排气量较高、功率低、体积小、工作可靠、操作简便的原则,空气滤清器是用于滤除压缩空气中的水、油

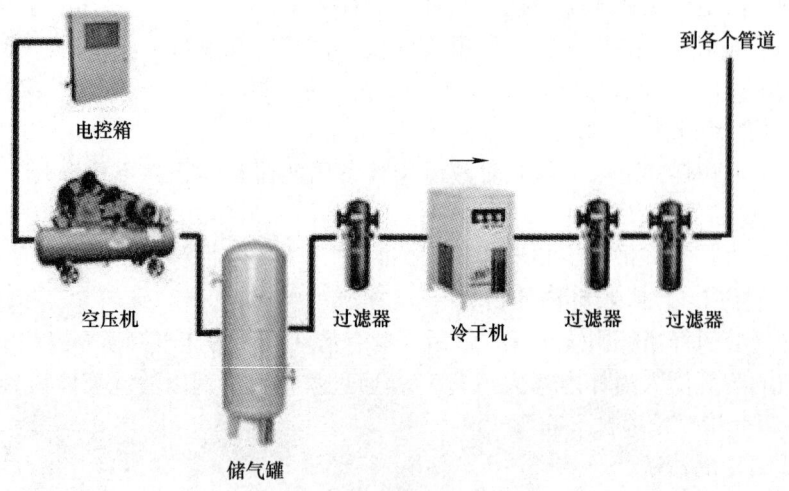

图 4-1　压缩空气系统流程图

和杂质的,在喷漆间并直接与喷枪连接。其结构形式较多,有的用过滤格式过滤,有的采用离心式过滤,有的除过滤压缩空气外还可调节供气压力和供气量。如 TLQSL－1 型调压离心式空气滤清器,可同时接两只喷枪进行涂装作业。

由于各汽车修理厂所采用的涂装修补工艺不尽相同,对压缩空气的质量要求也各不一样。在选用空气滤清器时,要与所使用的空气压缩机相配套,其性能符合涂装工艺要求。

(3) 喷漆室　设立喷漆室的主要目的是提供干净、安全、照明良好的喷漆环境,使喷漆操作不受灰尘的干扰,并把喷漆引起的挥发性烟雾限制在喷漆室内。

1) 对喷漆室的基本要求。

① 喷漆室应尽可能远离有粉尘和污染的地方,应该与钣金修理工作区隔离开。可以用隔板或墙隔离,也可以安排在不同的厂房里。

② 喷漆室内应有合适的工作台,以方便稀释涂料和加满涂料。涂料应储存在喷漆室以外的场所。

③ 喷漆室内的噪声是不容忽视的一项重要指标。如果室内噪声过高,将会使操作工人注意力分散,心情烦躁,因而影响其工作的质量。一般规定喷漆室的噪声不允许超过 85dB。

④ 为了防止灰尘、油污颗粒、潮气等被带入喷漆室,喷漆室的内压要选为正压方式。调整正负压的手段是调节送风量和排风量的比例。

⑤ 喷漆室空气的流速,或者说通风量也很重要。流速过大,影响涂装施工,涂料损失过多,涂层状态不良。流速过小,对环境保护不利,也会影响溶剂正常挥发。一般垂直风速取 0.3m/s 较好。

⑥ 汽车送入喷漆室后,要把喷漆室门关紧,在上漆前用粘性布块擦净整个车。喷漆过程中室门要一直紧闭,如果非开不可,则要关上排气扇和送风系统。

⑦ 空气压缩机要装在漆室外,输气管道应有些倾斜,在压缩机一端低一点。

⑧ 要设置空气补给系统,因为在整个喷漆过程中要一直不断地向外排气。在冬天,喷漆区很冷,冷的漆经过冷的空气喷在冷的汽车上还会引起漆面缺陷。空气补给系统能提供恒温的经过滤的洁净空气。

⑨ 喷漆室内要装备灭火装置，要符合油漆厂安全防火的通则。

2）喷漆室的类型。

目前采用的喷漆室有四种类型：

① 顺流喷漆室；

② 逆流喷漆室；

③ 平吸式喷漆室；

④ 下吸式系统喷漆室。

前两种类型近几年在很大程度上被平吸式和下吸式喷漆室代替，特别是下吸式系统是目前应用最广的空气流动系统，如图4-2所示。

图4-2　下吸式喷漆室

3）喷漆室的维护。

① 所有钣金修理工作和喷漆前的准备工作都要在喷漆室外进行，不要在喷漆室内进行任何打磨和抛光操作。

② 穿过喷漆室的连续气流能把污物和飞漆带到滤清器里，因此必须经常检查并按规定时间间隔更换滤清器。要采用喷漆室生产厂推荐的滤清器，不能采用单级滤清器。

③ 每天检查气压表读数，确认气压表在正常读数范围内。气压表能显示出进气滤清器是否过载。有的喷漆室装有压力开关，它可在滤清器阻塞时关上供气系统和排风扇。

④ 任何时候都不能让喷漆室受污物和飞漆的污染，每次工作结束后都要擦净地板和墙壁，清除残渣、遮盖纸和碎布等物，维护和清洗喷漆室内的所有设备。

⑤ 喷漆前打湿室内地面，以防灰尘飞扬。

⑥ 每天多次清理输气软管，其外表面上若聚集了灰尘和污物，会有掉到新漆面上的危险。

⑦ 喷漆室内墙应喷可剥离的涂料，这样当墙上附着的飞漆太厚时可剥下并喷一层新的。

⑧ 定期检查喷漆室内的照明情况，更换变弱或烧坏的灯泡，因为照明不良会导致面漆配色不准和漆面不良。

⑨ 必须重视个人卫生，不能穿脏衣服、脏鞋进入喷漆室，因为脏东西很容易传到汽车上，进入涂料里。所有的服装和手套都要洁净。

⑩ 塞严所有接缝和裂缝，严防灰尘进入。

⑪ 定期润滑排风扇带轮轴承和电动机轴承。

4）干燥设备（喷漆烤房）。

目前我国生产的干燥设备类型很多，一般根据工件外形尺寸和批量设计对于汽车修理时涂装用的干燥设备，通常根据生产规模确定，一、二级汽车修理厂必须有涂装用干燥设备。

目前国内用得最多的是与涂装合并在一起的汽车喷漆烤漆房，具有占地少、设备利用率高、投资少、经济实用的特点。

具有代表性的是我国江苏省盐城市中大工业集团生产的中大牌高级汽车喷漆烤漆房ZD-701-C系列产品，在国内占有很大的市场。

5）烤漆房常见故障现象、故障原因及排除方法。

故障现象一：燃烧器点不着火。

排除方法：因该设备油管中无油再加柴油时，一次无法着火。当正常点不着火时，燃烧器上控制盒的红灯会亮，此时等待4~5min后再按一下红灯亮着的开关，即可再次点火，有时需重复3~4次。如5次还点不着就不要再点火了，须将燃烧器从热交换器上拆下，用毛巾擦净热交换器内的柴油，否则将引起热交换器损坏。

故障现象二：油管接头漏气。

排除方法：接头松动，拧紧接头即可。

故障现象三：着火后15s自动熄火。

① 故障原因：光感开关被黑灰污染；油压过低以及风门调整不当。

② 排除方法：擦净光感开关；检查油路是否堵塞，检查调整螺钉，清洗喷油嘴；检查并调整风门。

故障现象四：点火后火焰不良。

① 故障原因：燃油太冷，雾化力太低或太高；风门开得太大，油中有水；柴油滤清器堵塞。

② 排除方法：天冷时用标号高的柴油；检查调整螺钉并调整使雾化压力正常；清洁滤清器。

故障现象五：排气口冒黑烟

① 故障原因：风门开启太小；喷油压力过低。

② 排除方法：按刻度线调风门；调整雾化压力使其正常。

6）烤漆房日常维护。

① 为使烤漆房可靠工作和延长使用寿命，必须按其使用说明书要求使用和维护。

② 严禁在房内吸烟和使用明火。

③ 房周围的环境及房内应保持清洁。

④ 进气过滤网一般在使用100h左右，应进行吸尘清理或更换。

⑤ 房体内地网过滤棉使用100h左右，应进行吸尘清理或更换。

⑥ 房顶的过滤网一般使用两年或400h左右，需要进行吸尘清理。如发现喷漆时漆雾排不出，顶部过滤棉需要更换。

⑦ 初级柴油滤清器一般工作100h拆下清洁，200h更换滤芯；二次滤网一般使用200h

将其拆下清洁。

⑧喷油嘴在正常情况下不会损坏，使用300h左右，如发现火焰很小而且冒烟，将拆下清洁即可使用，正常情况下不要经常拆洗。

⑨房内应清洁，正常情况下每20天清扫一次地网，以保证房内清洁。

4.4 汽车涂装工艺

想一想：汽车涂装工艺有几大部分？

提示：一是涂装前金属的表面处理；二是涂装的施工工艺。

学 习 目 标	鉴 定 标 准	教 学 建 议
1. 了解汽车维修喷涂施工的常用工具与设备的种类 2. 掌握汽车维修喷涂施工的常用工具与设备的使用方法及故障排除 3. 掌握打蜡、抛光、镀晶工艺流程	应知：汽车维修喷涂施工的常用工具与设备的种类 应会：1. 汽车维修喷涂施工的常用工具与设备的使用方法及故障排除 2. 打蜡、抛光、镀晶工艺流程	采用多媒体课堂讲授、讨论交流、实物直观演示教学

1. 汽车涂装工艺的两大部分

一是涂装前金属的表面处理，也叫喷涂前处理技术；二是涂装的施工工艺。

表面处理主要包括清除车辆表面的油污、尘土、锈蚀以及进行修补作业时旧涂料层的清除等，以改善工件的表面状态，为下一步作业打下基础。

其前处理具体包括：根据各种不同车辆受损情况对车身板件表面进行机械加工和化学处理。如磷化、氧化和钝化处理。

2. 汽车面漆涂装工艺流程

汽车车身面漆是车辆最外层的涂层，它是车辆外观装饰及防腐的直接反映，一般都希望汽车涂层具有极好的光泽度。光泽的优劣除与汽车车身外形设计、车身加工的外表精度有关以外（如一般感觉圆弧面或凸出面的光泽较平面要好），还与选用的涂料与表面涂层的配套工艺有关。必须进行精心的涂装设计和具备良好的涂装环境条件，才能使表面涂层有优良的装饰性。同时，汽车涂装属于高级保护性涂装，所得的面漆涂膜必须具有优良的耐腐蚀性、耐候性和耐崩裂性。

（1）整车修补涂装　整车修补涂装是汽车美容修补施工中最有代表性、最为全面的涂装工艺。它的关键是要保持有湿边，同时应尽量减少水平表面上飞漆，以防止漆雾沉积到已干的部位而造成砂状表面。

1）车顶的喷涂。首先从靠近漆工的车边缘的地方开始喷涂。尽可能保持枪与车顶表面在15~20cm等距，从左到右，再从右到左进行喷涂，喷成中等湿度（每层走枪都是从车顶的边缘开始）。由于修补施工时多采用重力式或虹吸式喷枪，受喷枪杯的影响，喷枪的俯角受到一定限制（要尽可能保持垂直，不要把喷枪拿歪）。以每层扇幅重叠覆盖60%~70%的方法从边缘向中心喷涂，一直喷涂到可以看见明显柔和的光泽为止。

2）发动机前盖的喷涂。首先用粘性抹布把表面擦拭干净（注意：不得采用气枪来消除表面，以免前盖上灰尘吹到刚刚喷过涂料的车顶上），采用带状喷涂法喷涂风窗玻璃与前盖交界（在前盖边缘最好不要采用带状喷涂法），扇幅重叠覆盖60%~70%。每层都从边缘到中心进行喷涂，随后另外一边，从中心开始往边缘移动进行喷涂，每层扇幅的覆盖约10cm。

3）后盖的喷涂。用粘性抹布擦干净表面，要准备足够的涂料，避免喷涂中途涂料用完而造成色差。采用带状喷涂法，沿后窗玻璃的底边喷涂一遍，两层扇幅之间覆盖60%~70%。随后换到另一边，从中心开始向边缘移动进行喷涂。在整个喷涂过程中，涂层要湿，走枪速度要快。每层扇幅的覆盖约10cm。精良的涂装技艺在涂料行业中不容小视。

4）侧面的喷涂。用黏性抹布擦拭表面，备足涂料，由于汽车侧面较长，需要采用分段喷涂法。在适合于漆工走枪的距离处采用带状喷涂法垂直喷涂一层，以此分隔成段。在这一段内从底部或顶部开始走两道枪，先从左到右，再从右到左，采用一道喷涂法继续喷涂下去。每一道枪之间扇幅覆盖50%，直到这一段表面全部被喷涂覆盖完毕。接着转移到下一段，也是先采用带状喷涂法垂直向下喷一枪，划出第二段。重复上述操作，喷涂第二段，如此重复直到该侧面全部喷涂完毕。

（2）整板修补涂装　一般可能出现两种情况：其一是在板面上没有大的变形或裂痕，只需要对整块板面进行面漆涂装；其二就是板面被破坏，需要整修后面再安装到车身上。前者可以在车身清洗后，涂抹封闭隔离漆，再直接喷涂面漆；后者必须在车身清洗后进行除锈、防腐涂底漆、刮腻子填补凹凸不平之处，喷涂中间漆、封闭隔离漆后，才能喷面漆。

为了提高市场竞争力，许多汽车厂家都向用户提出车身保用10年以上的承诺，对车身喷涂工艺进行了多方面的改革。例如，漆前表面处理一般由9~15道工序组成，达到最好的防腐清洗效果。底漆涂层由过去的阳极电泳涂装法改为阴极电泳涂装法。这阳改阴，使材料耐腐蚀性提高了5~6倍。底漆烘干后，车身所有焊缝都要涂上一种密封胶，保证车身具有良好的气密性和防水性，车身底部要涂聚氨酯、聚酯树脂等涂层，防止小石子和硬物的冲击。

下一步再喷涂一层（中涂），强化漆面的硬度，防止崩裂现象出现，提高漆面的鲜映性（映物清晰度），为面漆创造平滑的基础。然后喷涂面漆，增强鲜映性和耐酸能力。面漆以普通本色漆和金属闪光色漆、珠光色漆三种为主，现在轿车多用金属闪光色漆和珠光色漆，喷涂这些面漆后再喷涂罩光清漆，可令整个车身明亮如镜。

现在轿车车身的喷涂工艺一般按照这些程序进行，普通轿车车身要喷涂三层，由阴极电泳底漆，中涂和面漆组成，有些中高级轿车车身要喷涂4~5层，由阴极电泳底漆、中涂1~2层和面漆1~2层组成，以达到较高的外观装饰性。

现在的轿车面漆普遍比较亮丽，这与使用的涂料及喷涂技术有密切的关系。现在汽车的涂料不能仅把注意力集中在汽车上，还要重视环境保护。

一切新材料及新工艺开发，都要以对环保不构成负面影响为前提，否则将难以推广。从20世纪80年代以来，汽车涂料在耐冲击性、装饰性、防腐性、耐老化性能上都有很大的提高，在提高汽车装饰性及环保意识的推动下，汽车涂料出现了很大的发展。

轿车涂装分为底漆、中涂和面漆三部分。

底漆以形成保护膜的方法来抑制腐蚀，保护膜直接敷加在被保护的金属板件上，以抵御腐蚀物的侵袭。保护涂层必须是无孔隙又不导电的，附着力极强，还要有一定的厚度。现在绝大多数轿车底漆采用了阴极电泳涂料，漆膜厚度一般在 25μm 左右，它的好处是具有优异的渗透性，可以均匀覆盖工件凹凸不平的部位，并有极强的防腐蚀能力，耐盐雾可达 1200h。新一代的阴极电泳涂料其主要特征是漆膜表面更加平滑，粗糙度下降。例如，杜邦的新型 CormaxTM 阴极电泳涂料漆膜表面粗糙度平均值（Ra）只有 $0.15 \sim 0.2 \mu m$。在进行了阴极电泳涂料之后，一些车辆还用聚氯乙烯（PVC）密封胶涂敷点焊边缝、摺边和接头处。在车底部涂 PVC 以防止碎石打击造成损坏，对于中空的金属构件使用渗透性好的防锈蜡等辅助措施。

中涂顾名思义是中间涂层步骤。专门用于中涂工艺的油漆，有氨基丙烯酸中涂漆、丙烯酸聚氨酯中涂漆等。现在欧美等国车厂由于环保条例的要求，中涂漆一般都使用水基油漆，但使用水基油漆成本偏高。

面漆主要分为本色漆和金属闪光漆两大类。面漆已经趋向使用水基油漆。由于水基金属闪光漆具有特殊的流变性质利于金属铝粉定向，呈现良好的金属效应，且技术也已成熟，逐渐被汽车厂商所接受。通用汽车公司预计，2020 年前全世界大部分汽车厂会选用水基金属闪光漆。

不同档次轿车的涂装工艺步骤，主要从成本方面考虑，可以归纳为以下几类：

底漆—中涂—本色面漆；底漆—中涂—本色面漆—罩光清漆；底漆—中涂—金属闪光漆；底漆—中涂—金属闪光底色漆—罩光清漆；底漆—防石击中涂—中涂—金属闪光底色漆—底色漆—罩光清漆等。汽车涂层总厚度从 $100 \sim 160 \mu m$，包括阴极电泳浸漆涂层厚度 $18 \sim 25 \mu m$，防石击涂层约 $40 \mu m$，面漆层 $35 \sim 45 \mu m$，光泽涂层（仅指金属漆）$40 \sim 45 \mu m$。

3. 汽车涂装辅助工序

辅助工序不是组成涂装工艺必不可少的工序，而是对主要工序起辅助作用，或是某种产品的特殊要求的涂装工序。它包括打磨、抛光、打蜡、注蜡、涂车底涂料、密封等工序。因为是辅助工序，很多厂家对这些工序并未引起充分的认识和足够的重视。

（1）打磨　打磨分为干打磨和湿打磨，干打磨不用水湿润，湿打磨是在打磨涂层的同时用水或其他湿润剂润滑，以获得更平滑的表面并洗掉磨灰。如在打磨硝基漆和过氯乙烯漆时不仅用水湿润还用松香水湿润，为提高面漆的装饰性，在进行抛光前可用极细的水砂纸打磨，也可用肥皂水作湿润剂。

1）打磨的主要目的是：

① 清除底材表面上的毛刺及杂物，如浮锈等。

② 消除工件涂覆面的颗粒、粗糙和不平整度，如刮过腻子的表面在干燥后一般表面粗糙不平整，需要打磨来获得平滑的表面。

③ 增强涂层的附着力。涂料在平滑表面上的附着力差，打磨后可增强涂层的机械附着力，所以打磨是提高涂装效果的重要作业之一。

打磨底材表面一般采用粗的或细的砂布、木工砂纸等。打磨填坑的腻子层一般用细砂布或磨石。砂布和木工砂纸仅适用于干打磨。在湿打磨中涂层和面漆涂层时，采用耐水性砂纸

（水砂纸）。根据耐水性砂纸的磨料粒径，分有若干编号，编号越高，磨料粒径越小，砂纸越细。

2）打磨时，需注意的事项主要有：

① 应严格按工艺要求选用打磨材料，干打磨腻子用80#～120#水砂纸；湿打磨中涂层用240#～320#水砂纸；湿打磨面漆涂层用360#、400#～600#水砂纸，要求不残留有砂纸痕迹。同时，打磨前应检查耐水性砂纸的质量，不应有机械杂质（粗的砂粒），以防划伤涂膜。耐水性砂纸在使用前，应先用水湿润，再撕开或折叠使用。

② 打磨应注意方向性，不宜朝各个方向乱磨，打磨时不宜压得过紧。为提高被打磨表面的平整度，在手工打磨时砂纸上可垫软木或橡胶制的磨块。软木磨块适用于中涂场合中的打磨腻子；橡胶磨块适用于中涂或面漆。

③ 在打磨过程中应不断清除掉打磨灰，湿打磨最后要用去离子水彻底冲洗干净，吹干，使涂覆面干燥。

④ 涂层应干透后才能打磨，不然打磨时会粘砂纸，从而影响打磨质量。因为打磨一般是手工操作，有时借助风动工具或一些简单器械进行，故打磨的劳动强度大，在流水生产的工业涂装中正努力淘汰这一工作。

(2) 打蜡、抛光及镀晶

1）打蜡。为进一步提高被涂物件的耐腐蚀性和防止涂膜在储运过程中被损坏，在涂装后要进行涂蜡后处理。为使车身的耐腐蚀性达到保用10年的要求，克服早期锈蚀，确保用户买到的是新车，国外汽车厂家，尤其是西欧的汽车厂家，对涂漆合格的车身和商品车进行涂蜡后处理，这一工序称为涂保护蜡工序。

涂保护蜡工序可分为涂防锈蜡工序和涂保护蜡封存工序2种。前者是汽车部件（如车身、车厢）在涂装合格后，组装（内饰）前，在被涂物的内腔、涂装薄弱之处，灌注或喷涂防锈蜡，创造一个良好的憎水面，以防积水和潮湿，可显著提高被涂物整体的耐腐蚀性；后者是在车辆出厂或入库前在车身底板下表面、发动机室喷涂保护蜡，除用户直接买走或在国内很快到达用户的商品车外，其余商品车的车身外表面都要涂保护蜡，可采用手工或自动静电涂装法涂布。

在汽车外表涂保护蜡是保护放置在轮船甲板上的商品车唯一有效的措施。涂在发动机室和车身底板下表面的保护蜡在汽车使用时不去除，而汽车外表保护蜡由代理商或用户在汽车使用前用溶剂擦洗掉。

2）抛光。抛光是使面漆涂层具有柔和、稳定的光泽，使漆面更加平滑，这是提高涂层装饰性的一种手段，一般仅在对装饰性要求高的高级产品（高级轿车、高级家具、乐器等）的涂装工艺中采用，为达到漆面清晰如镜的效果，在抛光后还要进行打蜡，同时对涂膜也起保护作用，因此打蜡也是维护涂层的一种手段。

抛光采用专用抛光膏或极细的磨料，用法兰绒、棉纱或纱布蘸上抛光膏，涂在漆面上，擦拭到漆面平滑为止。随后用一种抛光水擦洗漆面，擦净后再用法兰绒、棉纱或棉布抹上一些光蜡，像擦皮鞋那样进行打蜡。

抛光打蜡一般是手工操作，有时借助于抛光机，一般是在面漆干透后直接抛光，对抛光性能优良的面漆，为减轻抛光工作量，有时在抛光前先用600#水砂纸打磨，消除各种缺陷及磨平后再进行抛光。随着轿车用面漆的可抛光性能的提高，上述打磨抛光工序已成为消除轿车面漆层的颗粒、雾影等弊病的手段，一般与最终检查、验收工序在一个工位进行。

抛光膏一般是由分散极细的氧化铝或氧化铬、凡士林和蓖麻油、肥皂和水等制成的。

在小批量生产场合一般是手工抛光，在大批量生产中采用盘式抛光机，在抛光机的橡胶制的圆盘抛光头上套有较软的法兰绒或羊皮制的帽，圆盘回转运动进行抛光，其转速一般为 1800r/min。

3）镀晶。所谓镀晶技术，其原理就是在汽车漆表面形成一层强力保护晶体和紫外线过滤层，可提高漆面镜面亮度和硬度，防止划痕、防紫外线、酸雨、盐、沥青、飞漆、昆虫斑、黄砂、鸟粪等有害物质对车表的侵害。

犹如给车漆穿上了一件高科技"防护外衣"，完全隔绝了灰尘、油污、霉菌、水分子等微粒对车漆本身的任何侵蚀，并具有抗紫外线抗氧化、抗磨擦、不褪色、增加漆面硬度的作用，使漆面长期保持其原有光亮艳丽的色泽。它是目前世界最顶级的汽车漆面养护技术。

(3) 汽车镀膜与封釉　汽车镀膜与封釉是基本相同的汽车漆面养护工序，只是表现形式有所区别，封釉多是一种以乳状为载体的表现物，而汽车镀膜大多情况是以水剂为载体的表现物，釉和膜都是需要结晶过程，从原理上分析，二者生产工艺不同，施工方法也不同，但除了比较新的车漆之外，不管是汽车镀膜还是汽车封釉，都要经过研磨或抛光工序处理才能达到最佳效果，汽车漆面经过镀膜和封釉后会形成一层保护层。

1) 釉和膜的种类。

① 釉的种类。

a. 研磨釉。它能有效地去除浅划痕，不留圈迹和逆光痕，还可以作为抛光工序的镜面还原剂，还原车漆镜面，消除抛光圈纹，提光率可达98%以上。

b. 抛光釉。它含高品性釉晶及柔和细微介质，促使烤漆再生，能去除氧化层、漆面毛细孔的污物、轻微划痕，使漆面光滑亮丽。

c. 镜面釉。它不含研磨剂，以高分子聚合物为主要组成成分，振抛到漆面后形成一层坚硬持久的保护膜，并产生亮丽光泽从而起到保护车漆的作用。

d. 晶亮釉。它含有专利素和特有的固化剂，使用后通过对汽车漆面的渗透形成带固化剂的液体玻璃，并层层积累，不溶于水，对其面具有保护性和还原性，达到了从根部护理，能有效去除污垢，渗透填塞漆孔。

② 镀膜的种类。

a. 玻璃镀膜剂。它是在汽车前风窗玻璃及后视镜玻璃处涂抹一层镀膜液，从而增加风窗玻璃的拨水性，使玻璃在雨水中不挂水，特别是汽车高速行驶的时候增加安全性，减少刮水器的使用。另外它可使玻璃不易沾土，保护玻璃的清洁与透亮性。玻璃镀膜施工后效果对比图，如图4-3所示。

b. 车身镀膜剂。车身镀膜剂喷在车漆表面形成保护层，隔绝外界物质对漆面的损害，保护时间可达到18～20个月，整车漆面硬度是2H～3H，做了镀膜可以达到9H以上。

c. 轮毂镀膜剂。轮毂镀膜剂是一种用于保护轮胎、轮毂及所有轻合金的高浓缩、不溶于水的新型纳米聚合保护涂层产品。

2）封釉和镀膜的作用。

图 4-3　玻璃镀膜施工后效果对比

① 封釉的作用。

a. 封釉具有隔紫外线、防氧化、抵御高温和酸雨的功能。

b. 对新车进行封釉美容可以延长车漆的使用寿命，减缓褪色。

c. 对旧车封釉可使氧化褪色的车漆还原增艳，还有翻新的效果。

d. 漆面封釉可去除车身表面形成的氧化层、太阳圈和细微较深划痕，使旧车达到翻新的效果。

e. 漆面封釉可以还原老化的车漆，旧车封釉就像重新喷了层亮油，光艳照人。

② 镀膜的作用。

a. 让车身表面长时间处于一种崭新的状态。

b. 在清理车身表面时可以轻松清理掉污物。

c. 让车身表面不会轻易受到外界物质的污染或者影响。

(4) 涂密封胶、喷车底涂料　涂密封胶、喷车底涂料（又称喷涂防声绝缘浆）是汽车车身涂装工艺的独特工序。

在车身的所有焊缝处涂密封胶，车身底板下表面（尤其是轮罩内表面）涂抗振耐磨涂料，以提高车身的密封和耐蚀性，最终提高汽车的隔声性和使用寿命。密封胶和车底涂料干后应具有良好的弹性和附着力，使其在振动时不开裂或脱落。

过去用沥青、酚醛树脂、橡胶等配制成浆状涂料，目前采用聚氯乙烯树脂加增塑剂等配制成无溶剂 PVC 涂料。密封胶和车底涂料有时用同一种 PVC 涂料，但在粘度上有差别。

涂密封胶工序又可分为粗密封和细密封。粗密封系对车身内腔的所有缝隙进行密封，即沿缝隙压涂或喷涂（喷幅为 20~40mm）PVC 密封胶，对外观要求较低；细密封系指对外观要求高的车身外表的缝隙压涂上 PVC 密封胶，随后对喷涂后的密封胶条的外观进行修饰。

一般采用高压无空气喷涂法喷涂车底涂料，在产量小的场合，采用手工喷涂；大量流水线生产时，主要采用机械手喷涂，随后手工补涂。为更好地消除由于车身振动产生的噪声，现今在涂密封胶和车底涂料后在车身内表面、门和翼子板内表面、底板上铺覆或粘贴各种形状的热融垫片。

密封胶和车底涂料的固化，防振垫片的融合可以与中涂、面漆的烘干同时进行。但为了防止在涂装前表面预处理时打磨碰坏或粘灰，一般仍设置 PVC 烘干室，（150±20）℃烘10~15min，使其表干，也称为不完全烘干，随后与中涂、面漆涂层同时烘干。

在喷涂车底涂料前，要将有些工艺孔堵上，螺栓要套上保护罩，不需喷涂的表面要贴保护纸，以防喷上车身涂料，另外要求分界线清楚。在烘干之前车身外表面应擦净，消除飞溅的涂料。

练 习 题

一、填空题
1. 涂料的作用有 _____ 、_____ 、_____ 、_____ 。
2. 汽车漆具有的特性有 _____ 、_____ 、_____ 、_____ 、_____ 。
3. 电动除锈工具有 _____ 、_____ 、_____ 。
4. 汽车涂装工艺，一般可分为 _____ 、_____ 两大部分。

二、简答题
1. 油脂、树脂有哪些分类？
2. 汽车用底漆、面漆的特点有哪些？
3. 常用的喷涂设备与工具有哪些？
4. 汽车面漆涂装工艺流程。

实训 5　车身打蜡、抛光、镀晶

1. 实训目的

1）熟悉打蜡、抛光、镀晶的设备、工具及材料。
2）掌握打蜡、抛光、镀晶的操作方法及步骤。

2. 实训内容

1）车身打蜡。
2）车身抛光。
3）车身镀晶。

3. 实训设备、工具、材料

1）实训车辆。
2）打蜡机、打蜡海绵涂垫、白色粗抛海绵轮、黑色波浪海绵轮、纯棉干毛巾、擦车纸、超细纤维布、抛光海绵。
3）专用中性汽车清洗液、漆面处理剂、镀晶剂、车用固体蜡或液体蜡、镜面抛光剂等。

4. 注意事项

(1) 打蜡注意事项

1）车身及缝隙处必须干净，不能有残留污垢和水分。
2）涂蜡应选在室内或阴凉干燥处，涂蜡时车体应完全冷却。
3）用涂蜡海绵在车身上打圈，将蜡均匀涂抹在车身表面上，要求用蜡适量。
4）涂抹均匀，没有遗漏，力度均匀，动作轻柔。
5）涂蜡前要用保护膜保护车身塑料件、橡胶件和玻璃。

(2) 抛光注意事项

1）抛光前车上不抛光部件需要做上保护。

2）注意保持车身清洁，缝隙处不能有污垢。

3）抛光作业要待上蜡完成后在规定时间内进行，且抛光运动也是直线往复。

4）抛光需要正确选择抛光盘，粗磨抛光选白色粗抛海绵轮，精细抛光使用黑色波浪海绵轮。

5）抛光时，抛光机的抛光速度需要选择正确。防止速度过快、抛光盘过热，以免损坏车漆。

6）抛光后设备及用品摆放到位，垃圾及时处理。

（3）镀晶注意事项

1）不要在阳光直射下作业，不要在高温漆面上作业。

2）镀晶剂在与皮肤接触的情况下用清水洗掉。

3）镀晶剂在与眼睛接触的情况下用清水彻底冲洗。

4）严禁入口，如误食请及时就医。

5）不要让儿童接触本品。

6）本品高度易燃。

7）喷雾对眼睛有刺激性，可引起嗜睡和头晕。

8）做好呼吸防护，避免吸入喷雾。

9）避免与皮肤接触。

5. 实训方法及步骤

（1）打蜡的操作方法及步骤

1）洗车并做保护。

对车身进行彻底清洗，清洗时用专用中性汽车清洗液，清洗后要将车身彻底擦干，尤其是车身的缝隙位置不能有残留的污垢和水分。确保车体完全冷却。

车身上的塑料件、橡胶件和玻璃必须使用美纹纸或保护膜进行保护，防止蜡涂抹到上面无法去除。如图4-4所示。

2）打蜡。

打蜡可分为手工打蜡和打蜡机打蜡两种，手工打蜡简单易行，打蜡机打蜡效率高。无论是手工打蜡还是打蜡机打蜡，都要按一定的顺序进行，要保证车身漆面涂抹得均匀一致。打蜡时每次不要涂得太厚，打太多的蜡不但成本增加，而且会增加抛光的工作量，还容易粘上灰尘，使抛光摩擦时产生划痕。

图4-4　车身塑料件、橡胶件和玻璃的保护

① 手工打蜡。手工打蜡用打蜡海绵沾适量车蜡，以划小圆圈旋转的方式均匀涂蜡；圆圈的大小以不漏漆面为准，每圈盖前一圈1/2～3/4，圆圈轨迹沿车身前后直线方向，如图4-5所示。

全车打蜡顺序：把漆面分成几部分，按右前机盖→左前机盖→右前翼子板→右前车门→

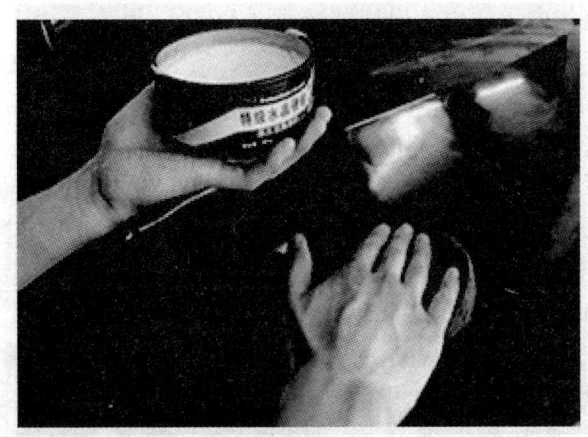

图4-5 手工打蜡

右后车门→右后翼子板→行李箱的顺序研磨右半车身,按相反顺序研磨左半车身,直到所有漆面无遗漏。在全部漆面上均匀涂一层薄车蜡,以漆面明显覆盖一层车蜡为准,喷漆的前后塑料保险杠也要涂蜡。

② 机械打蜡。机械打蜡是将液体蜡倒在蜡盘上,每次按 $0.5m^2$ 的面积涂匀,待车蜡凝固后开启打蜡机在车身上横向或纵向进行覆盖式抛光。用打蜡机打蜡时,用手控制好打蜡机,开启开关,注意涂抹时的力度、方向性及均匀度。车身表面在边、角、棱处的涂布使用打蜡机打蜡时不易把握。而在这方面手工打蜡更有优势。如果发现蜡打得不均匀,产生无序的反光现象,可用抛光机重新进行抛光,直到出现光线反射面一致。

③ 擦蜡和提光。打蜡后 5~10min 蜡表面开始发白,用手背在不明显位置抹一下,如果手背上有粉末,抹过的漆面有光亮,说明蜡已经干燥。即可用柔软干燥干净的毛巾或软海绵抛蜡,抛蜡可以用手工操作,也可以机械进行抛蜡,直到整个车表没有残蜡。抛蜡后彻底清洁顺序与上蜡一样,直到漆面倒影清晰可见。

④ 清理缝隙。将残留在汽车表面缝隙里的车蜡清理干净,让车保持彻底的干净。检验全车漆面干净整洁、手感光滑;车蜡均匀,车表没有残蜡或打花;亮度和颜色均匀,漆面有镜面效果,在漆面上可清晰反映倒影。

⑤ 现场清理。工具、材料注意归位,垃圾迅速处理,清洗脏的海绵球、刷子、毛巾和合成鹿皮。

(2) 车身抛光操作方法及步骤 以镜面抛光剂为例介绍抛光实际操作过程。

1) 对车身表面进行彻底清洁,尤其是要去除车身表面顽固污渍,并注意车身缝隙,同时观察车身表面有无划痕,若车身漆面损伤,不能直接进行抛光处理。

2) 对车身不需要抛光的位置进行保护遮盖,如玻璃、车轮、前格栅、车表、车牌等部位。

3) 将镜面抛光剂均匀地涂抹到车身漆面上,并且用软布进行擦拭。

4) 使用抛光机配黑色海绵轮,将抛光剂均匀涂覆在汽车漆面上,并抛光至返亮效果,使旧漆迅速还原、显色。

5) 最后使用干净抹布擦去抛光后留下的蜡和手指印等残痕。

6）使用抛光机施加中等压力，保持抛光速度 1800r/min 左右，去除漆面各种缺陷。抛光处理如图 4-6 所示。粗磨抛光选白色粗抛海绵轮，精细抛光使用黑色波浪海绵轮。抛光后表面处理。使用擦车纸或海绵将蜡均匀地涂覆在车身表面，等待几分钟，在蜡迹完全干透前使用抹布将漆面抛亮，获得光亮如新的漆面效果。

（3）镀晶操作方法及步骤

1）先用洗车液或洗车泥对漆面进行清洁处理，并用柔软毛巾擦干。

2）根据汽车漆面状况，对其进行适当的处理。如果是新车，可直接跳过这一步；如果漆面有细微划痕或者出现老化现象，必须用去旋纹抛光剂修复及还原漆面。

3）将漆面处理剂喷在抛光后的漆面上，可达到脱脂和密封漆面的效果。稍后用清洁的超细纤维布抹除油渍，抹匀全车直至表面洁净。

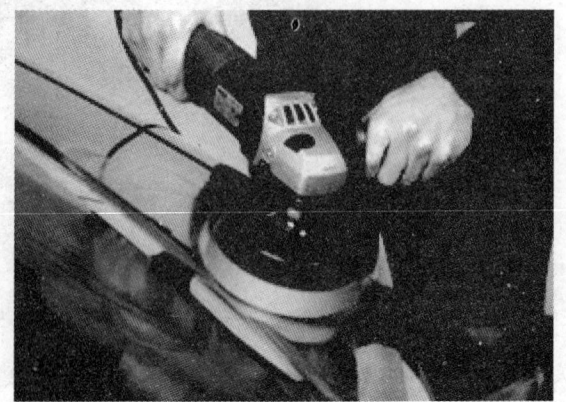

图 4-6　抛光处理

4）将适量漆面镀晶剂喷洒在专用抛光海绵上。

5）然后在漆面上沿直线方向纵横擦拭，直到覆盖薄薄的一层。每次处理一小块漆面，最大不超过 $0.5m^2$。

6）等待 30s，立即用另外一块超细纤维布轻轻擦拭漆面，直到将镀晶剂擦干，否则镀晶剂会挥发结晶。

7）按照以上流程将全车漆面做完之后需要再晾 1h 左右等待其自然硬化，在此期间漆面不可沾水。另外需要注意，7 天之内不能洗车。

8）镀晶前后漆面对比，如图 4-7 所示。

 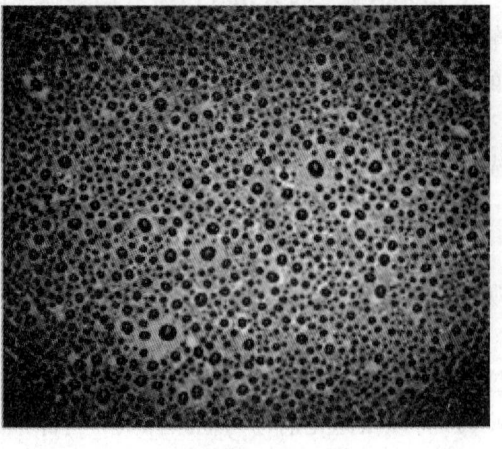

a）镀晶处理前的漆面　　　　　　　　　　b）镀晶处理后的漆面

图 4-7　镀晶前后漆面对比

6. "车身打蜡、抛光、镀晶"评分标准与操作工单

"车身打蜡、抛光、镀晶"评分标准

序号	考核项目		配分	扣分标准(每项累计扣分不能超过配分)
1	安全文明否决			造成人身、设备重大事故、或恶意顶撞考官,严重扰乱考场秩序,立即终止考试,此项目记0分
2	工具选择及正确使用		5分	(1) 不能正确选择工具,每次扣2分 (2) 不能正确使用工具,每次扣3分
3	打蜡作业	洗车做保护	6分	(1) 车身清洗不干净,一处扣2分 (2) 车身的缝隙位置有残留的污垢和水分扣2分 (3) 车身上的塑料件、橡胶件和玻璃没有用美纹纸或保护膜进行保护的,一处扣2分
		打蜡	5分	(1) 打蜡时车身漆面涂抹不均匀,一处扣2分 (2) 打蜡涂得太厚,每次扣3分
		擦蜡提光	5分	(1) 擦蜡后车表有残蜡,一处扣2分 (2) 提光后漆面倒影不清晰,扣3分
		清理缝隙里的车蜡	4分	汽车表面缝隙里的车蜡没有清理干净的,一处扣2分
		检验	10分	(1) 漆面不干净整洁、手感不光滑,每处扣2分 (2) 车表有残蜡或打花,每处扣3分 (3) 亮度和颜色不均匀,漆面没有镜面效果,每项扣2分
4	抛光作业	清洁并观察车身表面	6分	(1) 车身清洗不干净,一处扣1分 (2) 车身的缝隙位置有残留的污垢和水分扣2分 (3) 车身表面有划痕、漆面损伤而未检查出来,一处扣3分
		车身保护遮盖	6分	对车身不需要抛光的位置未进行保护遮盖的,一处扣3分
		涂抹抛光剂	6分	抛光剂涂抹不均匀,一处扣3分
		抛光机抛光	6分	抛光后车身留有蜡和手指印等残痕,每处扣3分
		抛光后表面处理	6分	抛光后表面未进行处理的,每处扣3分

(续)

序号	考核项目		配分	扣分标准（每项累计扣分不能超过配分）
5	镀晶作业	清洁并处理车身表面	10分	（1）车身清洗不干净，一处扣2分 （2）车身的缝隙位置有残留的污垢和水分扣3分 （3）车身表面有划痕、漆面损伤而未处理，一处扣3分
		除油	6分	对抛光后的漆面未除油扣6分
		涂晶	6分	镀晶剂涂抹不均匀，一处扣3分
		擦拭	8分	涂晶后未及时擦拭漆面扣8分
6	安全文明生产		5分	（1）不穿工作服、工作鞋、工作帽各扣1分 （2）零部件乱放每次扣1分 （3）工具设备表面未及时清理每次扣1分 （4）考试完后不清理场地扣1分 （5）不服从考官、出言不逊，每次扣1分
7	合计		100分	

"车身打蜡、抛光、镀晶"操作工单

班级：_____　　姓名：_____　　得分：_____

一、车辆、工具、设备的检查

1. 车辆的准备检查	备注
2. 工具、设备检查准备	项目1~3不用作记录
3. 材料检查准备	

二、操作过程

1. 车身打蜡操作步骤

2. 车身抛光操作步骤

3. 车身镀晶操作步骤

实训6 全车封釉

1. 实训目的

1) 熟悉全车封釉所用工具设备。
2) 掌握封釉的操作工艺。

2. 实训内容

全车封釉。

3. 实训工具、设备、材料

1) 实训车辆。
2) 抛光机、波浪海绵、羊毛轮、专业擦巾。
3) 中性的清洗剂、胶带、报纸、加研磨剂、釉。

4. 注意事项

1) 封釉后8h内切记不要用水冲洗汽车,因为在这段时间内釉层还未完全凝结,将继续渗透,冲洗将会冲掉未凝结的釉。
2) 做了封釉美容后不要再打蜡,因为蜡层可能会黏附在釉层表面,上釉时会因蜡层的隔离影响封釉效果。
3) 由于釉的不同,再加上路况和环境的影响,一般是2个月到半年封一次釉效果最好。

5. 实训步骤

1) 车体外表清洗:用清水冲洗车身,用中性的清洗剂将漆面的泥土、粉尘、细沙粒等彻底清洗干净。
2) 打磨:若车身表面有桔皮纹,应先用研磨方法去除。打磨前先用水冲洗待磨部位,打磨时勤用水冲洗,以免漆面有砂砾磨坏漆面,打磨的手势为五指合拢,用手掌打磨不要用手指打磨,以推拉的方式打磨,不要旋转打磨、推拉距离不要太长。筋条处的部位要避让,因为这个部位车漆较薄弱。不要在一个部位长时间打磨,根据眼睛观察和经验不断变换地方,以免磨漏底漆。
3) 车身非施工处保护:用胶带把所有装饰条、门把手、倒车镜、玻璃封条封好以防封釉时弄脏。粗糙面和麻面,用报纸胶带包裹起来。
4) 使用抛光机浅抛车身浅划痕:用抛光机配合研磨剂、羊毛轮做研磨处理。开始研磨时研磨的压力要根据漆的强度和漆面的厚薄来决定。使用抛光机振抛划痕。
5) 抛光机去眩光:使用低速抛光机配合波浪海绵加研磨剂,去除抛光时研磨剂留在车身上的光环,之后用毛巾擦干净,操作手法是用低速抛光机横向或竖向一下压一下地抛,把光环赶到边缘部位,根据车漆的硬度选择合适的力度。
6) 封釉:在车身表面喷倒封釉剂,用封釉机将封釉通过振动挤压,使釉更好地渗透进车身并增强牢固度,封釉后停留15min再做,直到表面形成一层保护层。一般根据车漆老化程度需反复2~3次。封釉时要横、竖交替震涂,以达到均匀。一般每处要交叉振涂6次,振涂时不要太快。
7) 清洁:封釉后用专业擦巾将残留的研磨剂和釉清理干净。
8) 检查实施结果:检查有无抛漏的地方,装饰条有无抛坏,门边、门缝、玻璃、下底边卫生有无清理干净。

6. "全车封釉"评分标准与操作工单

"全车封釉"评分标准

序号	考核项目		配分	扣分标准（每项累计扣分不能超过配分）
1	安全文明否决			造成人身、设备重大事故、或恶意顶撞考官，严重扰乱考场秩序，立即终止考试，此项目记0分
2	工具选择及正确使用		10分	(1) 不能正确选择工具，每次扣2分 (2) 不能正确使用工具，每次扣3分
3	全车封釉	车体外表清洗	5分	漆面未清洗干净，有泥土、粉尘、细沙粒等一处扣1分
		打磨	10分	(1) 打磨后仍然有桔皮纹的，扣2分 (2) 因砂砾磨坏漆面，扣5分 (3) 五指合拢未用手掌打磨而用手指打磨的扣3分 (4) 在一个部位长时间打磨而磨漏底漆的，扣10分
		车身保护	10分	车身非施工处未用报纸胶带包裹起来的，一处扣5分
		浅抛车身浅划痕	5分	未用抛光机配合研磨剂、羊毛轮做研磨处理，扣5分
		去眩光	5分	(1) 未使用低速抛光机配合波浪海绵加研磨剂，扣2分 (2) 未用低速抛光机横向或竖向一下压一下地抛，扣3分
		封釉	20分	(1) 用封釉机将封釉通过振动挤压，扣3分 (2) 封釉时未横、竖交替振涂扣2分，未达到均匀扣3分 (3) 未交叉振涂扣3分，振涂时过快扣2分
		清洁	10分	封釉后未用专业擦巾将残留的研磨剂和釉清理干净，扣5分
		检查实施结果	15分	(1) 有抛漏的地方，扣5分 (2) 装饰条有抛坏，扣5分 (3) 门边、门缝、玻璃、下底边卫生未清理干净，一处扣3分

(续)

序号	考核项目	配分	扣分标准（每项累计扣分不能超过配分）
4	安全文明生产	10 分	（1）不穿工作服、工作鞋、工作帽各扣 1 分 （2）零件乱放每次扣 2 分 （3）设备或工具表面未及时清理每次扣 1 分 （4）考试完后不清理场地扣 3 分 （5）不服从考官、出言不逊，每次扣 3 分
5	合计	100 分	

"全车封釉"操作工单

班级：_____   姓名：_____   得分：_____

一、车辆、工具、设备的检查

1. 车辆检查准备	备注
2. 工具、设备检查准备	项目 1~3 不用作记录
3. 材料检查准备	

二、操作过程

全车封釉操作步骤：

实训7 底盘装甲

1. 实训目的
1）熟悉底盘装甲所用工具设备。
2）掌握底盘装甲操作方法及步骤。

2. 实训内容
底盘装甲。

3. 实训工具、设备、材料
1）实训车辆。
2）喷嘴口径为2mm以上的喷枪一把。
3）用于遮盖不施工部位的遮盖纸、胶带若干。
4）用于涂刷不宜喷涂部位的排刷一把。
5）用于清洁工作区的毛巾、钢刷、高压水枪、除油剂、除尘枪等。
6）施工人员适用的防护手套、防护帽、防护镜、口罩等。
7）举升机和0.4MPa压力以上的气源。

4. 实训注意事项
1）温度低于5℃或湿度大于85%时勿进行施工,天气晴朗施工效果最好。
2）施工前,利用报纸或塑料薄膜遮盖不能喷涂的部位。
3）施工过程中,喷枪施工气压为4~5bar,喷涂距离为15~20cm,喷涂速度10~15cm/s,施工过程中可采用十字形喷涂法,两次以上喷涂效果最佳。
4）底盘装甲的厚度是通过多次喷涂逐渐加厚的,下一次喷涂在前一次涂层表面半干时进行效果最好。
5）喷涂过程中不慎粘在车身及其他地方的胶液立即去除。喷涂后即刻将喷枪清洗干净。
6）一般对于塑料材质的部件不用喷涂。
7）施工后,等待30min,用手触摸底盘表面,如表面干燥不粘手,将报纸、塑料薄膜进行清除,车即可上路。
8）一周内不要用高压水枪冲洗底盘。

5. 实训步骤
（1）清洗底盘
1）在洗车区按一般洗车程序对车辆进行首次清洗,重点冲去底盘下部、轮胎上方等部位的大块泥沙。
2）用举升机把车辆升起,拆掉4个轮胎,配合专用清洁刷及专用清洁剂对车辆底盘进行彻底清洗。将4个轮内衬里面、底板下面的死角用铁铲刀、钢丝刷、砂纸配合高压水枪进行彻底清洁,发现起皮、脱落涂层用铲刀去除,生锈的部位用砂纸抛光,再用高压水枪冲洗,确保无尘土,无锈。

（2）风干及遮蔽
1）配合气动风枪对底盘清洁位置进行风干。
2）使用遮蔽纸及胶带对底盘不必施工的位置进行严密遮蔽,尤其是排气管、传动轴、制动盘、减振器等部位,同时须对车辆整个漆面进行全面遮蔽。

(3) 开始喷涂

1) 按不同型号材料的要求,用专用的稀释剂进行调配。

2) 施工人员佩戴好专用防护服及防护设备。

3) 连接专用喷涂工具,使用标准气压对需施工的部位均匀喷涂,达到整体覆盖的效果,间隔20min后,进行第二次喷涂。

4) 底盘大梁两侧至下裙位置及4个轮弧位置需加强喷涂,使防锈及隔声效果更明显。

(4) 检查清除遮蔽纸

1) 喷涂完毕后,使用照明灯对施工位置进行仔细检查,以保证施工效果。

2) 拆除遮蔽纸,检查并清洁污染的位置。

3) 装上4个轮胎,并紧固轮胎螺钉。

6. "底盘装甲"评分标准与操作工单

"底盘装甲"评分标准

序号	考核项目		配分	扣分标准(每项累计扣分不能超过配分)
1	安全文明否决			造成人身、设备重大事故,或恶意顶撞考官,严重扰乱考场秩序,立即终止考试,此项目记0分
2	工具的选择及正确使用		10分	(1) 不能正确选择工具,每次扣2分 (2) 不能正确使用工具,每次扣3分
3	底盘装甲	清洗底盘	15分	(1) 底盘下部、轮胎上方等部位有大块泥沙,一处扣2分 (2) 清洗后若有尘土、铁锈,每处扣3分
		风干遮蔽	15分	(1) 未配合气动风枪对底盘清洁位置进行风干,每处扣5分 (2) 未使用遮蔽纸及胶带对底盘不必施工的位置及车辆整个漆面进行严密遮蔽,每处扣5分
		喷涂	35分	(1) 未按不同型号材料的要求,用专用的稀释剂进行调配扣5分 (2) 施工人员未佩戴好专用防护服及防护设备,扣5分 (3) 未使用标准气压对施工部位均匀喷涂,一处扣5分 (4) 达到整体覆盖,间隔20min后,未进行第二次喷涂扣5分
		检查清除遮蔽纸	15分	(1) 喷涂完毕后,未使用照明灯对施工位置进行仔细检查,扣2分 (2) 未拆除遮蔽纸,检查并清洁污染的位置,一处扣3分 (3) 装上轮胎,未紧固轮胎螺栓,一个扣5分

(续)

序号	考核项目	配分	扣分标准（每项累计扣分不能超过配分）
4	安全文明生产	10 分	（1）不穿工作服、工作鞋、工作帽各扣 1 分 （2）零件乱放每次扣 2 分 （3）设备或工具表面未及时清理每次扣 1 分 （4）考试完后不清理场地扣 3 分 （5）不服从考官、出言不逊，每次扣 3 分
5	合计	100 分	

"底盘装甲"操作工单

班级：＿＿＿＿　　姓名：＿＿＿＿　　得分：＿＿＿＿

一、车辆、工具、设备的检查

1. 车辆检查准备	备注
2. 工具、设备检查准备	项目 1~3 不用作记录
3. 材料检查准备	

二、操作过程

底盘装甲操作步骤：

第 5 章

汽车的外部清洗护理

汽车是人们日常生活中的交通工具,行驶在各种不同的环境中。特别是到了夏季,由于气温高,太阳暴晒等,车辆在高速行驶,容易将融化后的沥青飞溅到汽车的裙边、车门及轮胎上。有时鸟粪及树上的昆虫尸体也附着在表面,如不及时清除就会在汽车的表面上形成一个个小斑点,汽车还会受到残蜡、油污、焦油、飞漆网纹等袭击,这些都需要使用汽车美容的特殊清洗方法才能清除。

5.1 汽车外部清洗简介

想一想:传统洗车的目的是什么?

提示:传统意义上的洗车无非是去除汽车表面的泥土、灰尘等。

学习目标	鉴定标准	教学建议
1. 了解汽车外部清洗的目的与作用 2. 掌握汽车外部清洗的相关设备工具及使用方法	1. 应知汽车外部清洗的目的与作用 2. 应知汽车外部清洗的相关设备工具及使用方法	采用多媒体课堂讲授、讨论交流、实物直观演示教学

1. 传统洗车与汽车美容区别

1)传统洗车与汽车美容的目的和作用的区别:传统意义上的洗车无非是去除汽车表面的泥土、灰尘等。美容洗车是在传统保洁的基础上,不仅要对涂面进行清洁护理,而且还将作业内容扩大到了对内室饰件、发动机等各个部件的污渍进行技术处理,同时还要使用特制的材料对车辆的各个部位及各个饰件进行翻新,以达到改善性能、延缓老化、使车辆保值的目的。

2)使用材料及工具的区别。传统的洗车一般是用洗衣粉、肥皂水、洗洁精等非专业的洗涤剂，这些材料的碱性较大，虽然能够分解汽车表面的油垢，但是清洁的同时也在破坏涂面上的蜡分子，使涂膜失去原有的蜡层而直接暴露在空气之下，进而造成氧化失光、涂层脱落、金属腐蚀及穿洞等。碱性的洗车液还会使汽车密封条加速老化，导致汽车产生故障。而美容洗车使用的是中性洗车液，不会破坏涂层表面的蜡分子。

2. 汽车专用外部清洁用品简介

1）汽车清洁液：中性，不腐蚀涂面，不脱蜡，芳香。

2）汽车清洁打蜡液：能去除油污，去静电，使用后还能给车身打一层蜡膜，起到护理上光的功效。

3）全自动洗车机用高泡液：产品呈中性，超浓缩高泡沫清洗剂。

4）全自动洗车机用打蜡液。

5）万用清洗剂：能去除各种玻璃、涂面及金属制品的污渍（适用汽车玻璃，泡沫型）。

6）制动清洁剂：用于制动片，制动组件，离合器压板，风扇带，受压力的组件。

7）发动机外表清洁剂：呈酸性，含有缓腐蚀剂成分，能去除较重的油污。

8）散热器除锈清洁剂。

9）轮辋清洁剂。

10）重油清洁剂是一种强力的可乳化的溶剂型重油清洁剂，能够去除发动机底盘和各种设备的重油污。

3. 汽车外部清洗设备和用品简介

清洗设备包括洗车机、泡沫机、手工辅助工具。

（1）洗车机　洗车机能产生高压水流，冲掉车身表面和缝隙中的沙粒及灰尘，是车身清洗操作的必备设备之一。

有些高档的洗车机还带有加热功能，靠燃烧柴油等燃料把水加热，在冬季洗车时能产生温水，提高清洗效果。

1）往复式洗车机，如图5-1所示。

2）大型洗车机，如图5-2所示。

图5-1　往复式洗车机

图5-2　大型洗车机

3）特种洗车机，如图5-3所示。

4）隧道连续式电脑洗车机，如图5-4所示。隧道连续式电脑洗车机主要用于对轿车、面包车及各种小型客车的外表进行高压水冲洗、刷洗、蜡洗、风干和抛光作业。

（2）泡沫机（图5-5）　把清洗液和水按比例加入泡沫机中，它能利用压缩空气将混合液以泡沫形式吹出，均匀地喷洒到车身上，充分溶解车身污物，提高清洗效果。

图 5-3　特种洗车机

图 5-4　隧道连续式电脑洗车机

（3）手工辅助工具

1）软毛刷。毛刷条可更换，经久耐用，柔软不伤车漆。

2）喷枪。喷枪的使用方法如下：

① 将水管和喷枪对接，水管另一端根据水龙头接上对应接口。

② 捏紧喷枪开关，调整雾状将车湿润。

③ 喷嘴调至直射状，冲洗底盘、轮胎等局部死角。

④ 然后将喷枪取下，接上洗车刷。

⑤ 捏紧洗车刷开关，用流动的水刷洗整车，直至洗净。

⑥ 用专用洗车毛巾将车身上的水擦干。

5.2　汽车的一般清洗与整车清洗

图 5-5　泡沫机

想一想：汽车的一般清洗是什么？

提示：汽车的一般清洗即传统意义上的手工清洗。

学习目标	鉴定标准	教学建议
1. 掌握汽车一般清洗的流程 2. 掌握汽车整车外部清洗的流程	1. 应知汽车一般清洗的流程 2. 应知汽车整车清洗的操作步骤	采用多媒体课堂讲授、讨论交流、实物直观演示教学

1. 汽车的一般清洗

（1）清洗原则　冲洗车辆是遵循自上而下，从前向后顺时针清洗的操作程序，这样一方面可以使得污物由上往下流出，另一个方面可以减少遗漏的现象发生。同时操作时候最好可以二人在一组进行配合，保证工作速度和质量。

（2）清洗前检查　本道工序可以通过洗前对污物性质的检查，以便明确对该辆汽车所应该采用的清洗工艺，一种是无硬物附着物，如虫尸或树胶类；另一种是硬物附着物，如水泥、沥青、装修材料等。

洗车前应该明确是否脱蜡，脱蜡和不脱蜡是两个不同的清洗方式。

当客户需要打蜡时，可以在发动机盖上面洒水，看看水是否能薄薄地覆盖住涂面，如果发现漏出涂面的地方说明这个地方存在着油或蜡，这时候重新打蜡效果不好，必须使用具有脱蜡功能的洗车液来进行清洗。清洗时，边用水管边冲水擦洗，沾油的海绵或毛巾不应该用在冲过水的地方，避免重新粘上油和蜡。

（3）冲水　水枪的压力保持控制在 0.2～0.4MPa，冲洗顺序：车顶→前风窗玻璃→发动机盖→左翼子板→中网及车灯→前保险杠→右翼子板→右前轮→右前门→右后门→右后轮→右后叶子板→后风窗玻璃→后行李箱盖→后边保险杠→左后翼子板→左后门→左后轮→左前门→左前轮。清洗时清洗剂的浓度一般调节到 1%～5%，并最好将温度调到 30～40℃。通常情况下清洗剂对污渍的作用时间是：底盘 5～10s、外表 3～5s、深空及拐角是 10s。擦车的程序流程和洗车相同，顺时针从上到下，从前到后。擦车时在轿车的防擦条上下分别用不同的毛巾擦拭，以避免将下部的泥沙带到上面的玻璃剂涂面上，造成划痕。轮辋擦拭要用专用的毛巾。

当全车擦拭完毕后，要对全车的表面进行一次检查，此时应该注意检查洗车工序中容易遗漏的部位，如发动机罩边沿及内侧、车门边沿内侧、车门把手内侧、行李箱边沿内侧、油箱盖内侧、车身底部、轮胎及排气管等部位。

（4）汽车清洗时候注意事项

1）使用的清洗用品 pH 应该为中性：洗洁精的 pH 在 10.3～10.9 之间一般的涂面可承受的 pH 在 6～9。长期使用洗衣粉、洗洁精会对汽车的涂面造成损伤，会使涂面失去原有的光泽，重者涂面会被严重腐蚀，局部产生色差、干裂，还会加速局部涂面脱落部位的金属腐蚀。

2）擦玻璃时候不能使用含研磨料颗粒的清洁剂，遇到有死虫等动植物汁液时应该先用肥皂水浸透，然后用浸透清水的海绵清洗。不能使用有机溶液如汽油、橡胶水和稀释剂。许多人洗车喜欢使用一些旧毛巾和劣质的毛巾，却不知，旧毛巾和劣质毛巾上面的纤维容易脱落，有的劣质毛巾由于过薄，也容易损伤涂面。此外，毛巾晒干后会变得很硬，用来擦车也会造成涂面划痕。

3）在烈日下面洗车会产生透镜效应。所谓的透镜效应就是指当车表面上存在着小水滴时，由于水滴呈扁平的透镜状，在阳光的照射下，小小的水滴对日光有聚集作用，焦点处的温度达到 800～1000℃，从而导致涂面被灼蚀，出现肉眼看不到的小孔洞，这些小孔洞还会深达金属板材。

（5）静电致使车身涂面污物的清除方法　使用专门用于清除车身静电的用品。如汽车专用清洁液，属于中性清洁剂，先将车身的灰土冲洗掉，然后将汽车专用静电去除剂喷抹在涂面上，保持片刻，最后用高压水枪把泡沫冲洗掉。

（6）开蜡清洗的操作程序　在汽车美容护理的时候必须先清除掉车身原有的残蜡。否则，由于 2 次打蜡所用的车蜡不同或时间的不同，极容易产生在局部新蜡在车身上附着不牢的现象。此外，旧蜡还会对以后的打蜡和涂面的抛光产生不良的影响。

开蜡清洗的操作程序：

1）环境：开蜡的最佳温度是 20℃ 左右，气温低开蜡液不能与车身上的封漆蜡很快发生化学反应，如果温度过高，也容易对涂面造成损害。

2）准备：将开蜡液按说明书的比例进行混合待用。

3）冲洗：用高压水枪冲去车体上的浮尘。

4）开蜡：用新毛巾蘸专用的开蜡液均匀地涂抹于打有封漆蜡的新车涂面，等 10min 左右，完全渗透进蜡层后，再用蘸有开蜡液的新毛巾反复擦拭，必须确保每个部位都被溶液覆盖，不能擦拭过重，会伤漆面。

5）清洗：在用开蜡液将封漆蜡基本擦拭后，立即按车辆的清洗程序进行全车的清洗，注意缝隙处不能留有残液。

6）检查：检查车辆的表面是否残留有未洗净的蜡迹，若存在就重复上述操作。

7）护理：当车辆表面的封漆蜡被洗干净后，再对车的涂面进行打蜡处理，保护漆面。

2. 整车清洗

（1）车身首次喷洗

1）先用高压水枪对车底盘及叶子板内衬，轮穴等处进行喷洗处理，再对漆面进行处理，同时有利于发动机降温。对车表面进行喷洗时，应遵守由上至下，由前至后的顺序：车顶→前机盖及前风窗玻璃→后机盖及后风窗玻璃→前叶子板（左右）→前门（左右）→后门（左右）→后叶子板（左右）→前后杠等。

2）喷洗标准。

① 底盘无顽固泥渍，杂草、树叶等。

② 漆表面及玻璃，无砂土，颗粒等杂质。

3）注意事项。

① 调整洗车泵压力 $4 \sim 6 kg/cm^2$，施工中根据不同漆面，车的不同部位调整喷枪的水柱，注意水泵管及枪头不得接触车辆，以免造成不必要的损失。

② 喷洗后做检查，不当之处及时再次进行喷洗处理。清洗时注意清洗顺序，不得造成因顺序不对而引起的返工。

③ 前风窗玻璃流水槽内彻底喷洗，清除树叶、砂土等。

④ 对于门折页，后舱盖流水槽部油泥较多的地方进行小心喷洗。

（2）手工打沫或泡沫清洗机喷涂泡沫

1）手工打沫。在未用泡沫清洗机的情况下，用不同的打沫海绵，对不同的部位进行打沫，打沫需用干净的羊毛手套或打沫专用海绵。按照喷洗车身的顺序进行，打沫应遵守由上至下，由前至后的顺序：车顶→前机盖及前风窗玻璃→后机盖及后风窗玻璃→前叶子板（左右）→前门（左右）→后门（左右）→后叶子板（左右）→前后杠等。对于轮毂，叶子板内衬，前后杠，分别采用不同的打沫海绵或专用毛刷进行处理。整个施工过程需要严格协作与配合，以节约时间和提高效率。必要时使用轮毂清洁剂、铁粉清洁剂、铝圈清洁剂、昆虫清洁剂、玻璃清洁剂、沥青清洁剂等。

2）泡沫机喷涂泡沫。用泡沫清洗机打沫时，应配比好泡沫清洗液，按照喷洗车身的顺序，应遵守由上至下，由前至后的顺序：车顶→前机盖及前风窗玻璃→后机盖及后风窗玻璃→前叶子板（左右）→前门（左右）→后门（左右）→后叶子板（左右）→前后杠等。需注意的是，泡沫清洗机的头和枪管要与车身保持一定距离，不得损害车身漆面。

3）打沫标准。洗车液严格按照说明书比例进行配比，不得过多或过少。如果打沫过多，会造成喷洗时浪费时间和水源。打沫过少，起不到去除灰尘、油污和沥青等杂质的效果。

4)注意事项。要求使用干净羊毛手套和打沫专用海绵,不得有砂土及油泥等,以免漆面受损。发现泥沙及时清理后再继续,不得在有泥沙的情况下进行打沫。

(3)外部细节清洗后打沫后的冲洗

1)外部细节清洗后打沫清洗后的冲洗:按照冲洗车身的顺序对整车进行泡沫的清除,喷水的顺序应遵循由上至下,由前至后的顺序。车顶→前机盖及前风窗玻璃→后机盖及后风窗玻璃→前叶子板(左右)→前门(左右)→后门(左右)→后叶子板(左右)→前后杠等。

2)注意事项:面框及前泵把的下部、外视镜、刮水器片周围、加油口的缝隙等细小的部位也要朝一个方向仔细地冲洗,不留任何泡沫。(注意:残留泡沫是带来麻烦的元凶!)

3)用干净的大毛巾或刮水板,按照由上至下,由前至后的顺序,即:车顶→前机盖及前风窗玻璃→后机盖及后风窗玻璃→前叶子板(左右)→前门(左右)→后门(左右)→后叶子板(左右)→前后杠等,进行刮水,将大面积水刮拭干净。

(4)用气枪或风筒吹水

1)吹水的顺序为:由前到后,由上到下。吹水时用专用手巾挡放在气枪和风筒口的相应位置,以免吹出来的水乱溅。

2)吹水需要注意的部位有:外部后视镜,门缝,前风网,前照灯,前后杠,门把手,锁芯,加油口,轮毂,防撞条,天线,刮水器等部位。不得使气枪或风筒接触到车表面。

(5)细部擦车

1)车身擦拭。

① 车漆面擦拭:车身细部擦拭严格按照由上至下、由前到后的顺序:左前风窗玻璃从上到下→左前机器盖→右前机器盖→右前风窗玻璃→右侧大顶→右后风窗玻璃→右行李箱盖→左行李箱盖→左后风窗玻璃→左侧大顶→左前照灯→中网→前杠→右前照灯→右前叶子板→右后视镜→右前门玻璃→右前门→右后门→右后门玻璃→右后叶子板→后保险杠→左后叶子板→左后门玻璃→左后门→左前门玻璃→左前门→左后视镜→左前叶子板。

② 擦拭顺序需根据员工的数量等协调安排,但总体擦拭原则不变。

③ 车漆面擦拭的标准:干净无水渍及尘土,无明显印痕。

④ 注意事项:要求擦拭手巾必须干净,不得有砂土,以免伤害漆表面。对于门边、门槛、门折页等处用专用毛巾、毛刷等进行处理,力求干净无水痕。

2)玻璃擦拭。

① 玻璃的擦拭顺序:左后视镜→前风窗玻璃左侧→前风窗玻璃右侧→右后视镜→右前门玻璃→右后门玻璃→后风窗玻璃→左后门玻璃→左前门玻璃→打开车门→车内左侧前风窗玻璃→车内左前门玻璃→关左前门→车内左后门玻璃→车内左侧后风窗玻璃→关左后门→车内右侧风窗玻璃→车内右后门玻璃→关右后门→车内右前门玻璃→车内右侧风窗玻璃→刮水器→麂皮放置刮水器处。擦拭玻璃可根据施工人员数量进行协调与配合。

② 玻璃擦拭的标准:透明无水渍,不得损坏玻璃,不得有多余的清洗液留下的油膜状的痕迹。

③ 注意事项:注意毛巾的使用,漆表面用专用毛巾,擦玻璃用专用毛巾。

3)普通洗车内室的清洗。

① 普通洗车的内室清洗：前烟灰缸→变速杆→驻车制动周围→吸左前地胶→左前座椅左侧缝隙→门边储物箱→关车门→后烟灰缸→吸左后地胶→左后座椅左侧缝隙→门边储物箱→关车门→吸右后地胶→右后座椅右侧缝隙→门边储物箱→关车门→吸右前地胶→右前座椅右侧缝隙→门边储物箱。左前空调出风口→白毛巾擦左前仪表台（中控台、烟灰缸外表、内饰灯、电器开关）→左前门板→关左前车门→刷后空调出风口→左后门板→杂物箱表面→关左后车门→右后门板→关右后车门→刷右前空调出风口→擦右前仪表台→右前门板。

② 普通洗车内室清洗标准：清洁无尘土，无多余水，合乎标准。

③ 注意事项：对车地板吸尘之前，擦拭车内时需要对车内铺设专用施工脚垫。在内室清洗的同时要对原车的脚垫进行处理，也可在喷水和打沫的同时对原车的脚垫进行处理，根据脚垫的使用情况或刷洗，或吸尘，或干洗。

4）门边、后舱、底边、轮胎、轮毂等擦拭。对于门边、后舱、底边、轮胎、轮毂等部位进行擦拭，要注意细节具体顺序为：左前门边（含前门柱）→左前地胶→左前地坎→关车门→左后门边→左后门门柱→左后地胶 →左后地坎→关车门→行李箱边→行李箱地胶→关行李箱→右后门门边→右后门门柱→右后门地胶→右后门地坎→关车门→右前门边→右前门地胶→右前门地坎→右前中柱→关车门→左轮眉→左轮毂→左侧大底边→左后轮眉→左后轮毂→后保险杠下方→排气管→右后轮眉→右后轮毂→右侧大底边→右前轮眉→右前轮毂→前保险杠下方。

5）收尾。收尾工作中应注意细节，细化工作流程如下：左前轮胎打蜡→左后轮胎打蜡→右后轮胎打蜡→右前轮胎打蜡→将毛脚垫、塑料脚垫放入车内，顺序为左前、左后、右后、右前→放纸脚垫→通知质检人员→通知客人验车→质检员向客人讲解→引领客户结算。严格按照公司制定的洗车标准，对清洗车辆进行检查，具体检查顺序如下：

① 对地盘及叶子板进行检查，要求没有泥土、沥青等物（特殊严重的沥青污渍需要跟客户解释，并且提出解决办法和服务项目）。

② 严格检查漆面是否有水渍，是否达到清洗效果。

③ 检查后舱、车门等处是否有残留的水（开门关门检查是否有水蹦出）。

④ 检查内室是否有死角未处理干净，是否达到普通洗车的标准。

⑤ 如果检查过程发现未达到效果需及时进行处理。

⑥ 抽查检验，由主管人员对员工的工作进行抽查检验。检验的方法用干净的毛巾擦拭检查的位置，看看干净手巾上是否有脏污。根据情况判定员工工作的细致程度、责任心及工作的好坏。

练 习 题

一、填空题

1. 清洗设备包括_____、_____、_____。
2. 洗车机种类有_____、_____、_____、_____。
3. 细部擦车有_____、_____、_____、_____。
4. 吹水的顺序为_____，_____。
5. 汽车清洗时使用的清洗用品 pH 应该为_____。

二、简答题

1. 传统洗车与汽车美容的目的和作用的区别是什么？

2. 整车清洗的步骤是什么？
3. 开蜡清洗的操作程序？
4. 喷枪的使用方法？
5. 汽车专用外部清洁用品有哪些？

实训 8　洗车、车内吸尘

1. 实训目的

1）熟悉洗车、车内吸尘所用工具、设备。

2）掌握洗车、车内吸尘的操作流程。

2. 实训内容

1）洗车。

2）车内吸尘。

3. 实训工具、设备

1）实训车辆。

2）清洗机、泡沫机。

3）浓缩泡沫洗车液、海绵、内饰专用毛巾、玻璃专用毛巾、毛刷。

4. 注意事项

1）引导车辆到指定擦车位置，避免阻碍交通与其他车辆的行驶。

2）用大毛巾从前到后拉水时，注意车顶天线不要压损。

3）防止喷枪头水管刮蹭车身。

4）擦拭车身时应从上至下依此擦拭。

5）喷轮胎保护剂时一次不可喷涂太多，防止粘灰尘。

6）车辆擦拭完毕后要进行检验，发现问题及时处理或沟通。

5. 实训方法及步骤

（1）清洗前准备

打开空气压缩机，充至 10~12 个大气压检查清洗机储水罐是否加满。泡沫机加 0.5~0.75L 泡沫洗车液，注入清水至视窗 3/4~满格位置，充入 4~5 个大气压。

（2）洗车内容

包括引导入位、冲车、洒泡沫、泡沫擦车、冲水、擦车、打扫内室、引导离开。总共用时 18~20min。

（3）洗车流程

1）洗车人员将车引入洗车位，如图 5-6 所示。

2）清洗员检查汽车的玻璃是否过热，车窗是否关严，车辆是否有划伤，并做出相应的处理方法。

3）清洗人员手拿水枪站在车辆的左侧，首先从车顶开始冲洗。水枪冲洗车辆时水枪依

图 5-6　洗车人员将车引入洗车位

半弧状按顺序向右侧依次冲洗、车顶冲洗完毕后紧接着冲洗至后风窗玻璃。

4）冲洗后风窗玻璃时，同样依半弧状按顺序向同一个方向依次冲洗，同时冲洗行李箱。

5）行李箱冲洗完毕后紧接着将后保险杠冲洗，清洗员将水管移动在车辆的右后侧随后由前到后依照由上到下顺序依次冲洗侧窗玻璃门板、后叶子板、轮胎钢圈。然后倒回至车辆的左侧由后到前依次冲洗左后叶子板钢圈轮胎、左侧窗玻璃门板保险杠至前风窗玻璃。

6）冲洗前风窗玻璃同样从左侧向一个方向冲洗，水枪压力不宜过大，接着冲洗发动机盖。

7）发动机盖冲洗完毕后将水管移动冲洗前叶子板、钢圈轮胎、前保险杠。

8）打开泡沫机喷洒泡沫：使泡沫均匀地覆盖整个车身。

9）分三块海绵擦拭车身。用第一块海绵以保险杠以上部分为界由前到后，由上到下依次开始清洗。首先擦拭前发动机盖至前风窗玻璃→刮水器→车顶→后风窗玻璃→行李箱，倒转方向由后到前擦拭后叶子板→侧窗玻璃倒车镜→门板→前叶子板第一块海绵擦拭完毕后放回水桶。

10）拿起第二块海绵擦拭保险杠部位，按由前到后顺序依次清洗，然后放回水桶。

11）拿起第三块海绵同样按照由前到后顺序依次擦拭保险杠以下部位和钢圈轮胎，完毕后将海绵归位。

12）手动打开清洗机，按从上到下方法进行冲水。

13）擦水。首先从发动机盖开始用湿润麂毛巾纵横大弧度擦拭前风窗玻璃，擦拭时应以左右擦拭不宜上下擦拭。同时拿起刮水器用麂毛巾轻轻擦拭顶棚到后风窗玻璃及行李箱，同时将麂毛巾多余水分拧干，从后叶子板开始向前擦拭至侧窗玻璃门板，前叶子板，再从前保险杠由前到后开始擦拭，在外部水分擦干后紧接着打扫内室。

14）打扫内室。打开前车门和后车门，将脚垫放置到清洁区。

15）拿起擦内室的毛巾依次擦拭，顺序为仪表板→方向盘→变速杆→前内侧门板→后内侧门板。室内擦拭完毕后，换门边专用毛巾，从上而下擦拭，包括行李箱。

16）换玻璃专用毛巾将全车玻璃（包括倒车镜）全部擦拭一遍。注意：前风窗玻璃应左右擦拭。

17）吸尘。将吸尘管夹在两腿之间，吸座椅时用手掌拍打几下再去吸，吸管在地毯上来回吸，一定要把灰尘与沙粒吸干净，吸行李箱时，用左手把吸管抬起，右手拿着吸嘴把沙粒与灰尘吸干净。备一条毛巾，在吸完地毯然后吸座椅的时候要先擦吸尘器吸嘴，然后在座椅表面吸尘。吸嘴禁止刮伤桃木，不要忘记清洁烟灰缸等。禁止吸尘机刮碰到车漆。如车内有物品和钱币，一定要先取出来。吸尘完毕后，一人负责脚垫清洗和归位，一人负责将缝隙的水吹干，同时保养轮胎和擦拭钢圈。

18）清洗员检查车辆清洗是否干净。

19）清洗员引导车辆离开清洗区。

6. "洗车、车内吸尘"评分标准与操作工单

"洗车、车内吸尘"评分标准

序号	考核项目	配分	扣分标准（每项累计扣分不能超过配分）
1	安全文明否决		造成人身、设备重大事故，或恶意顶撞考官，严重扰乱考场秩序，立即终止考试，此项目记0分
2	工具的选择及正确使用	10分	（1）不能正确选择工具设备，每次扣2分 （2）不能正确使用工具设备，每次扣3分
3	车面冲洗	6分	漆面、轮胎、翼子板内侧及车身有泥沙及其他污染物，每处扣3分
4	喷沫	10分	（1）泡沫未均匀覆盖车身，扣2分 （2）未按从上到下的顺序擦涂车身，扣2分 （3）上下海绵未分开，扣2分 （4）轮胎轮毂清理未用毛刷刷洗，扣4分
5	二次清洗	6分	漆面有残余泡沫及未清理掉的脏污，一处扣3分
6	擦水	14分	（1）漆面有残余水痕，扣6分 （2）各板金属缝隙内有余水，扣2分 （3）行车滴水，扣2分 （4）玻璃不干净明亮，扣4分
7	内室清理	15分	（1）内室有浮土，扣5分 （2）脚垫有积沙，扣5分 （3）地胶有砂砾，扣5分
8	外饰清洗	14分	（1）轮胎、塑件、轮毂不干净有残余油泥，每处扣2分 （2）灯罩不干净，扣2分 （3）金属镀件不明亮，一处扣2分
9	玻璃清洗	15分	（1）风窗玻璃不干净明亮，扣3分 （2）风窗玻璃有脏污、油膜、烟膜、油渍、水痕等污染，一处扣3分
10	安全文明作业	10分	（1）不穿工作服、工作鞋、工作帽，各扣1分 （2）工具零件乱放凌乱，每次扣2分 （3）工具设备表面未及时清理，每次扣1分 （4）考试完后不清理场地，扣3分 （5）不服从考官、出言不逊，每次扣3分
11	合计	100分	

"洗车、车内吸尘"操作工单

班级：_____ **姓名：**_____ **得分：**_____

一、场地及设备的检查

1. 工具检查准备	备注
2. 工具设备检查准备	项目 1~3 不用作记录
3. 材料检查准备	

二、操作过程

洗车、车内吸尘操作步骤

第 6 章

汽车内室的清洁护理

汽车在使用过程中，内部的各种部件会逐步黏附上一层烟尘、油污及其他污渍，使仪表台、座椅、门板等处发霉、变硬、褪色甚至龟裂；丝绒材料则会收缩和脱落，并滋生细菌，甚至产生难闻的异味，影响车内空气的清洁，既影响车主身心健康又不利于驾驶心境。因此，为了给驾乘人员创造一个良好环境，保持车内的清洁和做好各项护理工作已显得非常重要。

6.1 汽车内室主要部件总成的清洗

想一想：汽车内室主要部件总成清洁主要项目有哪些？

提示：有全车内部吸尘；仪表板和方向盘的清洁；座椅的清洁；车身内壁（包括顶棚和地毯）的清洁；空调系统的清洁；安全带的清洁；行李箱的清洁；车内消毒和喷空气清新剂。

学 习 目 标	鉴 定 标 准	教 学 建 议
1. 掌握车内清洁的主要项目 2. 掌握车内清洁主要项目的操作方法	1. 应知车内清洁的主要项目 2. 应知车内清洁主要项目的操作方法	采用教师启发式讲解、学生讨论相结合的方式，最后教师要总结

1. 内室清洁的主要项目

汽车内部平时受外界的油尘、泥沙、吸烟、乘客汗渍及空调循环等不良因素的影响，致使车内空气受染，进而细菌滋生，甚至产生难闻异味，使丝绒发霉、真皮老化。所以需及时对车内各部分进行清洁。

汽车内室主要部件总成清洁的主要项目如下：

1）全车内部吸尘。
2）仪表板和方向盘的清洁。
3）座椅的清洁。
4）车身内壁（包括顶棚和地毯）的清洁。
5）空调系统的清洁。
6）安全带的清洁。
7）行李箱的清洁。
8）车内消毒和喷空气清新剂。

2. 全车内吸尘

现代汽车车身内部除仪表板外，电控元件也很多，它们最忌受潮，因此，不能用水冲洗，只能用人工方法清洁，除尘是第一步。

专业的车内清洁步骤是首先取出车内的踏脚垫、地毯和杂物，抖去尘粒（最好是进行泡沫清洗后脱水），倒掉烟灰，用真空吸尘机自上而下吸去顶篷、仪表板、座椅、地板及行李箱内的灰尘。地板的吸尘要分两次操作；第一次吸掉沙粒；第二次更换带刷子吸头，边刷边吸，主要吸掉灰尘。要特别注意地板拐角部位的尘垢，必要时应反复吸除至干净。

3. 仪表板和方向盘的清洁

仪表板的表面分布着很多开关、孔洞、凹槽以及凸缘等，形状复杂，极易藏污纳垢。特别是包覆有人造革或真皮软化层，由于细纹多或附有毛孔，容易滋生细菌，应认真清洁，清洁方法一般是先用湿毛巾擦拭（如果个别部位积垢太多，无法清除，可以喷洒皮革清洁剂，然后用软毛刷刷出），再用沾有清水的毛巾擦拭，最后吸去其上的水分。

仪表板上还附有许多塑料、电镀或桃木等装饰件，不同的材料要用不同的清洁剂，要对症下药。否则，不但清洁效果不佳，还容易造成装饰件氧化（褪色）、腐蚀和损坏。

仪表板清洁后可喷涂一层保护剂，3～5min后再用绒布擦拭，即能起到很好的保护作用。最后喷涂一层光剂，能保持表面光亮，也不容易沾染灰尘并且容易擦拭。

方向盘是采用酚醛树脂、ABS工程塑料制造，有些还附有人造革软化层，容易积聚各种污垢。汗脂较多时，应用塑料清洁剂清洁。方向盘外套的材料多为橡塑件，可以拆卸下来用橡胶或塑料清洁剂清洗，再用清水冲洗，最后喷涂橡胶保护剂和光亮剂。

4. 车顶棚和内饰板的清洁

车顶棚多为毛料或纤维绒布制成，因其位置特殊，黏附的油污不多。主要是由于车顶棚绒布具有吸附性，故其主要污染是吸附烟雾、粉尘及人体头部的油脂，这些污物如果不及时清除，在空气中水汽的作用下便黏附在顶棚上，难以清除。清除时，难以使用机器，只能人工操作。

对于化纤织物，应选用专用的化纤织物清洁剂，不能使用碱性较强的洗衣粉或洗洁精。因为，这些碱性物质在清洁过程结束后，仍有一部分残留在织物内部，这部分碱性物质极易使化纤织物变黄、腐蚀。因此，选用化纤织物清洁剂一定要慎重，在没有把握的情况下，最好先在车室隐蔽部位进行试用，确认不会使纤维变色或变质后，再进行大面积使用。方法是：将化纤织物清洁剂喷到污垢处，稍停片刻，用干的洁净纯棉布或毛巾将顶篷中的丝绒清洁剂污液吸出，再从污迹边缘向中心进行擦拭。污垢严重时可多次重复以上操作，处理干净后用另一块干净的棉布顺着车顶的绒毛方向抹平，使其恢复本来的容貌。必须注意是车顶棚内填充物是隔热吸音的材质，吸收水分的能力强，清洁时抹布一定要干一些，否则湿乎乎的抹布会使清洗剂浸湿车顶材料，以至很难干燥。如图6-1所示车顶棚清洁护理。

内饰板多为人造革或真皮制作，清洁方法与仪表板相同。

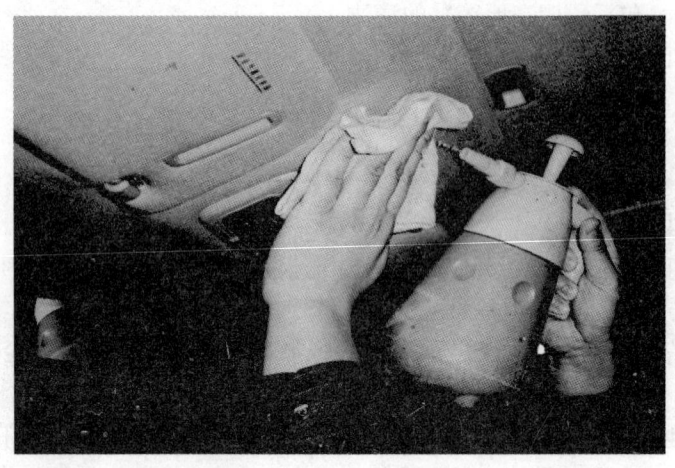

图6-1　车顶棚清洁护理

5. 座椅的清洁

座椅的使用频率极高，沾有大量的人体汗渍、油渍和细菌，是车内清洁的重点。座椅的清洁护理应根据座椅的材质来确定。座椅一般有两种材质，一种是化纤织物，一种是人造革或真皮制品。不同的面料要使用不同的清洁剂清洁，否则不科学的清洁方法会给面料带来损害。另外，织物和皮革的颜色是通过吸收染料而形成的，有机染料会与某些清洁剂发生化学反应，出现褪色（氧化）现象。因此对某些牌子的清洁剂首次使用时，应先在座椅面料的不显眼地方进行试用，确认无褪色后，才能正式大面积使用。

（1）化纤织物座椅的清洁

1）化纤织物座椅清洁时应注意的问题。

对于化纤织物，其特点是非常柔顺、色泽丰富以及乘坐舒适，但容易吸附烟尘和汗渍。因此这类座椅的清洁应注意三个问题：

首先是恢复座椅的本来面貌，除去表面及渗入内部的各类污物和油垢。

其次，要保持或恢复绒毛即纤维性材料本身的柔顺性，必须采用专用的清洁剂进行处理，绝对不可以用汽油、稀料或丙酮等清洁剂，更不能用碱性较强的洗衣粉或洗洁精。因为这些物质对绒毛制品的柔顺性、光亮度及颜色都有很大的影响。

最后要求清洁剂不能影响绒毛材料的颜色，防止清洗后出现颜色不一的情况。

因此在选用化纤织物清洗剂时，应在车室座椅上隐蔽的部位进行试用，确认不会使织物变质、变色后再进行大面积使用。

2）化纤织物座椅的清洗方法。

化纤织物座椅的清洗分为机器与手工操作两部分。

机器清洗是将化纤织物清洁剂装入电热式喷水/吸尘/吸水多功能清洗机中，并喷在座椅表面，对污物严重的地方可以重点喷涂，对于座椅表面则应使用小扒头来清洗，这种机器可以循环使用清洁剂，直至其吸收污物、油脂达到饱和后再更换。由于化纤织物清洁剂具有清洁、柔顺和着色三重功能，因此清洁护理可以一次完成。

手工清洗主要用来清洗小的缝隙（机器扒头难以接近、清洗的地方）。取一块洁净的干毛巾，使用小包装且带有喷头的化纤织物清洗剂喷到污处，停留 1~2min，使脏物充分溶解软化，然后将毛巾用力压在脏污处，挤出溶解了油垢、污物的液体，再从四周向中间仔细擦拭（或用毛刷刷洗），直到清除污迹。然后用干毛巾或麂皮吸干，对于特别重的污迹可多次重复上述过程。

注意：应根据织物的质地不同选择合适的清洁剂。清洁时要充分考虑织物纹理的变化和规律，一般采用纵横双向清洁效果较好。清洁结束后再用干毛巾顺着纤维织物的方向擦拭。

(2) 人造革、真皮座椅的清洁

1) 人造革、真皮座椅清洁时应注意的问题。

人造革、真皮座椅的共同特点是其表面都有许多细纹，这些细纹内极易吸附许多脏物污垢，一般方法很难去除干净。用湿毛巾擦拭后，看起来似乎很干净，但其上积聚的油污等是无法擦掉的。而且人造革和真皮亦不可用水清洗，否则不但影响美观，而且会产生裂纹而影响使用寿命。因此，这类座椅必须使用专用的皮革清洁护理剂。专用的皮革清洁护理剂具有清洁美容和保养护理功能，它们不但具有清洁、上光功能，还具有除静电、增强保护的功能。

2) 人造革、真皮座椅的清洁方法。

对于较脏的皮革座椅，建议首先用化纤织物清洁剂进行预处理。因为有些污垢可能深藏在皮革中，使用化纤织物清洁剂能有效润湿和充分分解油污，使下一步清洁工作更加彻底。

清洁护理方法是：首先将化纤织物清洁剂喷到座椅表面，稍停片刻，用软布仔细擦拭（擦拭时，不可将座椅弄得太湿，以免清洁剂顺着接缝渗入座椅内部），方法同处理化纤织物座椅一样，从四周向中间逐渐进行，再用一块干的软毛巾将其擦干。然后，打开车门，使空气流通，晾干皮革上的水分。最后，将真皮上光保护剂喷在打蜡海绵上，像打蜡一样，均匀涂在座椅表面，10min 后用干毛巾擦干，作为最后的上光处理。

如果皮革座椅不太脏，可以直接用真皮上光保护剂进行清洁上光。

注意：座椅清洁后喷涂保护剂和光亮剂是非常必要的。因为树脂型保护剂能在座椅的表面形成一层保护膜，可以免受污垢的直接侵蚀，并有耐磨、抗紫外线损害和易清洁等功效，保护剂对皮革还有防止龟裂的作用。喷涂光亮剂后能使座椅表面更加艳丽。

如果座椅上装有座位套和头枕套时，应取下用高效多功能洗衣机清洗。当整车美容和护理作业完成时，座椅套和头枕套的清洗和烘干工作也结束了。

6. 地毯和踏脚垫的清洁

地毯和踏脚垫多为纤维织物制作，对于不可拆卸的地毯，应用电热式喷水/吸尘/吸水多功能清洗机清洁，或用蒸汽机进行消毒处理，最后喷涂保护剂和光亮剂。对于拆卸下的地毯或踏脚垫，取下后先用敲击法弹掉附着在其上的沙砾、碎屑，然后用空气清洁枪吹落灰尘。如果地毯很脏，去掉灰尘后，用泡沫清洗液或专用地毯清洗液清洗，并且用清水冲洗干净，再将它们折叠起来，放入专用脱水机内脱水后放回车内便可。

7. 空调系统的清洁

空调系统为驾乘人员提供了舒适的乘坐环境。但汽车在行驶时，大量的灰尘污物会加入空调的进风口，吸附在风道内侧，在高湿的环境下，会滋生大量的细菌，危害人体健康。

对空调通风口清洁时,首先要搞清空调进出风口和进气滤网的位置(有的车型无进气滤网),清洁时,用真空吸尘机对各进出风口吸尘,然后取下进气滤网,拍去灰尘,用湿毛巾擦去进出风口的灰尘和污垢。空调系统的进出风口和控制面板材料多为硬质塑料,沾染的污垢简单,基本为粉尘沉降,由于空调通风口有栅格,建议清洁时使用海绵条蘸取塑料清洗剂处理,也可以用小的软毛刷配合进行仔细清洗。后排座椅上的控制面板由于较易沾染指模、油脂和汗渍,应采用塑料清洗剂进行清洁,喷涂后用毛巾轻轻擦拭,但切勿用力过大,以免损坏电控开关和刮花面板上的饰件。

8. 安全带的清洁

拆下脏的安全带,用中性肥皂水或温水擦洗。不可选用染色剂或漂白剂作为清洗剂清洗,否则将降低安全带的强度。

清洗安全带时应注意:

1)安全带一定要保持清洁,如果安全带不干净,就会影响其效能的发挥。

2)卷带前,安全带必须完全干透。

3)不能用化学方法擦洗安全带,因为化学清洗剂会破坏织物。安全带不能与有腐蚀性的液体接触。

9. 行李箱的清洁

行李箱与车身内部很相似,内饰多为绒布,清洁方法基本相同。清洁时,先取出行李箱内部的备用轮胎、随车工具以及杂物和底板防护垫,拍去飞尘,用真空吸尘器吸去内部的飞尘、泥沙和污垢,然后用电热式喷水、吸尘、吸水多功能清洗机进行清洁。如果没有多功能清洗机时,可用湿毛巾进行擦拭,主要是去除飞尘,对局部沾污严重的部位,则用丝绒清洁剂进行清洁。

对行李箱的密封条,可用水进行清洁,吸干水分后打车蜡或橡胶保护剂。

清洁后,对丝绒内饰可再喷涂一层丝绒保护剂或丝绒光亮剂,还可以对整个行李箱喷洒消毒清新剂,最后复装备用胎、随车工具和杂物。

10. 车内消毒和喷空气清新剂

车内清洁后,复装地毯、踏脚垫、座椅套和头枕套,此时车内已经焕然一新。但仍然有许多看不见的细菌无法彻底清除。尤其是冬天,开车人一般很少开窗通风透气,车内积聚了大量细菌,即使经常打开车窗,保持车内空气流通清新,但对遗留在车内座椅、内饰、顶棚等处的细菌却无济于事,加之车内卫生死角较多,所以,对车内进行彻底的消毒是很有必要的。

车内消毒一般是采用清水产生的高温蒸汽进行杀菌消毒。

首先将一定量的清水倒入蒸汽机中,接通电源,加热约 30min,同时观察温度表和压力表的读数,当温度达到 1400℃ 时,即可用产生的蒸汽对车内部件进行逐一消毒,如图 6-2 所示。

消毒时注意避免接触电器部分。整个过程大约需要一个小时。消毒完毕可以选择合适的香型,喷洒少量的空气清新剂,使乘坐环境更为舒适。

车辆完成车室清洁后,为了节约时间也可以用空气清新剂进行清新杀菌处理,净化室内空气。喷施方法:将发动机熄火,将空调设置在进风状态,向空调各出风口处喷施空气清新剂,连续喷 10s;起动发动机,打开空调系统,将其设置为内循环和最大出风量,在各进风口处连续喷洒空气消毒剂10s进行杀菌去除异味，发动机持续运转5min，然后打开车门使空气流通。最后再喷洒空气清新剂。

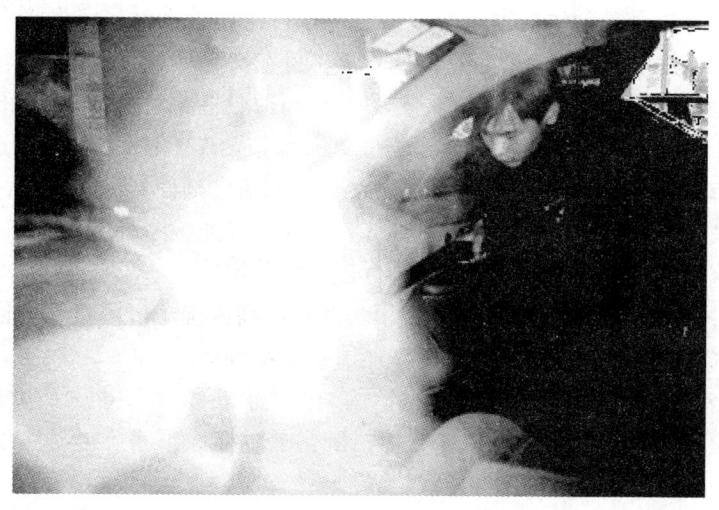

图6-2　车内消毒

6.2　汽车发动机零件的清洁和部件的免拆卸清洗

想一想：汽车发动机部件免拆清洗有哪些项目？

提示：发动机润滑系统、燃油系统、冷却系统的免拆清洗。

学习目标	鉴定标准	教学建议
1. 掌握汽车发动机零件清洁的方法 2. 掌握汽车发动机部件免拆清洗的方法	1. 应知汽车发动机零件清洁的方法 2. 应知汽车发动机部件免拆清洗的方法	采用教师启发式讲解、学生讨论相结合的方式，最后教师要总结

1. 汽车发动机零件的清洁

（1）发动机零件外部清洗剂　发动机外部油污较重，需用油脂清洗剂进行清洗，此类清洗剂大多称去油剂也称发动机外部清洗剂。发动机外部清洗剂一般呈碱性，能快速乳化分解去除油污，对机体没有腐蚀作用，且水溶性好，可以完全生物溶解，易用水冲洗，不留残留物，而且具有极强的去油功能。目前市场上的去油剂大致有三类：

1）水质去油剂：该类产品具有安全、无害、成本适中等优点，但去油功能有限。

2）石化溶剂型去油剂：该产品具有去油能力强、成本低等优点，但易燃、有害。

3）天然溶剂型去油剂：该产品不仅去油功能强，且无害，但成本较高。

（2）发动机零件外部清洗常用的设备、工具和材料　发动机室清洁的工作量虽然大，但项目较少，不需要进行复杂的拆装，故所用的设备、工具和材料也较为简单，主要有空气压缩机、高压洗车机、毛巾、海绵和毛刷、发动机外部清洗剂、蓄电池清洗剂、电池接线桩头保护剂、橡胶清洁剂和保护剂、清洁除锈剂等。

(3) 发动机零件外部的清洁项目及方法　清洗发动机外部时，应先将发动机熄火，使所有电器不工作，并使发动机室温度下降，千万不可在高温下清洗。清洁方法和步骤如下：

1）塑料薄膜包裹电器元件。清洁前，必须用塑料薄膜将发动机的电器元件包裹起来。如熔丝盒、发电机、汽车控制主电脑、高压线圈等，以免清洁作业时沾上水渍，造成电器损伤。

2）喷洒发动机外部清洗剂。首先摇晃发动机外部清洁剂使其混合均匀，然后将发动机外部清洗剂喷涂到整个发动机室及发动机外部各部件总成处，停留3~5min，以使污垢尽可能被吸附到泡沫中。细小部位需使用刷子刷，使脏物浮起。

3）高压水冲洗。当清洁剂的泡沫开始消失时，用高压洗车机或喷水枪仔细冲洗。清洗时应使用散射水柱进行冲洗。务必彻底冲洗使清洁剂不残留。

4）顽固油污的去除。对于发动机上残留的顽固附着污物，可将去污力较强的化油器清洗剂喷涂在干净的抹布上，并用这块抹布擦拭脏污处，擦抹干净后再喷涂发动机外部清洗剂，停留2~3min后再用水冲洗干净。

5）清除锈蚀。金属生锈过程是一个缓慢的氧化过程。开始时，金属表面会出现一些细小的斑点，然后斑点逐渐扩大，颜色变深，形成片状或层状的锈蚀物，如不及时清除会影响机件的使用寿命。清除锈蚀应使用清洁除锈剂，方法是将除锈剂喷涂在锈蚀处，大约10min，再用硬毛刷刷洗，然后用软布擦干。

6）清洁空气滤清器。目前汽车空气滤清器普遍采用纸质滤芯，它安装在滤清器壳里，对吸入发动机的空气进行过滤，使用一段时间后会有大量的尘土、沙粒吸附在上面，降低了发动机的进气量。因此，应定期清洁。清洁时，将纸质滤芯从滤清器的壳里取出，用压缩空气（由内往外），将其吹干净即可。注意不可将其弄湿，更不能用水清洗。如果发现滤清器破裂必须及时更换。

7）电器元件的清洁。发动机的电器元件必要时可以用电器元件专用清洁剂来清洁，作业中不要用水清洗，只需擦干或任其自然干燥。清洁后再使用多功能防腐润滑剂喷涂一遍，使电器元件的接插头具有抗潮、避水及润滑等多项保护功能。

8）蓄电池的清洁。由于汽车行驶时的颠簸振动和发动机室温度的升高，蓄电池电解液常常会从加液口中溅出，电解液会腐蚀车架的底板和电池的安装支架，因此应定期检查清洁。清洁时，先将蓄电池从车上拆下，用蓄电池清洗液清洗。清洗时注意不要让清洗液从加液口流进蓄电池，破坏电解液的纯度。蓄电池极柱变旧会引起接触不良，因此清洗完毕安装时可在蓄电池极柱上涂抹一层保护剂或润滑脂防止极柱的氧化。

9）流水槽的清洁。前风窗玻璃下方发动机盖与两前翼子板接合处的流水槽，大部分很脏，清洗时必须注意观察流水槽是否疏通并配合软毛刷刷洗，再用干净软布擦干。清洁干净后，可以喷涂橡胶清洁护理剂，防止橡胶老化。

10）喷施发动机保护液。先用高压气体将发动机上所有的零部件、轴承孔、铰链及缝隙吹干。再将发动机保护液均匀喷涂在发动机壳上，线束或橡胶物件可用打蜡海绵蘸上橡胶护理剂擦拭加以保护。

2. 汽车发动机部件的免拆卸清洗

(1) 燃油系统清洁　现代汽车发动机燃油系统的清洗可使用专业设备及专用清洗剂，

在发动机不解体的情况下进行，也称为发动机的免拆卸清洗。

1) 用专用清洗机对燃油系统进行免拆卸清洗。首先配制好清洗剂与燃油的混合液，将清洗机的进、回油管接到汽车的燃油系统中，起动清洗机和发动机进行燃烧清洗。在发动机运转的同时，混合物经燃烧将分布在系统中的胶质和积炭溶解脱落，并随废气排出。

2) 用专用清洗剂对燃油系统进行免拆清洗。使用时将汽车燃油系统专用清洗剂按说明书要求直接加入油箱里，专用清洗剂能随燃油流动，自动清除、溶解燃油系统中的胶质、积炭等有害物质。

(2) 润滑系统清洁　发动机在运行过程中，润滑系统的润滑油处在高温高压的条件下工作，容易产生油泥、胶质等沉积物，不但影响润滑油的流动，而且加速运动零件的表面磨损。因此，必须对润滑系统定期进行清洗，以保证润滑系统的正常工作。

1) 机器清洗。先排出发动机油底壳的润滑油，取下机油滤清器，接好发动机润滑系统清洗机的进出油管，启动开关进行定时清洗；到时间后清洗机会发出报警声，提示已经完成清洗。然后拆下进出油管，装好机油滤清器和放油塞，重新加注润滑油。

2) 专用清洗剂清洗。发动机高效清洗剂能有效地清洗润滑系统各部油道及运动部件表面，将油泥、胶质等沉积物溶解。这种清洗一般在更换润滑油时进行。清洗时先将清洗剂按说明书的要求加注到曲轴箱中，起动发动机运转半小时后，将脏污的润滑油放掉，然后按要求加注新的润滑油。

(3) 冷却系统清洁

汽车冷却液中会不同程度地含有碳酸钙、硫酸镁等盐类物质。冷却系统长时间工作后，这些物质会从冷却液中析出，一部分形成沉淀物，另一部分沉积在冷却系统的内表面形成水垢。由于水垢层的导热性能很差，发动机容易出现过热现象，使发动机润滑条件恶化，运动部件表面不能形成良好的润滑油膜，同时也使燃烧室内积炭增多，容易产生爆燃，造成功率下降、油耗增大。因此，当汽车行驶一段时间后，应及时对冷却系统进行清洗。

1) 清洗机清洗。可利用散热器清洗机来清洗冷却系统。散热器清洗机是清洗水垢的专业设备，它利用气压产生脉冲，在清洗剂的作用下快速清洗冷却系统内的水垢。

2) 专用清洗剂清洗。冷却系统高效清洗剂具有超强的清洗能力和高效的溶解性，能在发动机运行中彻底清除冷却系统内的水垢，恢复冷却系统内各管道的流通能力，确保散热性能。使用时按说明书的要求将适量的清洗剂加入冷却液中拧好散热器盖，起动发动机运行10min 后，排出冷却液；清洗完毕后再重新加注冷却液即可。这种专用清洗剂对水垢的去除率至少在85%以上，且不会对冷却系统造成腐蚀。

练 习 题

一、填空题

1. 化纤织物座椅的清洗分为____与____操作两部分。
2. 地板的吸尘要分两次操作；第一次_____；第二次_____，边刷边吸，主要吸掉_____。
3. 汽车发动机部件的免拆卸清洗项目有_____、_____、_____。
4. 清洗发动机外部时，应先将发动机_____，使所有电器_____，并使发动机室温度_____，千万不可在_____下清洗。

二、思考题

1. 发动机零件外部的清洁项目及方法？

2. 燃油系统清洁的方法？
3. 润滑系统清洁的方法？
4. 冷却系统清洁的方法？
5. 车内消毒和喷空气清新剂的方法？
6. 化纤织物座椅清洁时应注意的问题？
7. 汽车内室主要部件总成清洁的主要项目有哪些？

实训 9　真皮座椅清洗护理

1. 实训内容

真皮座椅清洗护理。

2. 实训目的

1）掌握真皮座椅的特点。

2）掌握真皮座椅清洗护理的方法。

3. 实训设备

实训车辆一台、真皮护理液、软毛刷、真皮保护液、吸尘器、棉质毛巾。

4. 实训方法

每班分成若干个小组，每次同时进行三小组实训，其他小组在教室复习实训的内容，分几次完成。实训时以老师讲解、演示、学生操作、考核为主，学生完成实训报告及考核，完成实训内容。

5. 真皮座椅的特点、护理方法及注意事项

（1）真皮座椅的特点　真皮座椅的共同特点是其表面都有许多细纹，这些细纹内极易吸附许多脏物和污垢，一般方法很难去除干净。用湿毛巾擦拭后，看起来似乎很干净，但其上积聚的油污等是无法擦掉的。而且，人造革和真皮亦不可用水清洗，否则不但影响美观，而且会产生裂纹而影响使用寿命。因此，这类座椅必须使用专用的皮革清洁护理剂。专用的皮革清洁护理剂具有清洁美容和保养护理功能，它们不但具有清洁、上光功能，还具有除静电、增强保护的功能。

（2）真皮座椅的清洁护理方法

1）对于较脏的皮革座椅，建议首先用化纤织物清洁剂进行预处理。因为有些污垢可能深藏在皮革表面，使用化纤织物清洁剂能有效润湿和充分分解油污，使下一步清洁工作更加彻底。

① 首先将化纤织物清洁剂喷到座椅表面，稍停片刻，用软布仔细擦拭（擦拭时，不可将座椅弄得太湿，以免清洁剂顺着接缝渗入座椅内部）。

② 从四周向中间逐渐进行，再用一块干的软毛巾将其擦干。

③ 清洗真皮座椅缝隙处时可用毛刷与吸尘器配合，一边刷缝隙一边用吸尘器把污物吸出。

④ 然后打开车门，使空气流通，晾干皮革上的水分。

⑤ 最后将真皮上光保护剂喷在打蜡海绵上，像打蜡一样，均匀涂在座椅表面，10min 后用干毛巾擦干，作为最后的上光处理。

2）如果皮革座椅不太脏，可以直接用真皮上光保护剂进行清洁上光。

（3）真皮座椅清洁注意事项

1）座椅清洁后喷涂保护剂和光亮剂是非常必要的。树脂型保护剂能在座椅的表面形成一层保护膜，可以免受污垢的直接侵蚀，并有耐磨、抗紫外线损害和易清洁等功效，保护剂对皮革还有防止龟裂的作用。喷涂光亮剂后能使座椅表面更加艳丽。

2）如果座椅上装有座位套和头枕套，应取下用高效多功能洗衣机清洗。当整车美容和护理作业完成时，座椅套和头枕套的清洗和烘干工作也结束了。

3）不可将上光保护剂直接喷在真皮上，会使其上光不均匀。

6. "真皮座椅清洁护理"的评分标准与操作工单

<h3 style="text-align:center">"真皮座椅清洁护理"评分标准</h3>

序号	考核项目	配分	扣分标准（每项累计扣分不能超过配分）
1	安全文明否决		造成人身、设备重大事故，或恶意顶撞考官，严重扰乱考场秩序，立即终止考试，此项目记0分
2	安全文明生产	20分	(1) 不穿工作服、工作鞋、工作帽各扣1分 (2) 工零件乱放、混放每次扣2分 (3) 油、水落地或零部件表面未及时清理每次扣1分 (4) 考试完后不清理工零件或场地各扣3分 (5) 不服从考官、出言不逊，每次扣3分
3	准备与检查	10分	(1) 设备每少准备一件扣3分 (2) 设备选择不当，每次扣4分 (3) 未校验设备每次扣3分
4	准备工作	10分	作业前不安装5件套一项扣2分
5	真皮座椅的清洁	30分	(1) 清洁剂喷洒错扣7分 (2) 不按规定清洁扣8分 (3) 未吸尘扣8分 (4) 未通风晾干扣7分
6	喷洒保护剂	20分	(1) 未喷洒保护剂扣10分 (2) 喷洒不均匀扣10分
7	记录	10分	(1) 维修记录字迹潦草扣2分 (2) 填写不完整，每项扣1分
8	合计	100分	

"真皮座椅清洁"操作工单

班级：_____ 姓名：_____ 得分：_____

车型		发动机型号	
一、准备工作			
1. 工量具准备与检查			
2. 维修手册准备			
3. 车辆准备			
二、操作过程			
真皮座椅的清洁	记录：		
喷洒保护剂	记录：		
整理工作场地	记录：		

实训 10　车顶棚及地毯清洗护理

1. 实训内容

1）车顶棚清洗护理。
2）地毯清洗护理。

2. 实训目的

1）掌握车顶棚清洗护理方法。
2）掌握地毯清洗护理方法。

3. 实训设备

实训车辆一台、吸尘器、刷子、万能泡沫清洁剂、毛巾、水壶、高温蒸汽清洗机。

4. 实训方法及注意事项

(1) 实训方法　每班分成若干个小组，每次同时进行三小组实训，其他小组在教室复习实训的内容，分几次完成。实训时以老师讲解、演示、学生操作、考核为主，学生完成实训报告及考核，完成实训内容。

(2) 实训注意事项

1）听从安排，不要随意走动。
2）不要随意操作车上的各个系统。
3）操作所学的系统时必须在指导老师的指导下完成。
4）注意保持教学场地卫生。
5）操作所学系统时不能野蛮操作。

5. 车顶棚、地毯清洁剂的选择及清洗方法

(1) 顶棚的主要污染物　顶棚多为毛料或纤维绒布制成，因其位置特殊，黏附的油污不多。主要是由于车顶棚绒布具有吸附性，故其主要污染是吸附烟雾、粉尘及人体头部的油脂，这些污物如果不及时清除，在空气中水汽的作用下便黏附在顶棚上，难以清除。清除时，难以使用机器，只能人工操作。

(2) 顶棚清洁剂的选择　顶棚主要是由化纤织物组成的，应选用专用的化纤织物清洁剂，不能使用碱性较强的洗衣粉或洗洁精。因为这些碱性物质在清洁过程结束后，仍有一部分残留在织物内部，这部分碱性物质极易使化纤织物变黄、腐蚀。因此，选用化纤织物清洁剂一定要慎重，在没有把握的情况下，最好先在车室隐蔽部位进行试用，确认不会使纤维变色或变质后，再进行大面积使用。

(3) 顶棚的清洁方法

1）将化纤织物清洁剂喷到污垢处，稍停片刻。
2）用干的洁净纯棉布或毛巾将顶篷中的丝绒清洁剂污液吸出。如图6-1所示。
3）再从污迹边缘向中心进行擦拭。污垢严重时可多次重复以上操作。
4）处理干净后用另一块干净的棉布顺着车顶的绒毛方向抹平，使其恢复本来的容貌。

(4) 顶棚清洁注意事项

1）车顶棚内填充物是隔热吸音的材质，吸收水分的能力强，清洁时抹布一定要干一些，否则湿乎乎的抹布会使清洗剂浸湿车顶材料，以至很难干燥。
2）毛巾一定要使用干净棉毛巾，毛巾不能有掉色。

3）擦拭顶棚时最好方向一致。

（5）地毯的清洗 地毯多为纤维织物制作，日常清洁可采用地毯机进行。专业清洁时，首先使用吸尘器对地毯全面除尘，然后对沾有油渍、果渍等顽渍部位采用专用清洁剂进行处理，再将万能泡沫清洁剂均匀喷洒在地毯上，约等30s后用吸尘器进行抽吸即可。地毯清洁前后对比如图6-3所示。

（6）地毯清洗注意事项

1）地毯大多为固装地毯，无法拆卸晾晒，若用水清洗很难干燥，因此不能用水清洁，应使用专业清洁剂进行干洗。

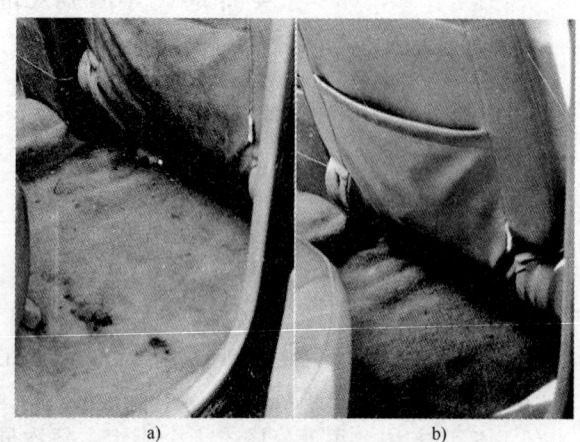

图6-3 地毯清洁前后对比

2）在日常行车经常藏污纳垢不被发现的死角，是地毯清洗需要重点清理的区域。

3）地毯上经常有黑印、脚印，这些难去除的污渍需要反复清洁，就算不能完全去除，也能很明显地淡化。

4）地毯上碰到某些顽固污渍可考虑用蒸汽清洗机清洗。

6. "车顶棚及地毯清洗护理"的评分标准与操作工单

"车顶棚及地毯清洗护理"评分标准

序号	考核项目	配分	扣分标准（每项累计扣分不能超过配分）
1	安全文明否决		造成人身、设备重大事故，或恶意顶撞考官，严重扰乱考场秩序，立即终止考试，此项目记0分
2	安全文明生产	15分	(1)不穿工作服、工作鞋、工作帽各扣1分 (2)工零件乱放、混放每次扣2分 (3)油、水落地或零部件表面未及时清理每次扣1分 (4)考试完后不清理工零件或场地各扣3分 (5)不服从考官、出言不逊，每次扣3分
3	准备与检查	15分	(1)设备每少准备一件，扣3分 (2)设备选择不当，每次扣4分 (3)未校验设备，每次扣3分
4	准备工作	10分	作业前不安装5件套一项扣2分
5	顶棚的清洁	25分	(1)清洁剂喷洒错误，扣9分 (2)不按规定清洁，扣8分 (3)未吸尘，扣8分

(续)

序号	考核项目	配分	扣分标准(每项累计扣分不能超过配分)
6	地毯的清洁	25分	(1)未吸尘,扣8分 (2)未喷洒万能泡沫剂,扣8分 (3)未清洁干净,扣9分
7	工单记录	10分	(1)维修记录字迹潦草,扣2分 (2)填写不完整,每项扣2分
8	合计	100分	

"车顶棚及地毯清洗护理"操作工单

班级:_____ 姓名:_____ 得分:_____

车型		发动机型号	

一、准备工作

1. 工量具准备与检查	
2. 维修手册准备	
3. 车辆准备	

二、操作过程

顶棚的清洁	记录:
地毯的清洁	记录:
整理工作场地	

实训 11　发动机室清洗护理

1. 实训内容

发动机室清洗护理。

2. 实训目的

掌握发动机室清洗护理方法。

3. 实训设备

实训车辆一台、清洗剂、保护液、保护膜、外部清洁剂、免拆清洗机、喷水壶。

4. 实训方法及注意事项

（1）实训方法

每班分成若干个小组，每次同时进行三小组实训，其他小组在教室复习实训的内容，分几次完成。实训时以老师讲解、演示、学生操作、考核为主，学生完成实训报告及考核，完成实训内容。

（2）实训注意事项

1）听从安排，不要随意走动。

2）不要随意操作车上的各个系统。

3）操作所学的系统时必须在指导老师的指导下完成。

4）注意保持教学场地卫生。

5）操作所学系统时不能野蛮操作。

5. 发动机室清洗及护理方法

（1）发动机零件的清洗

在清洗发动机外部时，应先将发动机熄火，使所有电器不工作，并使发动机室温度下降，千万不可在高温下清洗。清洁方法和步骤如下：

1）用塑料薄膜包裹电器元件。

2）喷洒发动机外部清洗剂，如图 6-4 所示。

3）高压水冲洗。

4）去除顽固油污。

5）清除锈蚀。

6）清洁空气滤清器。

7）清洁电器元件。

8）清洁蓄电池。

9）清洁流水槽。

10）喷施发动机保护液，如图 6-5 所示。

图 6-4　发动机外部清洁

（2）发动机部件免拆清洗

1）燃油系统清洁。现代汽车发动机燃油系统的清洗可使用专业设备及专用清洗剂，在发动机不解体的情况下进行，也称为发动机的免拆卸清洗。

①用专用清洗机对燃油系统进行免拆卸清洗。首先配制好清洗剂与燃油的混合液，将

清洗机的进、回油管接到汽车的燃油系统中，起动清洗机和发动机进行燃烧清洗。在发动机运转的同时，混合物经燃烧将分布在系统中的胶质和积炭溶解脱落，并随废气排出。

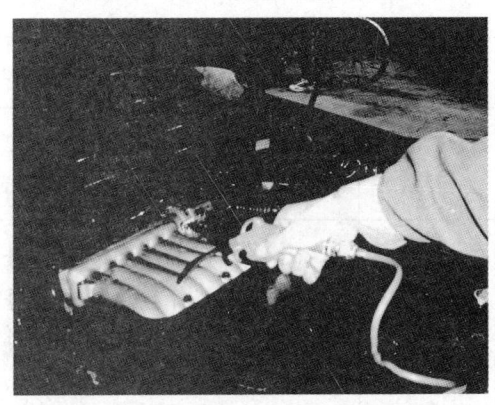

图 6-5　喷施发动机保护液

② 用专用清洗剂对燃油系统进行免拆清洗。使用时将汽车燃油系统专用清洗剂按说明书要求直接加入油箱里，专用清洗剂能随燃油流动自动清除、溶解燃油系统中的胶质、积炭等有害物质。

2）润滑系统清洁。发动机在运行过程中，润滑系统的润滑油处在高温高压的条件下工作，容易产生油泥、胶质等沉积物，不但影响润滑油的流动，而且加速运动零件的表面磨损。因此必须对润滑系统定期进行清洗，以保证润滑系统的正常工作。

① 机器清洗。先排出发动机油底壳的润滑油，取下机油滤清器，接好发动机润滑系统清洗机的进出油管，启动开关进行定时清洗；到时间后清洗机会发出报警声，提示已经完成清洗。然后拆下进出油管，装好机油滤清器和放油塞，重新加注润滑油。

② 专用清洗剂清洗。发动机高效清洗剂能有效地清洗润滑系统各部油道及运动部件表面，将油泥、胶质等沉积物溶解。这种清洗一般在更换润滑油时进行。清洗时先将清洗剂按说明书的要求加注到曲轴箱中，起动发动机运转半小时后，将脏污的润滑油放掉，然后按要求加注新的润滑油。

3）冷却系统清洁。汽车冷却液中会不同程度地含有碳酸钙、硫酸镁等盐类物质。冷却系统长时间工作后，这些物质会从冷却液中析出，一部分形成沉淀物，另一部分沉积在冷却系统的内表面形成水垢。由于水垢层的导热性能很差，发动机容易出现过热现象，使发动机润滑条件恶化，运动部件表面不能形成良好的润滑油膜，同时也使燃烧室内积炭增多，容易产生爆燃，造成功率下降、油耗增大。因此当汽车行驶一段时间后，应及时对冷却系统进行清洗。

① 清洗机清洗。可利用散热器清洗机来清洗冷却系统。散热器清洗机是清洗水垢的专业设备，它利用气压产生脉冲，在清洗剂的作用下快速清洗冷却系统内的水垢。

② 专用清洗剂清洗。冷却系统高效清洗剂具有超强的清洗能力和高效的溶解性，能在发动机运行中彻底清除冷却系统内的水垢，恢复冷却系统内各管道的流通能力，确保散热性能。使用时按说明书的要求将适量的清洗剂加入冷却液中，拧好散热器盖，起动发动机运行10min后，排出冷却液；清洗完毕后再重新加注冷却液即可。这种专用清洗剂对水垢的去除率至少在85%以上，且不会对冷却系统造成腐蚀。

6. "发动机室清洗及护理"评分标准与操作工单

"发动机室清洗及护理"评分标准

序号	考核项目	配分	扣分标准(每项累计扣分不能超过配分)
1	安全文明否决		造成人身、设备重大事故,或恶意顶撞考官,严重扰乱考场秩序,立即终止考试,此项目记0分
2	安全文明生产	10分	(1) 不穿工作服、工作鞋、工作帽各扣1分 (2) 工零件乱放、混放每次扣1分 (3) 油、水落地或零部件表面未及时清理每次扣1分 (4) 考试完后不清理工零件或场地各扣3分 (5) 不服从考官、出言不逊,每次扣3分
3	准备与检查	10分	(1) 设备每少准备一件扣2分 (2) 设备选择不当,每次扣2分 (3) 未校验设备每次扣2分
4	准备工作	10分	作业前不安装5件套一项扣2分
5	发动机零件的清洗	35分	(1) 未停止发动机运转,扣5分 (2) 未用薄膜包裹电器件,扣3分 (3) 未喷洒发动机外部清洗剂,扣3分 (4) 未用高压水冲洗,扣3分 (5) 未去除顽固油污,扣3分 (6) 未清除锈蚀,扣3分 (7) 未清洁空气滤清器,扣3分 (8) 未清洁电器元件,扣3分 (9) 未清洁蓄电池,扣3分 (10) 未清洁流水槽,扣3分 (11) 未喷施发动机保护液,扣3分
6	发动机内部清洗	25分	(1) 清洁错误,扣5分 (2) 倒入清洁剂错误,扣10分 (3) 未放掉机油,扣5分 (4) 未更换机油,扣5分
7	记录	10分	(1) 维修记录字迹潦草扣2~5分 (2) 填写不完整,每项扣2分
8	合计	100分	

"发动机室清洗及护理"操作工单

班级：_____   姓名：_____   得分：_____

车型		发动机型号	
一、准备工作			
1. 工量具准备与检查			
2. 维修手册准备			
3. 车辆准备			
二、操作过程			
发动机外部清洁	记录：		
发动机内部清洁	记录：		
整理工作场地			

第 7 章

汽车的美容护理

汽车美容护理用品是根据汽车美容护理作业的需要研制开发的清洁、护理、修补等用品的总称,它是实施汽车美容护理的基础。现代汽车不仅需要良好的性能,而且应具有漂亮的外形及多彩的仪容,以满足人们日益发展的个性化需求。如汽车在使用过程中,由于风吹、日晒、雨淋等自然侵蚀,会导致车身漆面出现失光、异色、斑点,甚至龟裂等现象,若不进行必要的护理,表面涂层会过早损坏,不仅影响车容整洁,还会诱发锈蚀和损伤,甚至导致车壳腐烂。因此,为使汽车"永葆青春"光彩,就必须进行美容作业。

7.1 汽车美容护理用品简介

想一想:汽车美容护理的作用是什么?

提示:汽车美容护理的作用是保持和恢复汽车美丽容颜和改善车内环境。

学习目标	鉴定标准	教学建议
1. 了解汽车美容护理的作用 2. 了解常见汽车美容护理用品的分类和特性 3. 掌握汽车的日常养护美容护理项目和方法	应知: 1. 美容护理的作用 2. 常见汽车美容护理用品的分类和特性 3. 汽车的日常养护和美容护理的项目及方法	建议:采用教师启发式讲解、学生讨论相结合的方式,最后教师要总结

1. 洗车剂系列用品

(1) 清洗剂的类型及用途 它的产品琳琅满目,但各有各的用途,必须要了解。本节介绍的清洗剂,不是传统洗车的清洁用料,如洗衣粉、洗洁精等。虽然它们都可以使车身表面干净,但也会把车蜡洗掉。更主要的是,这些清洁剂都呈碱性,对车身漆面及金属有强烈的腐蚀性，导致漆面失光、生锈等现象。

专业汽车美容护理用品中使用的清洗剂主要有多功能清洗剂、去油剂和溶剂三大类，它们的用途如下：

1) 多功能清洗剂。主要用于一般的汽车内外饰的去油、去污。含有润滑剂的多功能清洗剂适合于清洗车身漆面。多功能清洗剂又分有高泡、低泡清洗剂和脱蜡、不脱蜡清洗剂等。还有一种强碱性的多功能清洗剂，主要用于清洗车的内部，而不用于车身外表的清洗（泡沫清洗剂）。

2) 去油剂。去油剂的主要作用是用来清洗发动机等油泥较厚的部位。同样，也适用于车身漆面，但要注意所用的去油剂必须以车漆不被损坏为前提。目前，市面上售的除油剂大概有3种，即水质去油剂：安全、无害，但去油能力有限；石化溶剂型去油剂，易燃、有害，但去油能力强，成本低；天然型除油剂（由橙皮提炼而得）：无害，去油能力强，成本高。

3) 溶剂。溶剂的主要性能在于它的溶解能力。有些人认为清洗中使用溶剂，就是为去油的，这种想法不完全对。溶剂主要用于去除各种水难溶物质，如车身上焦油、沥青、树胶、漆、鸟粪及车内饰物上的血渍、可乐、泡泡等。溶剂大体上分两大类，即石化溶剂和天然溶剂。石化类溶剂主要有煤油、汽油、甲苯、二甲苯、三氯乙烯、四氯化碳等，其溶解能力很强，有的强到可以使漆溶化。所以，在使用此类溶剂时，尽量避免与塑料、橡胶部件接触，以免造成老化。再就是使用溶剂前，必须了解它对漆面会不会带来损伤。

(2) 清洗剂系列产品介绍

1) 多功能洗车剂。

不脱蜡洗车液（浓缩型），其特点为超柔和型，不会把原有的车蜡洗掉，可有效地除掉泥土和油垢。脱蜡洗车液（浓缩型），其脱蜡洗车去油垢能力强、不含蜡、不含任何增光剂。做专业美容护理的车或者要进行正规打蜡的车辆，在清洗时，除洗净车身上的污垢，还应把原车蜡除掉。

2) 去油剂。

① 轮辋除油剂：一般轮辋除油剂都属酸性物质，由于大部分汽车轮辋采用的是金属镀层，能起到很好的装饰作用，若用酸类清洗剂清洗，则容易损坏金属镀层。

② 轮胎强力去污剂：该剂为强碱性清洗剂，能与橡胶制品产生活跃反应，达到很好的去污效果。因它具有腐蚀性，应妥善保管，合理使用。使用时将强力去污剂喷在轮胎表面，然后用毛刷刷一遍，轮胎如同新的一样干净。

③ 玻璃清洗剂：主要用于清洗玻璃内侧上因各种内饰清洗剂、空气清新剂、烟雾等造成的一层静电油脂，白色雾状膜，及玻璃外侧上的鸟粪、油污、灰尘，恢复汽车玻璃的亮度和透明度。本品是内含挥发性物质的水质（能溶于水）清洗剂，擦洗之后很快干燥。也可以用于电镀层、内饰件的清洗。但清洗内饰件时，要注意通风。

④ 发动机强力清洗剂（松香型、浓缩型）：它是世界上唯一可以生物降解型的溶剂，也是一种比一般溶剂更强的生物降解的去油剂。之所以是生物可降解，就是因为该类清洗剂的主要成分是从橙皮中提取的。成本高是它的缺点。使用时，不稀释可清洗发动机油污严重的地方；按1:1稀释后，可清洗化纤类内饰物品。因该品的pH为13，不可对真丝、针织品清洗。

⑤ 发动机外部清洗剂：该剂是以煤油为基料的清洗剂，属生物不可降解型，用后的脏液应妥善处理，除能清洗发动机外部的油污，也是脱蜡能力最强的清洗剂。该剂不用稀释就可以直接使用，使用时将该品喷在发动机的外部，擦洗后用水冲净即可。由于该品的基料是煤油，所以不能用于内饰；再者，不能在发动机炽热时使用，以免发生火灾。

2. 汽车研磨抛光系列用品

（1）普通漆与透明漆　在汽车美容护理中使用的研磨、抛光剂，要根据汽车车漆的状况来确定，其目的就是消除车漆表面的缺陷，如失光、失色、粉化等。而研磨、抛光剂的种类特别多，有的含有坚硬、锋利的磨料，而有的含有柔和性磨料；有的对漆面能力强，但也容易划伤漆面，而有的则对漆面具有研磨抛光作用，而划痕很小或无。所以，若用坚硬无比的研磨剂抛光透明漆，则会损伤保护层。因此，在汽车美容中必须依据涂层是普通漆还是透明漆合理选用用品及适当的方法。

区分普通漆和透明漆的方法是：透明漆的光泽层次比普通的深；用沾有研磨剂的抹布在车身上不重要的地方磨几下，若布上有颜色，则为普通漆；反之，则为透明漆。我国目前大部分轿车还是普通漆，只有一些中高档轿车及20世纪80年代后进口的大部分车属透明漆。

（2）车漆美容护理用品介绍

1）普通漆研磨剂。这种研磨剂中含有坚固的浮岩作为摩擦材料。根据其磨料颗粒的大小可分为深切型、中切型和微切型三类。根据普通漆面的氧化、划痕、褪色等缺陷的程度选择使用。

这里要特别指出，浮岩磨料的特点是坚硬，研磨速度快，在研磨过程中不会发生质的变化，所以，用在透明漆中，会把透明漆很快磨掉。因此，它不适用于透明漆。

普通漆微切研磨剂（不含硅氧烷——硅化的合成树脂）：该剂选用特殊的摩擦材料，适合于各种普通漆的去氧化、去划痕处理，是国内大部分微型车的理想研磨材料。

普通漆中切研磨剂（不含硅氧烷）：该剂选用特殊的摩擦材料，用于除去普通漆面的严重氧化、中度划痕、擦伤等，不粘切盘，是国内大部分微型车理想的研磨材料。

普通漆深切研磨剂（不含硅氧烷）：该剂为砖红色膏状研磨剂，研磨能力强。用于喷漆过程中产生的一些涂层缺陷处理如桔皮、失光等，也可以用于深度划痕处理。

2）透明漆研磨剂（通用型）。透明漆研磨剂和普通研磨剂的区别在于，在研磨材料上有了很大的进步，微晶体物和全合成磨料或陶土代替了传统的浮岩，它们的切削性能依然存在，只是在一定的热量下通过化学反应变小或变无，对车漆的损伤很小。

透明漆研磨剂同样也适用于普通漆的研磨，只是在研磨的速度上远不如普通漆研磨剂。目前，国内可见到的透明漆研磨剂也分为三种，即微切型、中切型、深切型。

透明漆微切研磨剂（不含硅氧烷）：该剂是由高科技研磨材料配制而成的。由于摩擦材料的颗粒甚微，对透明漆的损伤很小，主要用于透明漆的高效微切去除中切度氧化及1200#～2000#砂纸的划痕。

透明漆中切研磨剂（不含硅氧烷）：该剂是用摩擦产生的热能来达到研磨效果的。既要磨得深，又不能损伤透明漆层，是当今化学切割治氧化、治划痕的最佳用品。

透明漆深切研磨剂（不含硅氧烷）：该剂在美国被称为"超级研磨剂"，也是唯一一个可与固体膏状强力研磨剂相媲美的液体研磨剂，对漆面的损伤很小。使用该研磨剂处理过的表面，很容易还原出诱人的光泽。它是美国目前使用量最大的研磨剂。

3）抛光剂。抛光的目的和作用：抛光的目的是获得车漆的光泽度，其作用是，消除研磨工序造成的细微划痕（发丝划痕）；处理车漆的轻微损伤和污斑，如酸雨形成的斑点及石灰、水泥、漆点等；为还原打蜡做好准备。

从抛光的目的和作用中可知，抛光时所用的抛光剂也是含有摩擦材料的研磨剂，只是所含磨料的颗粒更细。这里要说明的是，抛光蜡含有磨料和光蜡，而抛光剂不含上光剂，为了与车漆美容工序相同，通常把含有光蜡的抛光剂称为还原剂，而还原剂的作用是使抛光成果再上一个台阶。

达到镜面效果的方法，一般可以通过三种途径达到抛光的目的：一是靠摩擦材料的力量把漆面上的细微划痕除掉；二是依靠光蜡的功效，抛到一定程度后，用蜡的光泽来弥补抛光的不足；三是靠化学反应，靠抛光剂与抛光机的转速来调节温度，从而达到抛光与漆面之间发生化学反应，来消除细微划痕，让车漆显出其本身的光泽。

4）增光剂。增光剂和抛光剂的唯一区别是增光剂中含蜡。它们二者在使用上的区别在于：抛光剂不含蜡，可检验抛光的质量，而增光剂的抛光作用就差一些。增光剂因含有蜡质，也可以认为它是一种二合一的产品（即抛光与打蜡同时进行），可缩短工作时间，这也是汽车拍卖行喜欢使用增光剂的原因，而且许多经营二手车的人，也喜欢使用增光剂。但使用增光剂的车辆光泽保持时间不长，接触几次水后就会流失。有许多专业护理人员喜欢在抛光之后，把增光剂作为打蜡前的最后一道工序，进一步完美抛光的效果。

增光用品中常用到的增光剂和增艳剂是一种黏稠的乳状物，有宜人的香味，明黄色，内含研磨剂和天然蜡，具有抛光和打蜡双重功效，常作为抛光处理的后续用品，以增加车身的艳丽程度。该品用于新车上光（新车不存在漆面损伤）、二手车翻新、电镀表面、不锈钢表面的上光。

5）还原剂。所谓还原就是彻底消除抛光作业后车漆表面留下的发丝划痕、抛光盘印迹等，从而使打蜡前的车漆恢复到漆面原有光泽的最高境界，使抛光成果再上一个台阶。车漆表面使用还原剂后，会使有经验的人认为蜡打得非常漂亮（其实还未打蜡，此光泽是漆面固有的）。

还原剂实质也是一种抛光剂，只是它的抛光效果更佳，且含有光蜡，又增强了还原后的镜面效果。还原剂有通用型还原剂、普通漆还原剂和金属漆还原剂等。

在前面介绍的护理用品中，常提到不含硅字样，漆工一般选择不含硅的摩擦材料。硅氧烷是一种硅化合成树脂，加到摩擦材料中后起到抗水、抗高温和增光的作用，能有效地防止车漆氧化，但硅氧树脂若飘落于漆面，喷涂时会出现浮漆、鱼眼等漆膜缺陷。但并不是说漆工不能使用含硅的材料，只是使用时要格外注意。

3. 车蜡

如何正确选择车蜡？目前，市场上蜡的品种繁多，有固体和液体之分，车蜡质量也不一样，各种车蜡性能不同，其作用与效果也不一样。所以，在选用时必须慎重，选择不当不仅不能保护车体，反而使车漆变色。

选择车蜡应根据车蜡的作用特点，车辆的新旧程度、车漆颜色及形式环境等因素综合考虑。

（1）车蜡主要品种

1）新车保护蜡。新车漆面十分娇嫩，易产生轻微划痕，新车保护蜡应不含任何研磨剂等，以确保车漆表面光滑。新车保护蜡配合新车无划痕特点，采用纳米高分子技术在漆面形成坚硬的保护层，特有的化学分子结构不含任何抛光材料，具有独特的泄尘、泄水性能，氟合成技术，更强的持久保护能力，独特的抗擦洗配方。

2）钻石蜡。钻石蜡是一种高级美容蜡，使用后漆面产生水晶效果，超高亮度，有丝般手感，具有特殊的驱水泄尘能力，含抗UV成分，不怕阳光暴晒，抗洗涤，且能长时间保留，为蜡中极品，适用于各种颜色的高级轿车。

3）至尊硬蜡。至尊硬蜡不怕洗涤，超硬的保护，坚固耐用，真正抗划痕，超强防水，能完全截断雨水及酸雨渗透，使用后车漆光泽耀眼夺目，并可持续数月之久，不怕高温，耐酸碱侵蚀。独特的氟素纳米技术，以顶级虫白蜡与超硬的树脂为基础，不怕风沙刮痕，蜡壳形成后，不怕强光暴晒，耐酸碱侵蚀，真正是车漆钢甲保护层。

4）水晶蜡。水晶蜡为多聚合物合成，不含石蜡成分，配以持久树脂精的独特配方，能使漆面形成长久性保护膜。增强车漆面透彻感，去污、防水。耐酸雨腐蚀、抗静电。能清除车体表面的细孔、焦油、树汁、氧化物、尘垢，能延长抛光寿命，避免车漆产生皱纹划痕、氧化、脱落及发黄。

5）彩色蜡。彩色蜡有白、黄、红、绿、蓝、黑、灰多种颜色选择，针对不同颜色的车漆，能增强颜色效果，并能修饰局部补漆产生的色差或褪色，具有清洁、上光和保护功能，可使划痕减轻或消失。与原漆本色浑然一体，使旧漆焕然一新。

6）手喷蜡。手喷蜡有柔和的清洁功能，可以在不影响整体效果的前提下为车除污，同时又含树脂型增光剂，使清洗处即时补色，与全车的光泽协调一致，手喷蜡不含石油提炼物，不属油脂，因此不会造成油迹。

7）抗UV蜡。抗UV蜡集清洁、保护、上光三种功效于一体，具有抗UV成分，防酸雨，抗氧化，耐腐蚀，是恶劣环境下的车漆保护神。独特的高分子聚合酯配方，使车漆更亮，更长久，长期使用抗UV蜡，可防止车漆出现氧化、褪色发乌、龟裂、发白的症状。

8）防水蜡。防水蜡的特点是具有超强防水能力，由于不侵润，水的流动完全迅速、有泼水效果，同时还能超长时间保护车漆。若兼配顶级防水树脂和空气反应型配方，可以完全阻断雨水及酸雨侵蚀，并产生亮丽的光泽，增加洗涤次数，防护效力更持久。

9）光洁蜡。光洁蜡由多种高分子聚合物组成，天然植物配方，强力去污，轻松去除发丝划痕，防止漆面发白，发污变色。独特还原成分，对漆面无伤害，可有效修复因常年使用造成的车漆氧化、老化、褪色及漆面发丝划痕，氧化膜。含抗UV成分，防止紫外线造成的氧化腐蚀。

10）复彩护漆上光蜡。复彩护漆上光蜡集去除微划痕和上光为一体，能快速清除车身表面的轻微划痕、擦纹、花斑，去除旧漆膜的氧化层和亚光色。使老化、褪色、失光的漆面恢复原有的色泽和光洁度，用打蜡的时间，得到研磨与上光双重效果。

11）清洁砂蜡。清洁砂蜡为快干型蜡，光洁度高，用于清洁汽车表面，能防止汽车漆面褪色，清除轻微划痕、擦纹、花斑，去除旧漆膜的氧化层和亚光色，使老化、褪色的旧漆恢复原有的色泽和光洁度。

（2）蜡的分类

一般按照用途可分为四类。

第一类：就是强调绝对的光泽，让车漆闪亮动人。

第二类：追求超强和持久的保护，给车穿上盔甲。

第三类：折中上述两种类型，既要闪亮的光泽，又要有不错的保护功能。

第四类：针对车漆不同问题的专用蜡。

丝光蜡，属于第一类的最基础型，质地柔和，因为不含抛光材料，所以不会伤害新车车漆，特别适合半年内的新车使用，价格便宜。

硬壳蜡，属于第一类的最高基础型，有不错的驱水性，其他保护功能上也优于丝光蜡，但也只能说是基础的打底保护。

白金蜡，第一类较高端的产品，能让车辆如展览用车般闪亮，效果非常不错，是市场上相当受欢迎的产品，不过有微量的抛光材料，所以半年内的新车不推荐。

极限蜡，第二类代表产品，采用纳米技术使保护作用大幅度提升，尤其适合长期户外活动和停车的车辆，可有效防止酸雨、沙尘、紫外线、辐射等对车漆的损伤，持续保护6个月以上。

水晶极限蜡，顾名思义，是第三类的主打，采用纯合成配方，综合了光度与保护功能两种车蜡的优势，是非常实用和推荐的产品，但耐久时间相对缩短。

冰蜡，属于第三类高端产品，不但能满足水晶光泽，合成保护超长耐久等要求，还从单一的车漆护理延伸到保险杠、镀铬、胶条，甚至玻璃养护等多种用途。

去污蜡，属于第四种常用产品，主要作用就是去污功能，是第四类中的常用产品，可以轻松擦除树汁、鸟粪、沥青、焦油灯污渍，而且不伤车漆，有一定的上光作用，通常与其他车蜡配合使用。

划痕蜡，属于第四类高端产品，主要作用是去除细微的划痕、太阳纹和车漆发乌、发白、褪色等氧化现象，通常可与其他车蜡配合使用。

一般用车不多，又没有车库而要将车辆长期停放在露天，加上北方沙尘较多，所以水晶极限蜡是不错的选择，如果你有车库或者城市环境污染较小，那么对于追求靓丽效果的，白金蜡便是首选，而丝光蜡和硬壳蜡则是价格较低的低廉产品，对新车和多雨少尘的车辆可以选用。

（3）车蜡的选择

车蜡的选择原则是：

① 新车最好用彩涂上光蜡以保护车体的光泽和颜色。

② 夏天时则选用紫外线车蜡。

③ 行驶环境较差时应用保护作用突出的树脂蜡。

④ 普通车辆选用普通的珍珠色或金属漆系列车蜡即可；高档汽车则应选用高档车蜡，否则对车体有损害。

⑤ 选用车蜡时还必须要考虑与车漆颜色相适应，一般深色车漆选用黑色、红色、绿色系列的车蜡；浅色车漆选用银色、白色、珍珠色系列车蜡。

（4）一般保护蜡与高级美容蜡的区别

一般保护性车蜡是由蜡、硅、油脂等成分混合而成的，属于油性物质，它可在漆面形成一层油膜而散发光泽。但由于油膜与漆面的结合力差，保护时间较短，这种蜡常因下雨或冲洗等因素流失，有时甚至附着在风窗玻璃上而形成油垢。

另外，存留在车表的水滴一般呈半球状，会产生透镜作用，聚焦太阳光以至灼伤漆面。

高档美容蜡的附着力比较强,用水多次冲洗也不会流失,不用担心光泽会较短时间失去,一般能达到 2~3 月之久,并且施工后车蜡表面水滴呈扁平状,透镜作用不明显,高档美容蜡外观效果非常好,但价格有些高,因为这类车蜡除了具有一般保养蜡功能,还含有一种活性非常强的渗透剂,能使车蜡迅速渗透于漆层内,其特殊的分子结构,可与漆面之间产生牢固的结合力,打蜡后的漆面看起来浑然一体,效果颇佳。另外,高档美容蜡一般要经过许多道复杂的前处理工序,即使新车打蜡,也要经过清洗风干、镜面处理等多道工序,所以,技术含量高、效果一流、持久耐用。

4. 汽车专业保护系列用品

汽车专业保护剂主要用于汽车内外饰物的清洁、上光、保护,其种类是以饰物的材质区分的。如皮革类专业保护剂、化纤细绒类专业保护剂、塑料类专业保护剂、电镀件专业保护剂及玻璃保护剂等。专业保护剂的特点是使用方便,或只喷不擦,或后擦拭,保持时间长(一般能保持 1~2 个月)耐磨、光泽好、防老化等。

由于各类专用保护剂的适应范围窄,给使用者带来不便,近年来,有的生产厂家开始生产适合对各种材质饰物进行清洁、上光、保护的多功能保护剂,很适合个人对自己汽车内外饰物进行方便、快速的护理。

(1) 皮革类专业保护剂

1) 真皮清洁柔顺剂:该剂为一种性质温和的乳白色水溶剂。主要用于对真皮、人造革、仪表台等表面的污垢进行清洁去污、还原,而且不损伤皮革。也不使皮革褪色,使用后皮革的柔软性很好,若配上真皮上光剂则效果更佳。

2) 油性真皮上光剂:该剂具有快速清洁、还原、增色之功效,并能在皮革、塑料等表面形成一层柔软、光滑、明亮的保护膜,延长了使用寿命。特别是在用品中添加了抗老化剂、防水剂、防静电剂等,能有效地保护皮革表面,防止有害物质的侵害。油性真皮上光剂为乳状体,有宜人的皮革味,为天然液体蜡。适用于真皮座椅、家具、塑料制品的上光保护。

(2) 化纤、丝绒类保护剂

1) 化纤保护剂:该剂用于汽车内饰件化纤制品的清洁、保护。因含有硅酮树脂,在对化纤制品清洗的同时,硅酮树脂这种聚合物会附着在制品之上,形成一层保护膜,因而具有耐冲洗、耐摩擦、防老化、防腐蚀(不变黄、不变黏)等作用。

2) 绒毛深度清洁液(超浓缩型):该剂内含表面活性剂、表面柔顺剂、着色剂,并有杀菌之功效。另外,该品含有柠檬香味,使用后香气宜人。该剂适用于绒毛座椅、皮革座椅、顶篷、车门内饰及地毯等。由于是超浓缩型,使用时必须按照使用说明要求稀释。

3) 地毯洗涤保护剂:该剂是专为汽车内饰地毯配制的,泡沫丰富,去污力强,同样洗后也有硅酮保护膜。使用前应将地毯上的污土吸净,喷擦后,应用暖风机烘干。

(3) 塑料类专业保护剂

1) 塑料护理上光剂:该剂为黏稠乳状液体,是一种不含硅的多功能塑胶护理剂。主要用于汽车保险杠、侧面装饰条、车内仪表台以及塑胶饰物的清洁上光、保护。轻轻擦拭即可得到光亮如新的保护层,使用方便。

2) 皮塑防护剂:因该剂含有特殊的光亮胶质,可在物体表面形成一层光亮如新的保护膜,广泛应用于塑料、皮革、轮胎、保险杠的清洗修补和保护。使用起来非常方便,将本品直接喷涂于清洗过的干燥表面，保留一定时间即可。

3）美容保护剂：该剂是一种快速的塑料保护剂，将本品直接喷射于干净的表面，避免表面干裂、褪色，用于增加透明度。

4）超级防护剂：该剂由多种高分子聚合物组成，能有效防止紫外线照射，避免表面干裂、褪色。它广泛应用于橡胶、皮革、尼龙表面的清洁、上光和保护。塑胶类保护剂均是向护理表面喷涂，属易燃、易爆品，所以在使用时，应远离火源和儿童，且不得挤压，应在阴凉处存放。

（4）如何鉴别保护剂　在不具有专业实验室的情况下，要区分各种保护剂的质量好坏，可以从以下几个方面鉴别：

1）使用后，虽能起到清洁、增光作用，但会不会对被保护物造成伤害？就像用肥皂、洗衣粉、洗洁精等洗车一样，虽然去污能力很强，但因其碱性太强而加速了车漆的老化。

2）使用后，保护作用能持续多久？若保护时间短，说明该品只是达到了清洁、上光功效。没有形成一层耐磨、耐冲洗的镀膜（保护膜）。

3）使用后，是否影响饰物的外在特性？如使用皮革保护剂后，皮革会不会出现松驰、僵硬、变色、褪色等现象？

4）使用的品质中是否含有硅氧烷？因含有硅氧烷的用品在喷漆房中使用会破坏喷漆效果。

7.2　汽车的日常护理

想一想：汽车日常护理有哪些内容？

提示：汽车日常维护内容分为三检、四清、四防。

学习目标	鉴定标准	教学建议
1．了解汽车日常护理的内容 2．了解汽车使用时的注意事项	应知： 1．汽车日常护理的内容 2．汽车使用时的注意事项	建议：采用教师启发式讲解、学生讨论相结合的方式，最后教师要总结

对于汽车维护与保养，人们传统的观念无非是洗车、打蜡、抛光或者清洗室内仪表板、真皮座椅等。

汽车日常维护的内容分为以下几点。

1）三检：坚持出车前、行车中、收车后检视车辆的安全机构及各部件连接紧固情况。

2）四清：保持空气、机油、燃油滤清器和蓄电池的清洁。

3）四防：防止漏油、漏水、漏气、漏电。

最简单实用的车辆泄漏检查方法是每天在开车前，先将车辆从停车的地方移开，然后看看原来停车的位置上有没有水、油痕迹。如有，则要对车辆发动机和底盘进行进一步的检查，以尽早发现漏油、漏水的地方。

再就是选择适合自己车辆的机油，机油主要起润滑、密封、散热、防锈、清洁的作用。选择足以满足自己车辆安全行驶的机油即可，不用选择质量太高的机油，增加不必要的费用。

定期更换制动油（建议两年更换一次）。

使用专门的汽车玻璃清洁剂。

轮胎使用中的注意事项：轮胎充气压力过高，就容易爆裂，特别是在夏天；而压力太低，汽车阻力增大，油耗也相应增加。在汽车说明书上都会标明轮胎气压要求，并且前、后轮胎规定气压是不一样的。当然，有时也需要根据情况适当调整轮胎气压。例如，在路面湿滑、天气炎热时，轮胎压力就要低些；而天气寒冷时，轮胎压力就要高些。

经常在不好的路况下行驶时，就要经常检查轮胎花纹上有没有尖锐的东西，如钉子、石头和碎玻璃等，以免刺伤轮胎。

行驶到一定里程后，要将前后的轮胎互相调换。因为二者的承载质量不等，磨损也不等，这样可以物尽其用，延长轮胎的使用寿命。

7.3 汽车漆膜的美容护理和漆膜划痕的修复

想一想：汽车漆面划痕产生的原因有哪些？

提示：汽车漆面划痕产生的主要原因有擦洗不当、护理方法不当及意外擦伤等。

学习目标	鉴定标准	教学建议
1. 了解汽车漆膜的美容护理 2. 了解汽车漆膜划痕的修复方法	1. 应知汽车漆膜的美容护理项目 2. 应知漆膜划痕的修复方法	采用教师启发式讲解、学生讨论相结合的方式，最后教师要总结

1. 汽车漆面划痕产生的原因

汽车漆面划痕是漆表面出现的线条痕迹，其产生的主要原因有以下几项。

1）擦洗不当。汽车在擦洗中，若清洗剂、水或擦洗工具（海绵、毛巾等）有硬质颗粒，则会产生划痕。

2）护理方法不当。在给漆面抛光时，若选择的打磨盘力度较大，打磨力度较重或打磨失手，则会在漆膜表面留下不同程度的划痕。还有在打蜡时，若蜡的品种选择错误，误把砂蜡用在新车上，也会出现一圈圈的划痕。

3）意外刮擦。汽车在行驶中与其他汽车产生刮擦，与路边树枝产生刮擦，以及暴风、沙尘天气时与大气中的尘土、砂石等产生刮擦造成漆面划痕。

2. 汽车漆膜深浅划痕的鉴别

汽车漆膜结构一般为色漆+清漆系统，现代轿车普遍采用色漆与清漆结合的面漆系统。汽车表面深的或浅的划痕总是相伴而生，根据其深浅程度不同可分为浅度划痕、中度划痕和深度划痕三种类型。浅度划痕指表层面漆轻微刮伤，划痕穿过清漆层已伤及色漆层，但色漆层未刮透；中度划痕指色漆层已经刮透，但未伤及底漆层；深度划痕指底漆层已刮透，可见车身的金属表面。

3. 浅度划痕的处理

对表层漆面轻微刮伤的车身，经检查未刮透面漆层。可采用下列修补工艺进行修复。

（1）清洗　首先要将面漆表层的上光蜡薄膜层、油膜及其他异物除掉，方法是采用脱蜡清洗剂对刮伤部位进行清洗，然后晾干。

（2）打磨　根据刮痕的大小和深度，选用适当的打磨材料，如1500号磨石，$9\mu m$ 的磨片，或1000～1500号的砂纸进行打磨抛光。打磨时要注意不能磨穿面漆层，如面漆层被磨穿，透出中涂漆层，必须喷涂面漆进行补救。

（3）还原　经打磨抛光的漆面已基本消除浅度划痕，对打磨抛光作业中残留的一些发丝划痕、旋印等可通过漆面还原进行处理。方法是：用一小块无纺布将还原剂均匀涂抹于漆面，然后抛光至面漆层与原来的涂层颜色完全一致为止。

（4）打蜡　漆面还原后还应进行打蜡处理。方法是：先将固体抛光蜡捣碎放入汽油中热溶后备用，修补部位用洁净的棉纱蘸汽油润湿，再蘸蜡涂满后进行擦拭，要反复多次擦拭至漆膜平整光亮为止。

在打蜡时，也可将汽车整个表面同时打蜡抛光一遍。方法是：先用洁净的棉纱将蜡质全部擦净，再涂上光蜡，至漆膜清晰光泽醒目为止，最后用绒布均匀擦拭一遍即可。

（5）质检　上述工序完成后，对修补表面外观质量要进行检查，检查的重点是涂层的色泽必须与原漆膜完全一样，若有差异说明表面清理和打蜡抛光没有完全按照要求操作，必要时应进行返工。

4. 中度划痕的处理

中度划痕的补救方法如下：

（1）打磨

1）检查底漆涂层是否附着完好。

2）对中涂层及面漆层的刮伤部分应进行打磨，使之平滑、光洁。

3）对损伤部位的边缘进行修整，使其边缘不见刮伤的涂层为止，必要时可适当扩大打磨面积。

（2）清洗和干燥

1）用专用清洗剂去除打磨表面的油污、石蜡及其他异物。

2）用烘干设备使清洗表面干燥。

（3）中涂层涂装

1）确定施工工艺参数：根据不同的涂料确定施工黏度、雾化压力、喷涂距离、干燥温度、干燥时间等。

2）遮盖：对不喷涂的部位进行遮盖。

3）中涂漆层膜干燥：如果修补面积不大，可采用室温自然干燥，但时间较长；一般采用远红外线干燥灯或远红外线干燥箱（反射式）进行局部干燥。

4）中涂层漆膜打磨清洁中涂层漆膜干燥后，用320号砂纸对补涂的漆膜进行轻轻打磨使之光滑平整，用手触摸无粗糙感觉为准。

打磨方法有干式打磨和湿式打磨两种。干式打磨时，用压缩空气吹净打磨部位，再用清洁的黏性抹布把浮尘等杂物彻底擦净。湿式打磨时，用320号水磨砂纸对修补部位的中涂层进行表面打磨，同样打磨到用手触摸无粗糙感为止，并用水冲洗干净，将水擦净、晾干或用压缩空气吹干，最好还是用远红外线干燥灯（箱）烘干。

（4）面漆涂装

1) 第一道面漆：涂装步骤如下。

① 喷漆。将已选好的面漆，按施工条件的要求，调配到规定的工艺条件允许范围内，然后进行喷涂。

② 烘干。一般采用特制的远红外线干燥灯或干燥箱进行局部烘干。烘烤的温度和时间取决于现场的实际状况，但必须达到烘烤的质量要求。可用棉球法测定漆膜表面是否真正干燥。

③ 打磨。用320号砂纸进行面漆表面打磨，使面漆涂层表面平整光滑，并用抹布、压缩空气边吹边擦，最后用带黏性的抹布将表面彻底擦净。

2) 第二道面漆：涂装步骤如下。

① 喷漆、烘干：与第一次相同。

② 打磨：此次面漆打磨是直接影响涂层表面质量的最后打磨工序，应特别注意打磨质量。采用500~600号砂纸轻轻湿打磨，消除涂膜缺陷，然后再进行烘干。

（5）罩光漆涂装

第二道面漆喷涂打磨干燥后，应再喷涂一层氨基罩光漆。

1) 施工条件。以罩光漆kh-24为例，采用专用稀释剂kh-24；稀释率14%~16%，稀释黏度14~25Pa·s；施工固体分质量分数46%，稳定性静置48h。

2) 涂装方法。喷涂次数5~6次，目标厚度35~40μm，每次之间流平时间3~5min，最后一次流平时间7~10min。

3) 干燥。干燥湿度140℃，干燥时间30min。若在干燥室内采用保持式干燥，时间为20min。若是局部小范围的干燥，采用远红外线干燥器进行烘烤，时间以实际干透为准。

（6）抛光打蜡

抛光打蜡的操作方法如下：

1) 先用棉布、呢绒或海绵等浸润抛光剂进行抛光，然后擦净。

2) 再涂上光蜡，并抛出光泽。

5. 深度划痕的处理

深度划痕包括创伤划痕，多是汽车因碰撞、刮擦等造成的车身局部损坏、板面变形、破裂等创伤，涂层严重损坏。对深度划痕首先应清除损伤板面的旧漆层，用钣金或焊装等方法修复好已损坏车身的板面，达到与原来的形状、尺寸、轮廓相同的要求；然后进行修补涂装。修补涂装的工艺方法如下。

（1）表面处理

1) 用铲刀、钢丝刷等清除表面涂层、铁锈和焊渣。焊口较大处用砂轮打磨平整，再用1.5~2.5号纱布打磨，清除底层表面锈蚀和杂物。

2) 用溶剂将划痕处洗净、晾干。

3) 涂上一层薄薄的底漆。

4) 在底漆膜上涂一层防锈漆。

(2) 刮涂腻子

1) 将速干原子灰覆盖在金属层上。

2) 原子灰干燥后, 用 400 号干砂纸将原子灰磨平。

3) 用脱蜡清洗剂将划痕处擦净。

(3) 喷涂中涂漆

1) 将不喷漆的地方用专用胶纸遮盖。

2) 先用喷枪轻轻地喷上一道底漆, 然后再喷第二层较厚的底漆, 并使其干燥。

3) 用 600 号砂纸将底漆磨平。

4) 如果划痕处仍低于漆面, 可在喷涂 3~5 层底漆, 并重复清洁步骤。

5) 用 1500~2000 号砂纸将周围部分打平, 再用溶剂擦净。

(4) 喷涂面漆

1) 喷漆。选用与原车色漆配套的面漆, 按原车颜色调配, 并调至符合施工要求的黏度, 经过滤后再进行喷涂施工。每喷涂一遍之后应有漆膜需要的流平时间, 然后再一遍一遍地进行喷涂。使第一次面漆层达到 30~40μm 厚度。涂料在涂覆后应有足够的流平和晾干时间, 常温干燥一般在 2h 以上。

2) 湿磨。用 280~320 号水磨砂纸在喷涂四层的漆膜基础上漆膜打磨平整光滑。用抹布、压缩空气边吹边擦洁净, 并使之表面干燥, 可加热干燥, 也可自然晾干。但自然晾干时间较长, 且应注意粉尘污染漆膜表面。

3) 罩光。在原有面漆内, 加 20% 以下的清漆, 再适当加入稀释剂混合使用, 以增加光洁度, 其黏度以 15Pa·s/5℃ 为宜。经过滤后再喷涂, 喷后流平性要好, 以便第二天易于抛光打蜡, 总厚度为 80~110μm。

(5) 抛光打蜡

1) 将喷涂完并干燥后的车身拆除遮盖物。

2) 用 400~500 号水磨砂纸带水将车身表面满磨至涂膜表面光滑为止, 打磨长度在 100mm 以内。

3) 用抛光剂打磨: 先用抹布将涂层表面擦净, 在用呢绒、海绵等浸润抛光剂进行抛光。

4) 抛光之后再用上光蜡抛出光泽, 使其表面光亮如新。

7.4 轮胎的养护美容

想一想: 为什么要对轮胎进行养护?

提示: 轮胎是汽车身上最重要的部件之一, 对汽车的操纵性、舒适性、加速性都有相当大的影响。为了保证车轮的性能, 有必要对轮胎进行定期养护。

学 习 目 标	鉴 定 标 准	教 学 建 议
1．了解轮胎养护美容的内容 2．掌握轮胎养护美容的注意事项	1．应知轮胎养护美容的内容 2．应知轮胎养护美容的注意事项	采用教师启发式讲解、学生讨论相结合的方式，最后教师要总结

1. 轮胎的养护

轮胎是汽车身上最重要的部件之一，对汽车的操纵性、舒适性、加速性都有相当大的影响。为了保证车轮的性能，有必要对轮胎进行定期养护。

（1）美容 轮胎在经过使用后会出现老化的现象，表面失去弹性、光泽及出现微小裂纹等。通过给轮胎喷涂一些专用药剂，使轮胎变黑，并使用橡胶恢复原有的弹性。

方法就是直接将轮胎增黑剂喷涂于轮胎表面，风干即可。轮胎增黑剂含有专门的聚合油脂，集增黑、清洁、抗老化于一体，为轮胎表面提供长久、不受外界影响的保护层，防止轮胎老化、龟裂，延长使用寿命。

（2）轮胎养护注意事项

1）胎压。在轮胎所有的日常养护中，首先关注的应该是轮胎气压，各轮胎｛包括备胎｝的胎压一定要符合规定值。因为只有冲入适当的空气使胎压达到标准，轮胎的优良性能才会充分地发挥出来，胎压过高过低都不利于轮胎的使用。

胎压过高，胎面与地面接触的宽度变窄，从而降低行驶稳定性与制动性能，并致使胎面中间部分磨损较快；伴随而来的还有行驶舒适性较差；受到外力冲击时，轮胎帘部层很容易因极度拉紧而损坏。

另外摩擦所产生的热量会集中在胎面中部，严重时造成胎面橡胶层脱落。胎压过低，行驶可能会爆裂，这种情况是极危险的。轮胎气压过低伴随而来的还有前轮转向沉重，胎肩磨损较快。另外路面与胎面之间摩擦力增大，从而浪费能量及消耗油。

因此，要定期对胎压进行检查，在每次车辆高速或长距离行驶之前要更细心确认。测量轮胎气压时一定要等轮胎冷却下来，必须使用轮胎气压表测量，并且应根据不同载荷调整适当的轮胎气压。在高速公路行驶时，轮胎气压应比通常高 0.02~0.03MPa，以增强其刚性。

2）换位。由于前、后桥的负荷不同，驱动轮的不同及路面状况差异，车辆各个轮胎的磨损状况都是不一样的。为了获得最佳的轮胎磨损状况，轮胎的定期换位是一种很好的解决方法。轮胎换位时应该注意以下事项：

① 有些型号的车辆，其前、后轮轮胎的胎压不同，所以在轮胎换位后要调整其胎压的规定值。

② 有旋转方向的轮胎换位时，务必确保轮胎在新位置上不反向转动，这是单向花纹轮胎的特性。相对于旋转方向而言，这种轮胎的胎面花纹具有方向性，用于改善轮胎在湿滑路面上使用时的性能，可以更容易地排除积水。如果将这种轮胎反向安装，则其在湿滑路面上使用时的性能反而变坏。

③ 径向布层轮胎｛子午线轮胎｝如果换到另一侧，由于轮胎转动方向与原来相反，噪声及左右摇摆现象会增大，所以建议只在同侧换位。

④ 切勿在轮毂螺旋的螺纹线及螺母上涂抹润滑脂或机油，否则会破坏螺旋螺母之间的

互锁特性，致使轮胎螺母松脱。

3）平衡。在轮毂边缘通常要安装有一块或多块小铝块，它们对轮胎的平衡起着不可或缺的作用。通过调节这些小铝块的质量及其位置分布，可弥补车轮整体上质量的分布不均，从而达到平衡轮胎的目的。

汽车的车轮是由轮胎、轮毂组成的一个整体，但是由于制造上的原因，使合格整体各部分质量分布不可能非常均匀。当汽车车轮高速旋转起来后，就会形成不平衡状态，造成车辆行驶中车轮抖动、方向盘振动的现象。为了避免这种现象或是消除已经发生这种现象，就要使车轮在动态情况下通过增加配重的方法，使车轮校正各边缘部分的平衡，这个校正过程就是动平衡。一旦出现不平衡状况，应尽快查明原因，做轮胎的动、静平衡检查并调整，以减少轮胎的异常磨损，使其在稳定的条件下转动，延长寿命。

4）定位。汽车在轮胎安装前、后轮的悬架系统均设置车轮定位角度。当车辆使用很长时间后常会有转向沉重、发抖、跑偏、不正、不回正等不正常磨损，需要进行车轮定位。通常采用四轮定位仪进行定位。目前，使用的四轮定位仪基本上是由计算机控制，四轮定位仪由计算机主机、车轮定位传感器、轮毂固定爪、前轮转盘、前束尺和举升装置等组成。

5）检查。检查是否有杂物和碎石等嵌入胎纹之间，若有则剔除它们，如果这些嵌入物长时间存在于胎纹之间会对轮胎表面造成裂纹、变形等缺陷。轮胎的花纹沟由于行驶磨损而逐渐变浅，如果磨平就会失去排水防滑等作用，汽车各项性能将大大降低。

7.5 汽车的夏季护理

想一想：汽车夏季护理的必要性？

提示：在夏季，强烈的紫外线照射和高温烘烤，给汽车各部件带来了考验，因此夏季的汽车养护美容就很有必要。

学 习 目 标	鉴 定 标 准	教 学 建 议
1. 了解夏季护理对汽车车况的影响 2. 掌握夏季汽车护理的重点及措施	应知夏季护理对汽车车况的影响 应知夏季汽车护理的重点及措施	采用教师启发式讲解、学生讨论相结合的方式，最后教师要总结

在夏天，由于常开车窗，灰尘很容易吹进车里，尾气及各种有害气体及污染物会附着在绒布织物面料的座椅、顶棚上，从而使车室变得很脏，还会有异味出现。

仪表台、车门饰板等塑料部位要清洁干净，要用毛刷仔细清洁，为了防止紫外线照射后造成表面龟裂、老化，还要在清洁后涂上一层保护剂，并用专用的清洁剂把绒布面及座椅缝隙里面全部清洁干净。顶棚上的污渍及由于抽烟等熏黄的痕迹都要彻底清洁。

为了防止细菌再生，还要给整个车内做一次高温杀菌。风道口以及空调的通风道等部件也应一起做一次清洁，保证车内环境和空气都干净。

1. 夏季对车况的影响

1）润滑油容易变质和烧损。发动机在高温下运转时，润滑油的抗氧化稳定性变差，加剧其热分解、氧化和聚合。同时，干燥空气中的灰尘和潮湿空气中的水分通过进气系统和曲轴箱通风口进入发动机油底壳污染润滑油，引起润滑油变质。此外，润滑油通过进气缸壁、活塞、活塞环、轴颈等过热区域时，容易引起蒸发和烧损。

2）零件磨损加剧。发动机在高温下运转，金属零件热膨胀较大，零件之间正常配合间隙变小，磨损加剧。同时，高温运转的发动机在活塞顶、燃烧室壁、气门头等零件上黏附积炭和胶质物，使金属零件等热性变差，加速机件损坏。除此之外，由于发动机过热、机油变稀、机油压力降低、润滑油膜不易形成，也加速机件磨损。

3）发动机充气系数下降。高温条件下，因空气密度减小，进入气缸里充气量减少，使充气系数下降，从而导致发动机功率下降，使车辆行驶无力。试验证明，当气温由15℃上升到40℃时，发动机的功率下降6%~8%。

4）制动性能变差。制动蹄片及轮胎受高温，频繁制动后，制动力很快下降。特别是汽车在山区坡陡、弯急、道路狭窄、情况复杂的条件下行驶时，使用制动次数增多，制动摩擦片温度会急剧升高，使制动性能变差。另外，高温时由于沥青路面逐渐变形，有的地方还可能变成流动的液体，路面的附着力下降，制动效果明显变差。

5）供油系统产生气阻。供油系统受热后，部分汽油以气体状态存于油管与汽油泵中，不仅增大汽油流动阻力，同时由于气体的可压缩性，汽油泵出油管中的汽油蒸汽随着汽油泵的脉动压力不断被压缩和膨胀，时间一长就破坏了汽油泵吸油过程中所形成的真空度，造成发动机供油不足或中断，即形成供油系统气阻。

6）可燃混合气燃烧不正常。随着大气温度的增高，进入气缸的混合气温度也升高，发动机的温度将更高，从而使窜入气缸中的润滑油在高温缺氧的情况下生成胶质和积炭。积炭积存于活塞顶部、燃烧室壁、气门顶部和火花塞上，形成灼热点，引起发动机灼热点火，便产生自燃或爆燃。

2. 夏季汽车的护理重点及措施

1）防止爆胎。汽车在高温条件下行驶时由于外界气温高，轮胎散热较慢，并且气压也随之相应地增高而易引起轮胎爆破。因此，在高温条件下运行要注意轮胎的温度和气压，经常检查，保证规定的气压标准，若发现缺气，应及时补足。长途运行的汽车，要适当降低车速，必要时把车停于荫凉地点，使轮胎温度降低后再继续行驶，切不可用泼浇冷水的办法来降低轮胎的温度，这样会因胎面和胎侧胶层和部分收缩不均而产生裂纹。

2）防止爆燃。根据发动机的压缩比选用辛烷值合适的汽油，注意不能选用辛烷值低于要求的汽油。当使用汽油辛烷值较低时，要注意保持发动机的正常温度，适当推迟点火提前角和加浓混合气，同时，要及时对燃烧室、气门头等部位的积炭进行彻底的清除。另外，汽车上坡前应选择合适档位，保持动力良好，以防止加油过猛。

3）防止蓄电池损坏。进入夏季时，要注意调整电解液的密度，其密度要比冬季小一些。同时，还要经常检查蓄电池液面高度，及时补充蒸馏水，并保持通气孔畅通。为防止因温度高造成电解液消耗量过大，需调整发电机调节器，减小发电机充电电流。

4）防止供油系统气阻。清洁汽油滤清器、燃油箱和油路管道，使之保持清洁畅通。检查调整汽油泵的工作压力，使之保持正常，一旦出现气阻，应停车降温，拆开进油管接头，扳动汽油泵摇臂，使汽油充满油管，恢复正常供油。为了防止供油系统产生气阻，通常采用冷敷降温和加装隔热垫的方法。冷敷降温法是用沾过冷水的布或棉纱将汽油泵包起来，反复几次即可降低其温度，使供油畅通；加装隔热垫是在气缸和汽油泵之间加装石棉板垫片，减少发动机传给汽油泵的热量，防止产生气阻。此外，采用电动汽油泵是防止产生气阻的有效方法。

5）防止制动失效。对于液压制动车辆，要检查制动主缸和轮缸，更换制动油，彻底排净制动管道的空气，并检查、调整制动踏板的高度；对于气压制动车辆，要注意检查制动皮碗和制动软管的良好程度，发现损坏应及时更换。

6）防止进气系统进水。夏天雨水多，现在汽车空滤芯多数是纸材合成，如果空滤受潮，空气受阻增大，则使车辆变得加速无力；严重时，进入发动机的水分在高温作用下，使发动机内部运动机件锈蚀作用加剧，影响发动机性能。

7）防止水孔堵塞。车辆的前风窗玻璃处通常设有流水槽及排水孔，可以及时排掉雨水及洗车的积水，当车辆经过冬天、春天后，流水槽里往往沉积了许多泥土及树叶，这时极易堵住排水管，应及时疏通排水管，以免排水不畅造成积水。当积水过多时会进入车内，还可能危及车辆电控系统，导致电控系统故障或损坏。

8）防止漆面老化、褪色。夏季雨水中的酸性成分对车漆腐蚀非常厉害，阳光的直射也会导致汽车表面油漆老化、褪色，因此进行汽车封釉会对漆膜起到很大的保护作用。"封釉"是利用专用的振抛机将一种高分子结构的涂装剂压进车漆内部，使其形成一层坚固的网状结构罩在车漆表面。其作用首先是与空气隔绝，不被氧化；其次，釉保护剂内含紫外线反射剂，使车漆不因辐射而褪色；最后，釉保护剂中的静电吸收剂可排除静电，不易吸附灰尘，便于清理。封釉工艺如下：

① 用脱蜡洗车液将抛光后的漆面清洗干净并擦干。
② 用吹风机将各缝隙里的水吹干。
③ 将车身饰条、保险杠等部位用纸胶带粘好。
④ 将"镜面釉"反复摇晃使其均匀，用专用的振抛机将釉保护剂通过振动剂压进漆的细孔内，配合使用红外线烤灯的照射，使之形成如同网状的牢固保护层。

3. 夏季高温条件下车辆技术护理

汽车进入高温季节时，应对全车进行必要的技术检查和调整，其保养的主要内容如下。

1）检查冷却系统机件，保证齐全完好。主要是检查冷却系统的密封情况，风扇驱动带的松紧度，散热器盖上的通风口和通气口是否通畅，冷却水是否充足，节温器状况是否良好等。另外，还要及时消除水垢，保证水路畅通。为减少污垢，发动机冷却水要尽量用软水或经过处理的硬水。

2）改善润滑条件，减轻机件磨损。首先要保证润滑油的数量充足和质量良好，使机件能得到充分滋润。其次要加强对空气滤清器和机油滤清器的保养，保证工作正常。对多尘条件下使用的车辆，要适当缩短润滑油的更换周期。在高温天气行驶的车辆要加装机油散热器和选用优质机油，变速器、主减速器和转向器中换用夏季后置齿轮油，车轮轴承换用滴点较高的润滑剂。

3）检查百叶窗，拆除发动机附加的保温装置以及驾驶室风窗装置，检查整修后，妥善保管。

4）放出发动机机油盘、空气压缩机机油盘及机油滤清器等处的冬用机油，清洗润滑系统，加注夏用机油。

5）放出变速器、分动器、差速器及转向器等处的冬用齿轮油，清洗后检查齿轮和轴承的磨损情况，校正主减速齿轮的啮合间隙，然后加注夏用齿轮油。

6）清洗轮毂轴承，换用稠度较高的轴承润滑油。

7）检查空调，防止缺制冷剂。汽车空调是夏季使用较频繁的部件，也最容易发生故障，检查汽车的空调是否缺制冷剂是必要的。其次要检查是否有制冷剂泄漏。一般干燥罐上都有玻璃观察孔，从气泡的流动情况即可初步判定其工作状况。最后还要检查是否缺冷冻润滑剂。

练 习 题

一、填空题

1. 汽车美容护理用品中用的清洗剂主要有＿＿＿＿、＿＿＿＿、＿＿＿＿三大类。
2. 汽车日常维护内容分为＿＿＿＿、＿＿＿＿、＿＿＿＿。
3. 汽车漆面划痕产生的原因有＿＿＿＿、＿＿＿＿、＿＿＿＿。
4. 轮胎养护注意事项有＿＿＿＿、＿＿＿＿、＿＿＿＿、＿＿＿＿、＿＿＿＿。

二、简答题

1. 中度划痕的补救方法有哪些？
2. 夏季汽车的护理重点及措施有哪些？
3. 汽车进入高温季节时，其保养的主要内容有哪些？

第 8 章

汽车精品的选装

汽车精品即汽车装潢配件，就是比汽车原来配置的配件要好，或者说是有个性，总的来说，汽车精品就是车用商品。

8.1 汽车安全防护用品的选装

想一想：汽车安全防护用品一般有哪些？

提示：汽车安全防护用品有犀牛皮、行李架、底盘装甲和护板等。

学习目标	鉴定标准	教学建议
1. 了解汽车安全防护用品的作用及类型 2. 掌握汽车犀牛皮的安装方法 3. 掌握汽车行李架的安装方法 4. 掌握汽车底盘装甲和护板的安装方法	应知：汽车安全防护用品的作用及分类 应会： 1. 汽车犀牛皮的安装 2. 汽车行李架的安装 3. 汽车底盘装甲和护板的安装	采用教师启发式讲解、学生讨论相结合的方式，最后教师要总结

1. 汽车犀牛皮

汽车犀牛皮又称为漆面保护膜，或称防划膜，它是一种高性能聚氨酯薄膜，坚韧耐磨，可有效地防石击、抗异物刮擦，并且有优异的抗热、抗老化能力。犀牛皮的材料具有延展性、透明性及曲面适应性，装贴后不影响车身外观，例如，进口的本田佳美、欧宝等原厂都配有原装 3M 犀牛皮。

（1）犀牛皮的结构　犀牛皮一般由 PVC 薄膜层、丙烯酸胶层和离析纸组成，如图 8-1

所示。

1) PVC 薄膜层。PVC 薄膜层又称聚氨酯层，厚度一般约为 0.15mm，透明度高，延展性好。具有优异的抗碎石击打能力、抗穿刺能力、抗刮擦能力、良好的防化学腐蚀能力等。

2) 丙烯酸胶层。丙烯酸胶层又称为粘接胶层，厚度约为 0.05mm，具有适中的黏度、超强的粘贴强度、优异的转移性能，优质的粘胶层，粘贴后不会产生脱胶现象。

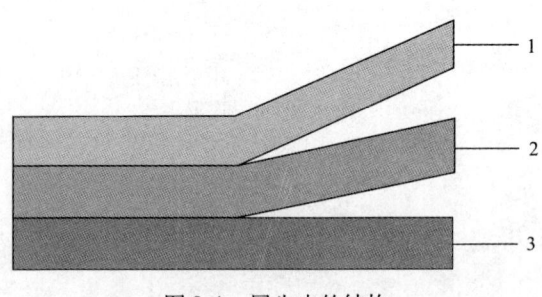

图 8-1　犀牛皮的结构
1—PVC 薄膜层　2—丙烯酸胶层　3—离析纸

3) 离析纸。离析纸是一层可以剥离掉的保护隔离层，粘贴前起保护犀牛皮的作用。

(2) 犀牛皮的作用
1) 使车的内衬、漆面与外界隔离，具有防灰尘、保持车内清洁等作用。
2) 犀牛皮的表面具有防止划伤的耐磨层，可以减少内衬和漆面被划伤的可能。
3) 犀牛皮的粘贴不会因为高温而产生变质、变色，在复杂表面也不会改变产品性能。

(3) 犀牛皮的安装
1) 用中性清洗液清洗待粘贴的部位。尤其是待粘贴部位的灰尘和蜡等杂质。
2) 裁切犀牛皮。
3) 把裁好的犀牛皮放入拉手内并与原车拉手轮廓对齐。
4) 挤出犀牛皮内的水，使其与漆面充分粘合。
5) 最后犀牛皮有气泡时，用热风枪加热使其软化，即可粘贴到位。
6) 粘贴完毕后，擦干车身。

2. 汽车行李架

汽车行李架指安装在车顶便于系带大件物品的支架。

汽车行李架兼具审美与使用功能，既可让车的造型更酷，也可以出游时派上大用场。它能承载行李箱放不下的东西，如体积大的行李、自行车、折叠床等。只要车主将货物固定到位，特别是在货物上加装上行李绳网，可以携带更多东西。

(1) 汽车行李架类型　按尺寸的大小和特点，汽车行李架可分为单层行李架、双层行李架、豪华行李架等。按适合车型分可分为专业行李架和通用行李架。根据安装不同则可以分为简易行李架和组合式行李架。

随着汽车改装风潮的日益盛行，很多车主为了彰显自己的独特个性都喜欢将自己的爱车打扮得独一无二，而汽车行李架以其实用性和独特性受到很多车主的喜爱。提到行李架，可能大多数人会想到很多 SUV 车顶上的那两条纵轨。那两条纵轨只是 SUV 行李架的一部分，其实行李架有很多种类，不仅 SUV 车型可以装配，家用的轿车也是可以装配行李架的。现在的行李架主要分为原厂型行李架、功能型行李架和装饰型行李架。

1) 原厂型行李架。原厂型行李架只是行李架中的两条纵轨，一般出现在 SUV 车型上。原厂的行李架都可以在上面加装行李架板，来放置大件物品。

原厂自带的行李架纵轨类型主要有分离式纵轨、一体化纵轨、T 型槽纵轨和无纵轨四种。

① 分离式纵轨。分离式纵轨是很常见的种类之一，这种纵轨的结构大部分与车顶分离，只有几个固定点与车顶连接。这种纵轨加装行李架是非常方便的，如果不想加装行李架，也可以用绳子和网来固定简单的行李。使用这类纵轨的车型有雪佛兰科帕奇、铃木吉姆尼、标致 3008、丰田汉兰达、大众途观、比亚迪 S6 等车型。如图 8-2 所示。

② 一体化纵轨。如图 8-3 所示。一体化纵轨也是比较常见的，这种纵轨完全贴合在车顶上，优点是加装行李架后高度比分离式纵轨加装行李架要低一些。使用这种纵轨的车型有奥迪 Q7、宝马 X1、Jeep 指南者、斯巴鲁傲虎等车型。

图 8-2 分离式纵轨

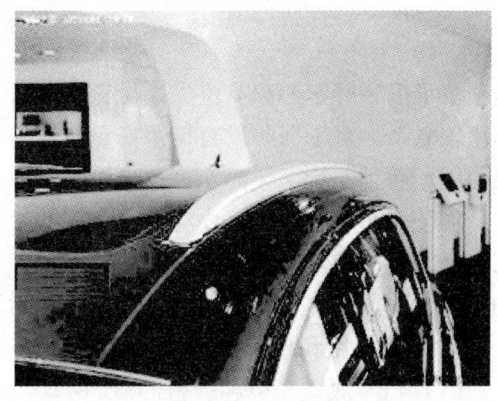

图 8-3 一体化纵轨

③ T 型槽纵轨。T 型槽纵轨不是很多见，途锐、翼虎用的就是 T 型槽纵轨。这样的纵轨不加装行李架时不影响车辆的整体美观，如果需要加装行李架也很方便，并且比以上两种纵轨加装行李架的高度更低。使用 T 型槽纵轨的车型有路虎发现 3、保时捷卡宴、哈弗 H3 等车型。如图 8-4 所示。

④ 无纵轨。大多数轿车在出厂时并没有行李架纵轨，但是有的汽车厂商考虑到了车主的需求，在车辆设计时预留了加装行李架的接口，这样也可以很方便地加装行李架。

图 8-4 T 型槽纵轨

2）装饰型行李架。装饰型行李架只是模仿原厂行李架纵轨，用 3M 双面胶粘贴在车顶处，起到观赏性作用，不能放置行李架板和大件物品。

3）功能型行李架。功能型行李架有自行车架、行李架箱和载物行李架等，这些行李架起到载物的作用，具有更强的实用性，方便出门旅游。如图 8-5 所示。

（2）汽车行李架的安装　汽车行李架的安装要根据自己喜欢的车型而定。有些汽车出厂时安装了行李架。如果你不喜欢，则可以换装上自己喜欢的类型或拆卸下来。有的汽车出厂时没有配装行李架，但在车顶上为车主后期加装行李架预留了位置。需要看看车顶上是不

图 8-5　安装完好的行李架

是预留了配装行李架和支座支撑位置,一般上面都已经配有预留的螺钉。行李架防漏防锈工作比较复杂。对于那些没有预留安装位置的汽车,最好不要安装行李架,以免影响后期的车辆使用。而且,行李架的安全性也没有事先预留位置的那些车型好。

加装汽车行李架后,要注意:①定期检查螺钉的紧固程度;②货物要在行李架上绑紧或固定好,摆放均匀。没有伸缩性的行李架,要加装行李网;③行驶过程中,尽量避免紧急制动;④货物不能超过行李架的设计承重,承重一般设计为 30~50kg。

3. 底盘装甲和护板

(1) 汽车底盘装甲和护板的概念　汽车底盘装甲的学名是汽车底盘防撞防锈隔音涂层,一种高科技的黏附性橡胶沥青涂抹,它具有无毒、高遮盖率、高附着性,可喷涂在车辆底盘、轮毂、油箱汽车下围板、行李箱等暴露部位,快速干燥后形成一层牢固的弹性保护层,可防止飞石和砂砾的撞击,避免潮气、酸雨、盐分对车辆底盘金属的侵蚀,防止底盘生锈和腐蚀,保护车主的行车安全,同时弹性保护层能够减轻驾驶时的汽车噪声和轮胎的噪声,提高车主的加速舒适度。

汽车底盘护板,是在汽车发动机下部安装一个保护装置,主要是防止汽车在行驶过程中,被地面凸起的异物划伤油箱底壳或变速器,也就是大家俗称的拖底,一般有钢、铝合金、树脂三种。

(2) 底盘装甲和护板的作用

1) 汽车底盘装甲的作用。底盘防锈产品目前为止已经发展到了第四代,第一代产品为"单分子溶剂漆",包括沥青型、橡胶型、油漆型 3 种;第二代产品为"合成溶剂型";第三代为"高分子型水性漆";第四代为"含高分子树脂漆型"。

底盘防腐蚀:汽车的锈蚀从地板开始,只跑了三年的汽车边梁已经开始长出锈斑。特别是南方本来多潮湿天气,加上每次洗车污水会残留在底部,长久下去会形成潜在的腐蚀因素,对车造成伤害。汽车底部养护后,即使是酸雨、融雪剂、汽车碱水,都无法侵蚀这层防护膜。

① 防石击:车辆在行驶过程中,会溅起小石子,石子冲击底板的力量与车速成正比,一般 10g 的小石子在车速达到 80km/h 时冲击力达到自身的 30000 倍,就相当于用石头碰鸡蛋,其足以击破 30mm 以下的漆膜。漆膜一旦击破锈蚀便从这点开始并从铁板内部缓慢扩大,汽车底部养护后,即使石头以 300kg 的力冲击都不能被击破。

② 防振:发动机车轮均固定在汽车底板上,它们的振动在某一频率上会与底板产生共

振，使人产生不舒适的感觉，底部防护会消除这种共振。

③ 隔声降噪：车辆快速地行驶在路上，车轮与路面摩擦声与速度成正比，车辆具有好的底部防护，能大大降低车内的噪声。

④ 防拖底：底部养护材料的厚度可达 1.5~2.5mm，当底部被路面突起刮蹭时，将减轻对底盘的伤害。特别是在高速公路上时，路面摩擦很大，声音听起来也很吵，底盘使噪声变得很小，而且暖风由于隔热效果好，即使关闭暖风仍能在较长的时间保持温度。

⑤ 汽车保值：因为汽车底盘支撑着汽车四大系统，保护底盘等于保护了上面的各车系统，节省了因底盘故障而产生的一系列维修费。通常，新车使用三年后就会发生锈蚀，而与之相对应的一个事实就是车辆保养越好价格越高，经过一段时间的行驶后，无论自己使用还是准备换新车，经过底盘防护处理的车肯定能够拥有更高的价值。

2）汽车底盘护板（图 8-6）的作用。

汽车底盘护板主要是保护发动机，目前很多品牌车型新车都已经安装了发动机护板。从汽车底盘护板的功能来说，如果车子经常出城走坑洼路面，那还是很有必要装的，如果长期都在城区道路开，未必要装。其作用是：

① 防止雨雪天气污水进入发动机室，这一点对于住在北方的用户特别重要，在气候冷容易下雪的地区，建议安装底护板。

图 8-6 汽车底盘护板

② 防止车辆行驶过程中卷起微小硬物敲击发动机，避免或减轻底部的障碍物对发动机造成损伤。

发动机护板的常见材料选择标准是尽量选择韧度好一些，且质量轻，因此钛合金要好于铝合金，更好于不锈钢，而较常见的树脂材料又分为很多档次的材质，根据实际进行选用。

(3) 底盘装甲和护板安装方法

1）汽车底盘装甲的安装。

① 升高汽车，用高压水枪冲洗底盘，先涂上发动机外部清洗剂或发动机去油剂，去除底盘上粘结物和沙子，或用特质砂纸打磨掉原防锈层。

② 用气枪将缝隙中的水吹出来，并用毛巾将水擦干。

③ 准备喷涂防锈处理层，必须先用遮盖纸和胶带，将轮胎和排气管周边遮盖，尤其是注意车身上的传感器和减振器要遮盖好。

④ 将底盘装甲各组分材料一次喷涂到底盘，至少喷 3 层，厚度为 4mm。

⑤ 涂层局部维修，保证遮蔽性，越强越好。

⑥ 去除周边遮蔽物，用专用清洁剂清洗周边非喷涂部位，等风干，新车大约一个多小时就弄好了，旧车就要根据车况而定了。

2）汽车底盘护板的安装。

汽车底盘护板比较简单。一般车辆的底盘都预留了安装护板的螺钉孔，所以安装起来也比较方便，选择大小合适的护板，将护板用螺钉固定好即可。

8.2 汽车音响的选装

想一想：音响器材选好后什么是最核心的环节，为什么？

提示：音响器材选好后，安装成为最核心的环节。因为线材的走向、器材的安装手法，扬声器的安装位置、安装细节，还有技师对车型、空间内饰、材质的掌握程度与经验以及对音乐本身的素养与高度水准等都会影响整套系统的效果。

学 习 目 标	鉴 定 标 准	教 学 建 议
1. 了解汽车音响安装基本常识 2. 熟悉汽车音响安装标准 3. 掌握汽车音响安装方法	应知： 1. 汽车音响安装基本常识 2. 汽车音响安装标准 应会：汽车音响安装方法	采用教师启发式讲解、学生讨论相结合的方式，最后教师要总结

1. 汽车音响安装基本常识

（1）汽车音响配线的选择　汽车影响线材的电阻越小，在线材上所消耗的功率就越小，则系统的效率越高。即使线材很粗，由于喇叭本身的原因也会损失一定的功率，而不会使整个系统的效率达到100％。

线材的电阻越小，阻尼系数越大，喇叭的赘余振动越大。线材的横剖面面积越大（越粗）电阻越小，该线的容限电流值越大，则容许输出的功率越大。电源熔丝的选择：主电源线的熔丝盒越靠近汽车蓄电池接头越好。熔丝值大小可按以下公式确定：熔丝值＝{系统各功放的总定额功率之和×2}/汽车电源电压均等值。

（2）音频信号线的布线　用绝缘胶带或热缩管将音频信号线接头处缠紧使之绝缘，当接头处和车体相接触时，会产生噪声。音频信号线应尽可能的短，音频信号线越长，越容易受到车内各类不同频率信号的干扰。注意：如果不能缩短音频信号线长度，超长的部分折叠起来，而不是卷起来。

音频信号线的布线要距离行车电脑板块电路和功效的电源线至少20cm。如果布线太近，音频信号线会拾取频率干扰的噪声。最好将音频信号线和电源线分布在驾驶座的副驾驶座两侧。如果音频信号线和电源线需要互相交叉，则最好以90°相交。

（3）电源线的布线　所选用电源线的电流容积值应等于或大于和功效相接的熔丝的值。如果采用低于标准的线材作电源线，会产生交流噪声，而且严重破坏音质，电源线可能会发热而燃烧。当用一根电源线分开给多功能供电时，从分开点到各个功放布线的长度应该尽量相同。当电源线桥接时，各个功放之间将呈现电位差，这个电位差将导致交流噪声，从而严重破坏音质。

当主机直接从电源供电时，会减少噪声，提高音质。连接时，应把蓄电池接头的脏物彻底清除，并将接头拧紧。如果电源接头很脏或没有拧紧，接头处就会接触不良，从而产生阻流电阻,会导致交流噪声,严重破坏音质。可用砂纸清除接头处的污物,同时擦上润滑脂。

当在汽车动力系统内布线时,应避免在发动机和点火装置附近走线,发电机噪声和点火噪声可以形成辐射射入电源线。当将原厂安装的火花塞和火花塞线缆更换成高性能的类型时,点火火花更强,这时候更易产生点火噪声。在车体内布电源线和布音频线所遵循的原则一致。

(4) 接地的方法 用细砂纸将车体接地点的油漆去除干净,将接地线固定紧,如果车体在接地端之间残留车漆就会使接地点产生接触电阻。和前文所述脏污蓄电池接头类似,接触电阻会导致交流噪声的产生,从而严重破坏音质。应将音响系统中各项音响器具材料接地点集中于一个点。如果不将它们集中在一个点接地,音响各组件之间存在的点位差会导致噪声的产生。

2. 汽车音响安装标准

(1) 线路工艺标准 线路要求就是抗干扰和安全,所有线材必须具有阻烧性,信号线必须具有屏蔽性,功效的电源线要够粗。电源线穿过铁皮时要有双层保护,所有电源线必须套有波浪管。音响部分的电源及其各组成部分应有单独的熔丝设置以保证音响的用电安全。扬声器线应远离鸣号线和主电源线,万不得已的情况下,也应交叉干扰处杂音。另外一点是一般音响店容易忽视的问题:各线路连接点应连接牢固,最好采用焊接,这种连接可将电源损失和信号衰减到最小,电源线与接头应选用适当的线鼻子连接,一般在焊接或线鼻子连接前进行刷锡处理。

线路装饰时一般要求是保持汽车一切原貌,对增加外装饰部分,其风格尽量与原车保持一致。A柱上扬声器和门饰板的装饰及喷漆等,要与车内颜色和造型相协调。

(2) 扬声器装饰工艺标准 扬声器安装总的要求是对称、防振动、防共振,安装扬声器时最好加装密封减振垫,仪表台的扬声器最易产生小型共振。低扬声器的箱体应选择18mm左右的质量较好的密度板,而且在箱内装有适量的吸音材料。当然,这种扬声器安装要求必然会增加一定的人工消耗和材料成本。

(3) 声音的聆听标准 音响安装是否有问题,这是可以通过试听来检查的。

第一,汽车起动后,按响汽车喇叭,听听扬声器是否存在干扰。

第二,加大油门,听听发动机和发电机是否存在杂音十扰。

第三,将音量开到"0"听听扬声器是否有电流声。

第四,将音量开到2/3听听在大声压下,扬声器安装是否牢固,有无共振现象。

第五,放一张专业试音盘,判断安装相位是否有错误。或用相位仪检测,安装音响后音效如何。

统一的、唯一的检测仪器就是自己的耳朵,安装前后试听,安装前后对比试听,是唯一的办法,适合自己的就是好音响。

3. CD机的安装

单盘机在安装时应注意一定要水平安装,而且要固定牢固,否则减振效果差,振动时激光头需要经常保养,长期不保养会使激光头加快老化。

多盘机在安装时首先应注意主机与CD机之间的连接线,为了防止干扰要与车上电源线分开走线,而且要走原线道,在用螺钉固定门边时,不要碰到连接线,如果碰到连接线造成短路,会使CD机或主机损坏。

4. 扬声器的安装

扬声器的位置选择和安装与其型号有关。通常扬声器可直接装到车内扬声器的孔中，安装时，只需拆除保护网，用螺钉固定扬声器即可，安装过程中，不要损坏扬声器的振动膜片，为此可在扬声器与安装面板上装一垫圈来减少振动，车内导线可用 PVC 胶带固定，以免损坏，不要让电线垂悬。

5. 汽车音响的保养

（1）主机的保养　现在大部分的车辆都装备了 CD 播放器，高温和潮湿会直接减少激光头的使用年限，所以在太阳光强烈时，为了避免太阳光的直射，最好使用遮阳板抵挡一下烈日。

由于夏季空气潮湿，很容易造成 CD 盘上结雾，潮湿的 CD 盘如果直接进入主机会令激光头读取速度跟不上，同时也使用电器元件受潮，严重时还会造成激光头损伤，潮湿和高温是电子组件和激光头老化的主要元凶。

在车内经过阳光暴晒后不宜马上将音响音量调大，因为电子系统的工作状况是会随温度而变化的，立即调大音量不仅会损伤扬声器等电器，而且还会影响主机的使用寿命。

激光头的另一天敌就是灰尘，虽然汽车音响在设计过程中考虑防尘的问题，但由于路况千差万别，防尘问题依然重要，在路况环境较差时，车主应该及时关闭车窗，平时还应注意车内保洁。

（2）扬声器保养　如果门窗密封条不严应立即更换，否则夏季漏雨会导致车门上扬声器损坏，严重的还会烧毁主电机电路。

喇叭盘在高温下会发生细微的变化，这些变化将直接影响音响的音质，所以入夏后如感觉音质与以往不同，应做相应的调试。

（3）碟片保养　碟片不要放在仪表台上，炎热的夏天，碟片在烈日的暴晒下很容易发生变形。碟片在长时间不用后会有飞尘和刮伤，在擦拭碟片飞尘时，要沿着与音频轨迹垂直的方向擦拭。

在使用主机时一定要选择质量好的正版碟片。因为盗版碟片经常会有碟片不平或碟孔不圆的情况，在播放时这些隐患都会导致激光头产生跳点故障，直接损坏激光头。

8.3　汽车系列精品的选装

想一想：汽车系列精品有哪些？

提示：汽车系列精品有疝气前照灯、倒车雷达、DVD、倒车影视、防盗器、凸镜、激光迎宾灯、GPS 导航、一键式起动等。

学习目标	鉴定标准	教学建议
1. 了解汽车系列精品安装的种类及作用 2. 掌握汽车系列精品的安装方法	应知：汽车系列精品安装的种类及作用 应会：部分汽车系列精品的安装方法	采用教师启发式讲解、学生讨论相结合的方式，最后教师要总结

1. 前照灯、疝气前照灯

车灯包括照明和标识两类。在一段时间里，汽车照明系统只包括法律上要求的前照灯、尾灯和牌照灯。现在为了方便汽车的夜间行驶，提供舒适和安全的驾驶环境，一般轿车都要装有 15～25 个外部照明灯和约 40 个内部照明灯。

按照功能分类，汽车上主要有夜行灯、信号灯、雾灯、夜行照明灯，各个灯光具有不同的用途，使用很有讲究，既不可乱用也不可不用。

对车灯进行装饰，其作用主要有两个：使汽车更加美观；提高照明质量，保证行车安全。

（1）前照灯　前照灯又叫大灯，装于汽车头部两侧，在光线不良情况下为行车提供道路照明，一般来说，前照灯有两灯制和四灯制的区别。

由于前照灯对夜间行车安全有决定性影响，各国的交通管理部门对于汽车前照灯都有严格的标准，其基本要求如下。

① 前照灯应保证前面有明亮而均匀的照明，使驾驶人能辨别车前 150m 以内路面上的任何障碍物。随着汽车行驶速度的提高，汽车前照灯的照明距离也相应要求越来越远。

② 前照灯应该具有防炫目的装置，以免夜间行车车辆迎面相遇时使对方驾驶人炫目而造成交通事故。

（2）前照灯的结构

前照灯的光学系统包括灯泡、反射镜和配光镜三部分。

目前，汽车前照灯灯泡主要有四种。

1）充气灯泡。其灯丝使用钨丝制成。由于钨丝受热后会蒸发，从而缩短灯泡的寿命，制造时将玻璃灯泡内的空气抽出，然后冲入 86% 的氩气和 14% 的氮气的混合惰性气体。随着技术的进步，充气灯泡已经非常少见了。

2）卤钨灯泡。传统钨丝灯泡在使用一段时间后就会发黑，这是因为钨丝在高温发光的过程中会自然蒸发钨蒸气，钨蒸气在灯泡玻璃表面沉淀就会出现惰性气体。而卤钨灯泡则可以避免这一现象的出现。因为卤钨灯泡是利用卤钨再生循环反应的原理制成的。其再生过程是：从灯丝上蒸发出来的气态钨和卤素反应生成了一种挥发性卤化钨，它扩散到灯丝附近的高温区又受热分解，使钨重新回到灯丝上，被释放出来的卤素继续参加下次循环，从而防止了钨的蒸发和灯泡变黑的现象。

卤钨灯泡尺寸小，泡壳的机械强度高、耐高温强，所冲入的惰性气体压力较高，而工作温度高，钨的蒸发也受到工作气压的抑制。

3）发光二极管（LED）。发光二极管是一种可以自身发光的包含 PN 结的固体半导体组件，LED 与白炽灯比较有显著的优点：一是寿命长，一般可达几万乃至十万小时；二是非常节能，比同等亮度的白炽灯起码省电一半以上，三是光线质量高，基本上无辐射，属于绿色光源，四是 LED 的结构简单，亮灯响应速度快；五是适用电压低，仅为 6～12V，适合汽车使用，六是 LED 占用体积小，设计师可以随意变换灯具模式，令汽车造型多样化。

不过就目前的市场情况来说，LED 灯的应用主要集中在转向灯、雾灯和汽车内部照明灯，但应用会越来越广，LED 灯是汽车市场的发展方向。

4）氙气灯（HID）即高强度放电灯，曾经是只有奔驰等高档车才有的配置。

HID 有很多优点，与在市场上常见的卤钨灯泡不同，它没有灯丝，是通过充满玻璃灯泡的介质疝气和一个电极放电而发光的,所以 HID 产生的亮光可说是达到一个新的等级,色调非常完美,是仿制太阳光那样的真实色调,HID 有几大优点让车主爱不释手:

一是亮度,使用同样功率的 HID,其明亮度是钨丝灯的 2~3 倍。

二是高效,HID 的效率是卤素灯的 3 倍,对于提升夜间以及雾中驾驶视线清晰有着明显的功效。

三是节能,与钨丝灯相比,HID 能够节约一半电能。

四是寿命,由于 HID 没有灯丝,所以它不存在灯丝断裂问题,使用寿命达到 2000h。

五是舒适度,疝气灯可以制作出 4000K 左右的色温光,这是由白略微开始转蓝的色温,也最接近中午日光的颜色,人眼的接受度、舒适度更高。这样灯光用在车辆的夜间照明上,可以有效减少驾驶人的视觉疲劳,对于驾车安全性也间接有所助益。

此外,由于疝气分子活动能力会随着使用时间的加长而活泼,所以气体放电灯泡会越用越亮,普通前照灯与 HID 前照灯比较参数如表 8-1 所示。

表 8-1 普通前照灯与 HID 前照灯比较

比 较 参 数	普通前照灯(卤素)	HID 前照灯
耗电	50~100W	约 35W
亮度	1330 流明	3500 流明
寿命	350h	2000~3000h
照明灯	白色	纯白
色温	2400K	5000~8000K
燃烧方式	燃烧钨丝发光	高压击穿气体发红发光

由于前照灯发出的光线亮度有限,如果没有反射镜,那么只能照亮汽车前 6m 左右的路面,反射镜的作用,就是将灯泡的光线聚合并导向前方。经过反射镜后的平面光速、光度增强几百倍甚至上千倍,达到 20000~40000cd,从而将车前 150m 甚至 400m 内的路面照得足够清楚。

配光镜又称散光玻璃,它是使用玻璃压制而成的,是很多块特殊的菱镜和透镜的组合,其几何形状比较复杂,外面一般为圆形和矩形,配光镜的作用是将反射镜反射出来的平行光速进行折射,使车前路面边缘具有良好平均的照明。

前照灯按照反射镜的结构可分为可拆卸式、半封闭式和封闭式三种。

(3) 前照灯防眩 为了避免前照灯眩目,并保持良好的路面照明,在汽车上,前照灯灯泡一般有两根灯丝,一根灯丝作为远光,光度较强,灯丝放在反射镜焦点上,另一根灯丝为近光,光度弱,位于焦点的上方和前方,当夜行有迎面而来的车时可接通近光灯丝,使光速照向路面,从而避免迎面而来车的驾驶人眩目,并使车前 50m 以内路面比较清晰。

但是氙气前照灯没有灯丝,调节远近灯的方法是远卤近氙,即远光灯依然使用卤素灯泡,只是较为常用的近光灯使用氙气灯,通过调节遮光板和车灯透镜的位置和角度实现远近光可调。

(4) 车灯亮度的提高 车辆的灯光是汽车厂设计好的,但是如果感觉不够亮是可以通过一些简单的方法来提高的。通常如果车灯打开后灯光暗淡可以从以下几个方面解决：

1）检查蓄电池的工作状况，可能是蓄电池的老化导致输出电压不足。

2）检查连接线是否有接触不良，是否有锈蚀或松动，如有，用砂纸打磨并重新安装好，或直接更换。

3）使用质量更好的线材。

4）前照灯内可能有污垢遮挡，必要时需要拆开清洗。

5）如果灯丝不在反射镜焦点上，使用常见方法无法解决问题，应更换灯泡。

(5) 车灯的更换和安装　不少车主认为只有那些发烧友才会想尽法子，收集各种车灯，将车扮酷，其实关注车灯不只是扮酷那么简单，改装车灯应注重其实用性，不应该只是车迷的事，它与每个车主都是密切相关的。因为，一般国产车的原厂车灯出场时的色温为3000K，经过一年使用会降到2000K，这时如果继续使用，会明显影响照明质量，易引发交通事故。

选配汽车灯时，不要只看产品的价格，一般情况下应尽量选用飞利浦、欧司朗等大型正规灯泡生产厂商的产品，不要购买三无产品。同时，购买灯泡时要注意灯泡有，H1、H2、H3、H4等多种型号，如果型号不对是无法安装的，汽车灯具产品外观应无不良缺陷，手感光滑，无毛刺，灯泡应为国标规定的汽车铲平灯泡，对于汽车前照灯产品，消费者在选购时可以查看其光彩的明暗截止线是否清晰整齐。

在车灯的安装过程中，要注意以下几点：

1）不要直接用手接触灯泡玻璃，以免手本身分泌的油质粘在玻璃管上，造成玻璃表面热胀不同导致破碎，如果有脏污粘在玻璃管上，要用布或纸巾擦拭干净。

2）更换灯泡应该关掉电源，灯泡工作时温度很高，不要用手直接接触，以免烫伤。

3）更换灯泡应该在干燥的室内完成，注意灯罩防水衬套的严密安装，防止水汽进入。

4）在卤素灯的基础上安装 HID 时，要把高压包及安定器放置在比较通风的位置，以方便散热，禁止把高压包及安定器放在发动机等放热较大的地方，如果前照灯与其他灯公用一根熔丝，该熔丝必须为 25~30A。如果前照灯独立使用熔丝，则必须使用 10~15A 的熔丝，安装时要特别注意电源正负极的接地点。

(6) 辅助型车灯和探射灯　与白天开车相比，车主不喜欢夜间开车，因为晚上行车会有诸多不便，其中一个很大的问题便是车灯的照射范围有限，尤其遇到下雨，有雪或大雾的恶劣天气时，大多数车主会觉得车灯不够亮，穿透力弱且射程近。其实，这种时候只要为车安装一种辅助型车灯就可以行车无碍了。

辅助型车灯又叫竞技型车灯，它既可以作为装饰来扮靓爱车，又是提高能见度的有力工具，安装后无论天气如何变化，车主都能轻松应对。目前，这些辅助灯提供选择的功能较多，有超白光型，也有聚光型、雪雨雾灯型等。车主可以根据自己行车时常处的环境来选择不同功能的辅助型车灯。

探射灯其实也可以归类于辅助型车灯，不过由于它的用户定位较窄，一般车主不太用得着。探射灯的射程极远，安装在车顶上能 360°旋转，其光线能够从一个山头照到另一个山头，主要用于越野车和一些工程车。

2. 倒车雷达

(1) 概念　倒车雷达全称为倒车防撞雷达，也叫泊车辅助装置，是汽车泊车或倒车时的安全辅助装置，由超声波传感器、控制器和显示器等部分组成。能以声音或者更为直观的显示告知驾驶人周围障碍物的情况，解除了驾驶人泊车、倒车和起动车辆时前后左右探视所引起的困扰，并帮助驾驶人扫除了视野死角和视线模糊的缺陷，提高驾驶的安全性。

（2）原理　倒车雷达是根据蝙蝠在黑夜里高速飞行而不会与任何障碍物相撞的原理设计开发的，探头装在后保险杠，根据不同价格和品牌，探头有二、三、四、六只不等，分别管理前后左右。探头以15°辐射，上下左右搜索目标。最大的好处是能探索到那些低于保险杠而驾驶人从后窗难以看见的障碍物，并报警。如花坛、蹲在车后玩耍的小朋友等。

（3）倒车雷达的发展　经过多年的发展，倒车雷达系统已经过了六代的技术改良，不管从结构外观上，还是从性能价格上，这六代产品都各有特点，使用较多的是数码显示、荧屏显示和魔幻镜倒车雷达这三种。

1）第一代倒车喇叭提醒。倒车请注意，想必不少人还记得这种声音，这就是倒车雷达的第一代产品，现在只有小部分商用车还在用，只要驾驶人挂上倒档，它就会响起，提醒周围人注意，从某种意义上说，它对驾驶人并没有直接的帮助，不是真正的倒车雷达。

2）第二代轰鸣提示。第二代轰鸣器是倒车雷达系统的真正开始。倒车时，如果车后1.5～1.8m处有障碍物，轰鸣器就会开始工作，轰鸣声越急，表示车辆离障碍物越近。

没有语音提醒，也没有距离显示，虽然驾驶人知道有障碍物，但不能确定障碍物离车有多远，对驾驶人帮助不大。

3）第三代数码波段显示。比第二代进步很多，第三代可以显示车后障碍物与车体的距离。如果是物体，在1.8m开始显示；如果是人，在0.9m左右的距离开始显示。

这一代产品有两种显示方式，数码显示产品显示距离数字，而波段显示产品由三种颜色来区别；绿色代表安全距离，表示障碍物与车体距离有0.8m以上；黄色代表警告距离，表示与障碍物的距离只有0.6～0.8m；红色代表危险距离，表示与障碍物只有不到0.6m，必须停止倒车。

第三代产品把数码和波段组合起来，比较实用，但安装在车内不太美观。

4）第四代液晶荧屏显示。这一代产品有一个质的飞跃，特别是荧屏显示开始出现动态显示系统，不用挂倒档，只要起动汽车，显示器就会出现汽车图案，以及车辆周围障碍物的距离，动态显示，色彩清晰漂亮，外表美观，可以直接粘贴在仪表板上，安装很方便。不过液晶显示器外观虽精巧，其灵敏度较高，抗干扰能力不强，所以误报也较多。

5）第五代魔幻镜倒车雷达。结合了前几代产品的优点，采用了最新仿生超声雷达技术，配以高速电脑控制，可全天候准确地测知2m以内的障碍物，并以不同等级的声音提示和直观地显示给驾驶人。

魔幻镜倒车雷达把后视镜、倒车雷达、免提电话、温度显示和车内空气污染显示等多项功能整合到一起，并设计了语音功能，是目前市场上最先进的倒车雷达之一。

因为其外形就是一块倒车镜，所以可以不占用车内空间，直接安装在车内后视镜的位置。而且颜色款式多样，可以按照个人需求和车内装饰选配。

6）第六代无线倒车雷达。全新无线液晶倒车雷达，融无线连接、倒车雷达、彩色液晶显示、BP警示音于一体。由于普通倒车雷达安装时，从车后雷达主机到车前仪表台上显示器要布一条线，这样要拆装车内的装饰板、胶条等，非常不方便。现在最新推出的第六代无线液晶倒车雷达，一举解决此问题，车后主机和显示器之间无线连接，方便快捷。更可在公共汽车、卡车等车身长的车上使用，使安装更容易，如图8-7所示。

（4）倒车雷达的选择 倒车雷达的选择需从多方面考虑。

1）功能：功能较齐全的倒车雷达应该有距离显示、声响报警、区域警示和方位指示。

2）性能：直接关系到倒车雷达所应起的作用。它包括产品的灵敏度、是否存在盲区、产品是否正常工作。一般的倒车雷达探测距离应为0.3~1.5m。一些品牌的倒车雷达因其敏感度不够，探测距离仅为0.4~0.9m，会给驾驶人的判断和及时地采取措施带来一定的困难。产品由待机状态转换为工作状态，是否有声音提示也非常重要，它可以提示驾驶人倒车雷达是否开始正常工作。

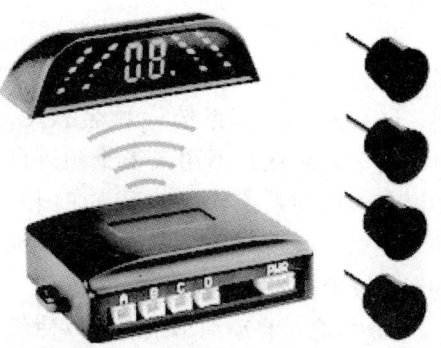

图8-7 无线液晶倒车雷达

3）款式：探头的颜色应与车身颜色相符；保险杠较宽的车型应安装探头较薄较大的产品。

4）探头的数量：现在市面上的倒车雷达分别有2探头、3探头、4探头、6探头及8探头，2~4探头倒车雷达一般安装在汽车的后保险杠上面，6~8探头的安装方式是前2后4和前4后4，也有新兴越野专用前置6探头。6个以上探头的普通倒车雷达，除可探测车尾情况外，还可探测前左右角情况。

5）检验质量：按照说明书进行距离测试，看一看雷达的反应是否与说明相符合，雷达是否敏感，有无误报等问题。对探头进行防水测试，这关系到在雨雪和较湿润的天气里雷达能否正常工作。南方、北方地区还要检测雷达在高温及低温的工作状态，最好的可达到-35~70℃。超过此限度，灵敏度大大降低，甚至不工作。

6）安装位置：探头的安装方法多采用"嵌入式"，即在保险杠上打孔的方法，这样做不但容易固定，而且也更加美观。需要注意的是，不同探头具有不同的尺寸和探测角度，而打孔的尺寸及安装角度会直接影响探测的准确度。雷达的主机一般装在仪表板下或行李箱两侧车体内。

（5）倒车雷达的安装

1）黏附式安装。

黏附式安装仅限于具有粘贴性探头的报警器，这种方法无须在车体上开孔，只将报警器粘贴在适当的位置即可，这种报警器一般安装在尾灯附近或行李箱门边。具体的安装方法是：

① 将附带橡胶圈套在感应器（探头）上，引线向下并与地面垂直。

② 确定感应器（探头）安装位置。

③ 将感应器（探头）沿垂直方向贴合。

④ 用电吹风将双面贴加热，然后撕去面纸，贴到确定部位。

⑤ 将报警器的闪光指示灯安装在易被驾驶人视线捕捉到的仪表板上。

⑥ 将控制盒安装在不热、不潮和无水的行李箱侧面。

⑦ 将蜂鸣器安装在后风窗玻璃前的平台上。

⑧ 将感应器（探头）隐蔽线隐蔽铺设，以防压扁、刺穿，并起到美观的效果。缺点就是容易掉落。

2）开孔式安装。开孔式安装适用于具有开孔式探头的报警器，探头安装在汽车尾部或保险杠上，其他部件的安装方式与黏附式安装相同。

（6）自动泊车系统　顾名思义，自动泊车系统就是不用人工干预，自动停车入位的系统。这套系统在国外并不罕见，但国内目前配置了该系统的车型较少，如图8-8所示。

1）概念。自动泊车系统可以使汽车自动地以正确的方式停靠到车位上，该系统包括环境数据采集系统、中央处理器和车辆策略控制系统。

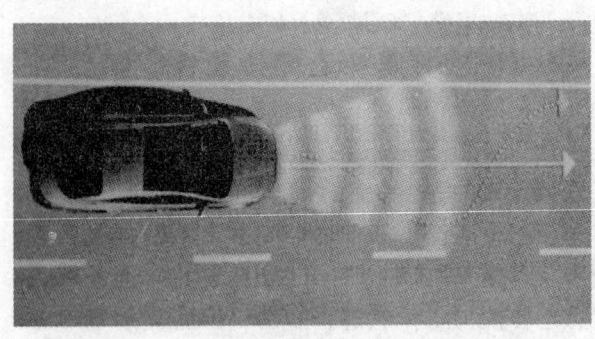

图8-8　自动泊车

所述的环境数据采集系统包括图像采集系统和车载距离探测系统，可采集图像数据及周围物体距车身的距离数据，并通过数据线传输给中央处理器；所述的中央处理器可将采集到的数据分析处理后，得出汽车的当前位置、目标位置以及周围的环境参数，依据上述参数做出自动泊车策略，并将其转换为电信号。所述的车辆策略控制系统接收电信号后，依据指令做出汽车的行驶如角度、方向及动力支援方面的操控。

2）原理。遍布车辆周围的雷达探头测量自身与周围物体之间的距离和角度，然后通过车载电脑计算出操作流程配合车速调整方向盘的转动驾驶人只需要控制车速即可。在未来几年，越来越多的高档进口车会将该配置列为标配。

3）起动条件。

① 车速要低于36km/h。

② 打转向灯（以给系统提示要停在那个方向）。

③ 停车区域要预留位置，一般要比车身长1.2~1.3m。

④ 车辆必须离开障碍物（如停车区域前后的车）距离在1.5m之内，即不能离开太远。

⑤ 停车区域必须是侧方位停车，倒库的停车方式自动泊车系统暂不支持。

4）自动泊车系统的优缺点。

① 优点。

a. 一定程度提高停车的便捷性，尤其对于那些停车概念比较模糊和心里恐惧的车主。

b. 入位时能一把进入，省了多打方向盘的麻烦。

c. 提高了车辆的档次。

② 缺点。

a. 实现起来要满足诸多条件，而且缺一不可。

b. 目前这套系统还是英文的，还没有汉化，而且要完全熟练这套系统，驾驶人需要一定时间。

c. 辅助，顾名思义不是全自动，人依然是停车过程主导者，所以不能完全交由该系统。

3. 车载 VCD/DVD 影音系统

（1）车载 VCD 系统　近年来，随着影碟业的迅猛发展，大众在满足听觉的同时，又有了对视觉欣赏的要求。在堵车、等人或长途客车上，欣赏 VCD 会使时间在不知不觉中过去。然而，在汽车音响的品牌机里 VCD 很少见，一般需要在 CD 机上加入解码器使 CD 机成为 VCD 机。

CD 机的解码器过程为：CD 机的 DSP（数字处理器）只能解读 CD 的 RF 信号，在 RF 信号进入原机 DSP 前将它截取送入解码器，经 DSP 处理进入解码芯片解读，将声音和图像信号分离，再分别输出，就完成了解码过程。

解码器主要有外置解码器和内置解码器两大类。外置解码器是独立于 CD 外存在的器件，有自己的外壳，独立的电源供给设备，其性能稳定、散热性好。内置解码器是嵌入 CD 机内剩余空间的器件，电源靠 CD 机内供给，它可以和 CD 机一体，节省空间并且接线简单，价格也比外置解码器便宜。

（2）车载 DVD 系统　为爱车加装了影像设备，不仅可以听音乐，还可以看电影、看电视、听广播，出门旅行时，可供后排的家人和朋友观看喜爱的电视，给有车生活增添了许多乐趣。车载 DVD 是安装在汽车内为车内乘坐人员提供影音娱乐的多媒体播放系统。以卡仕达的车载 DVD 为例，一般除了播放 DVD 格式影碟外，还支持 VCD/MP3/WMA/MP4/Divx/CD/CDR/CDRE/JPEG 等格式的影音文件和碟片，有的还支持 SD、USB、IPOD 等。

根据安装在车内的位置，车载 DVD 可分为遮阳板式 DVD（显示屏在车内遮阳板上）、吸顶式 DVD（悬置于车顶部）、头枕式 DVD（安装在前座椅靠背上）和单锭双锭式 DVD 等。同时，一些车载影音设备与 GPS 导航系统、后视摄像系统、仪表显示系统等结合起来，功能得到了极大的扩展。

1）车载 DVD 影音系统的选择。如果从价格和性能上选择车载 DVD 影音系统，目前中高档车载 DVD 系统几乎都被国外品牌占据，国产品牌繁杂，质量上良莠不齐。

如果以显示器性能为依据选择车载 DVD 影音系统，目前车载 DVD 系统都是使用的 LCD 液晶显示屏，它有两种类型，即彩和真彩，真彩模式的显示屏色彩鲜艳逼真，视角宽；相反，伪彩模式则视角窄，画面暗淡。

加装了 DVD 的车辆会给人一种"豪华"车的感觉，DVD 影音播放系统的显示屏分为折叠、悬挂式、座椅枕头式，每个价值几千元。

2）车载 DVD 影音系统的安装。一般来说，车载 DVD 影音系统在安装时有两种方法。

一种是把原车的音响系统拆下，把成套的产品安装在车上，把主机和显示屏都装在原先的位置上面，这样就可以了。

另一种是在不改动原车音响线路的基础上加装 DVD，但播放 DVD 时要把原车的音响调节到某一光频道上；显示屏可以选装在遮阳板上，还可以加装在车顶。

4. 防盗器

（1）汽车防盗器的概念　汽车防盗器是集全球移动通信系统、网络数字移动通信技术和 GPS 卫星定位技术于一体的高科技防盗产品，是继单向防盗器、双向防盗器后的新一代汽车防盗产品，其利用移动通信网络，彻底解决了普通防盗器无法解决的距离限制和易于破解的难题，除具有普通防盗器功能外，还具有手机控制、短信定位、远程监听、远程报警、全语音提示操作等功能。无论在何时何地，车主只要通过电话对车进行监控，让它得到最佳的保护。

(2) 汽车防盗器的种类

汽车防盗系统是目前国际上比较流行而且比较先进实用的一种防盗方式，是在充分总结各种机械和电子防盗方式存在的一种新型的汽车防盗方式，其主要有两种：

1) 网络式。利用全球卫星 GPS 定位，通过 GSM 进行无线传输对汽车实现定位跟踪和防盗防劫的 CAS 防盗系统，俗称地网。

该类防盗系统最大的优点是改变了从传统防盗装置单一的技防功能，而增加了人防功能，它通过建立在天空和地面的网对车辆进行及时报警并跟踪定位，从而使公安快速出警追堵被盗车辆，它采用物理连接，没有空间信号的传递，从而有防屏蔽功能；应用活体指纹的不可复制性以及复杂性，从而可以做到防解码特点。

2) 机械式。防盗装置是采用金属材料制作的各种防盗锁具，包括转向柱锁、变速杆锁、踏板锁、车轮锁等。通过这些防盗锁锁住汽车的操作部件，使窃贼无法将汽车开走，该防盗装置安装隐蔽功能齐全，操作简便，是目前轿车上广泛使用的防盗装置。

(3) 汽车防盗器的功能

① 手机控制：可用手机代替遥控器全球范围内控制汽车。

② 遥控器控制：可用遥控器 100m 内直接控制汽车。

③ 短信控制：可用手机发送短信控制汽车。

④ 短信定位：只需向汽车上的防盗器发送一条短信，防盗器回传信息告诉你汽车大概位置。

⑤ 远程监听：可以收集监听车内动静。

⑥ 短信报警：有警情自动给车主发短信报警。

⑦ 远程报警：有警情自动给车主手机打电话。

⑧ 防抢报警：行驶中遇到劫匪劫持，车主可脚踏藏好的暗开关报警求救。

⑨ 全程语音提示操作。

⑩ 防万能解码器功能：用手机设防，关闭遥控器的控制功能，必须用手机才能解除。

(4) 汽车防盗器的工作原理

一般电子汽车防盗器里都有一个集成芯片，里面有一些开关门，当外加一个触发电压时，开关门就打开输出，一个电子防盗器大致相同，只是电路互相牵连，主要是锁死发动机系统。

网络防盗器除了有比电子防盗器更强的功能外，还能把盗情发送到车主的手机上，并且具备锁死发动系统的能力。其手机定位可以把车辆定位在某个范围内。GPS 定位防盗器功能就更强大了，几乎综合了所有的防盗功能，并使用卫星准确定位在 5m 范围内。

(5) 遥控汽车防盗及特点　遥控式汽车防盗器是随着电子技术的进步而发展起来的，是市场上推广普及最为广泛的一种，它的特点是遥控式防盗器的要求不断提高。遥控式汽车防盗器还增加了许多方便使用的附加功能，如遥控中控门锁、遥控送放冷暖风、遥控电动门窗及遥控开启行李箱功能。

1) 遥控式汽车防盗器的主要配置。

一套完整的遥控式汽车防盗器由以下几个部分组成：

① 主机部分：是防盗器的核心和控制中心。

② 感应侦测部分：可由感应器或探头组成，目前普遍使用是震荡感应器，微波及红外探头应用较少。

③ 门控部分：包括前盖开关、门开关及行李舱开关灯。

④ 报警部分：扬声器。

⑤ 配线部分。

⑥ 其他部分：包括不干胶、螺钉及继电器等配件和使用说明书及安装配线图等。

2）防盗器的密码。与移动电话的工作原理相同，遥控式汽车防盗器的遥控器发射机与防盗主机之间除了要有相同的发射频率之外，还要有密码，还能相互识别，防盗器的密码是由一组由不同方式组合的数据，是防盗器的一把钥匙，它一方面记载着防盗器的身份资料，区别各个防盗器的不同，另一方面又含着防盗的功能指令资料，负责开启或关闭防盗器，控制防盗器的一切功能，换句话说有了这组密码，也就掌握了开启防盗器的钥匙。

3）遥控式齐射防盗器的几种主要类型。

根据密码发射方式不同，遥控汽车防盗主要分为定码防盗器和跳码防盗器两种类型。早期防盗器多采用定码方式，但由于其自身缺点现已逐渐被技术上较为先进、防盗效果较好的跳码防盗器所取代，下面就两种不同类型防盗器的原理、特点等分别加以介绍。

定码防盗器。早期的遥控式汽车防盗器是主机与遥控器各有一组相同的密码，遥控器发射密码，主机接收密码，从而完成防盗器的各个功能，这种密码发射方式称为第一代固定码发射方式，定码发射方式在汽车防盗器中的应用并不普及，当防盗器用量不大，即处于一个初期防盗器应用市场里时，其防盗器的安全性和可靠性还有所保证。但对于一个防盗器使用已成熟的市场而言，定码方式就显得既不可靠又不安全，原因有三：

① 密码量少，容易出现重复码，即发生一个遥控器控制多部车辆现象。

② 遥控器丢失后，若单独更换遥控器极不安全，除非连同主机一起更换，但费用过高。

③ 也是最大的危险即安全性差，密码易被重复从而使车辆被盗。

跳码防盗器。定码防盗器长期以来一直存在密码量少、容易出现重复密码而且密码极易被复制盗取等不安全问题，因此 1996 年出现了密码学习式跳码防盗器，其特点如下：

遥控器的密码除了身份证和指令码外，又多了一个跳码部分，跳码即密码依一定的编码函数，每发射一次，密码随机变化一次，密码不会被轻易盗取，安全性极高。

密码组合上亿组，根本杜绝了重复码。

主机无密码，主机通过学习遥控器的密码，从而实现主机与遥控器之间的相互识别。若遥控器丢失，可安全且低成本地更换遥控器，无后顾之忧。

（6）汽车防盗器的安装

汽车防盗器的安装主要需要注意以下问题：

1）布线要求：先找好主机固定的位置，线分两路，一路把电源 ON 线、控制、30A 熔断线转向灯线引至发动机室内，其余的线引往前熔丝盒及左前方前车门、仪表板上。

2）安装前，先将线全部接上，检查线路正确无误后，再分别把电源、振动器、LED 灯插上主机，主机及振动感应器的位置应避开音响、喇叭等高磁场的地方。

3）选择确定固定主机、振动感应器的位置，尽量使它们远离高温产生的部位，还要注意防水。

4）防盗器装得好不好，反映在查找车线是否正确，接线质量是否过关等，线的查找必须正确，线不能虚接，不该搭铁的地方不能搭铁，搭铁的地方必须搭铁，接线处必须紧固、绝缘。否则，极易造成烧毁防盗器主机或车辆电路的严重后果。

5. 车载全球定位导航系统（GPS）

（1）GPS 概述　汽车导航仪即车载 GPS 导航系统，其内置的 GPS 天线会接收来自环绕地球的 24 颗 GPS 卫星中至少 3 颗所传递的数据信息，结合储存的车载导航仪内的电子地图就是平常所说的定位功能，在定位的基础上，可以通过多功能显示器，提供最佳行车路线，前方路况以及最近的加油站、饭店、旅馆等信息。如果 GPS 信号中断，迷失方向，也可以通过 GPS 已记录的行车路线，按原路返回。常见汽车导航仪如图 8-9 所示。

图 8-9　汽车导航仪

（2）汽车导航仪的组成　GPS 是以全球 24 颗定位人造卫星为基础，向全球各地全天候提供三维位置、三维速度等信息的一种无线电导航和定位系统。GPS 的定位原理是：用户接收卫星发射的信号，从中获取卫星与用户之间的距离、时钟校正和大气校正等参数，通过数据处理用户的设置。

现在，民用 GPS 的定位精度可达 10m 以内，GPS 具有的特殊功能很早就引起汽车界人士的关注，当美国在海湾战争后宣布开放一部分 GPS 的系统时，汽车界人士立即抓住这一契机，投入资金开发汽车导航系统，对于汽车进行定位和导向显示，并迅速投入使用。GPS 全球定位系统工作示意图如图 8-10 所示。

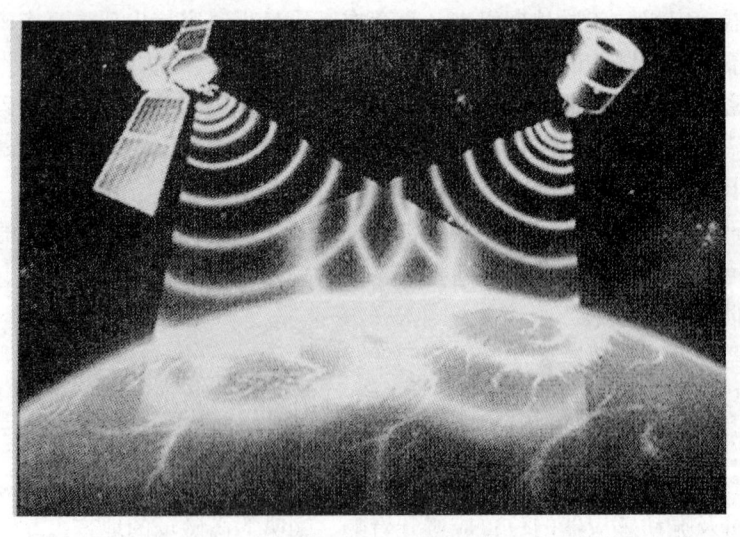

图 8-10　GPS 全球定位系统工作示意图

汽车 GPS 导航系统由两部分组成：一部分由安装在汽车上的 GPS 接收机和显示设备组

成;另一部分由计算机控制中心组成,两部分通过定位卫星联系。计算机控制中心是由机动车管理部门授权和组建的,他们负责随时观察辖区内指定监控的汽车动态和交通情况。

整个汽车导航系统有两大功能:一个是汽车踪迹监控功能,只能将已编码的 GPS 接收装置安装在汽车上,该汽车无论行驶到任何地方都可以通过计算机控制中心的电子地图指示出它的所在方位;另一个是驾驶指南功能,车主可以将各个地区的交通线路电子地图存储在软盘上,只要在车上的接收装置中插入软盘,显示屏上就会立即显示该车所在地区的位置以目前的交通状态,即可输入要去的目的地,预先编织出最佳行驶路线,又可接收计算机控制中心的指令,选择汽车行驶的路线和方向。

随着计算机技术的快速发展,汽车系统已成为计算机软硬件的必争之地。汽车导航系统是其中最为突出的应用之一。

从应用的角度,汽车导航系统可分为两类。

第一类是汽车拥有独立的 GPS 导航装置,可以进行自主导航。例如,VDO 公司开发的 MS6000 系统,将音响和导航技术融为一体,采用直观的菜单和易操作的遥控装置,只要输入目的地,并在其提供的最多 8 条路线中选定一条,就可以在导航系统指引下轻松上路。其会通过车载喇叭播放行驶方向的语音提醒,并在大型彩色显示屏上显示导航图像。如日本松下公司推出的多用途汽车 GPS 导航仪也属于第一类汽车导航仪,配备了 CD 驱动器和 5.8 英寸 TFT 液晶显示器。

第二类是公众信息服务性质的车辆定位跟踪、监控系统,它由车载 GPS 接收部分和监控中心 GPS 定位导航部分组成,使用转线或公共网络进行通信,为行驶的车辆提供导航信息、跟踪调度、保全防盗、信息查询与救援等服务。北京的奥星天网 GPS 信息服务系统、100 报警巡逻车 GPS 系统等都属于此类。

目前,汽车导航系统的理论研究与实践探索已经呈现出方兴未艾的蓬勃趋势,许多软件公司都已开发出了汽车导航系统。汽车导航系统的不断发展和成熟也必将为社会经济的发展带来更多的收益,为人们带来更多的方便。

(3) 汽车导航仪的主要功能

1) 地图查询。地图查询功能可以在操作终端上搜索要去的目的地位置,可以记录常去的地方的设置信息,并保留卜来,也可以和他们共享这些位置信息,可以模糊查询某个位置附近的如加油站、宾馆、取款机等信息。

2) 路线规划。GPS 导航系统会根据已设定起始点和目的地,自动规划一条路线。规划线路可以设定是否要经过某些途经点,也可以设定是否避开高速等功能。

3) 导航。

① 语音导航:用语音提前向驾驶人提供路口转向,导航系统状况等行车信息,就像向导告知如何驾车去目的地一样,导航中最重要的一个功能,使驾驶人无须观看操作终端,通过语音提示距离、规划路线、路口转向等行车信息。

② 画面导航:在操作终端上会显示地图以及车子现在的位置、行车速度、与目的地的距离、规划的路线提示、路口转向等行车信息。

③ 重新规划线路:如果没有按规划的线路行驶,或者走错路口,GPS 导航系统会根据现在的位置,重新规划一条新的到达目的地的线路。

(4) GPS 系统特点　GPS 系统具有高精度、全天候、高效率、多功能、操作简单、应用广泛等特点。

1）定位精度高。应用实践已经证明，GPS 相对定位精度在 50km 以内可达 6~10m，100~500km 可达 7~10m，1000km 可达 9~10m。在 300~1500m 工程精密定位中，1 小时以上观测的其平面位置误差小于 1mm。

2）观测时间短。随着 GPS 系统的不断完善，软件的不断更新，目前，20km 以内相对静态定位，仅需 15~20min；快速静态相对定位测量时，当每个流动站与基准相距在 15km 以内时，流动站只需要 1~2min 即可随时定位，每站观测只需要几秒钟。中国北斗 2 号全球定位系统工作示意图如图 8-11 所示。

图 8-11　中国北斗 2 号全球定位系统工作示意图

（5）汽车导航仪的发展　车载导航系统的最新发展趋势是利用蓝牙无线技术，接收车载 GPS 传送过来的信号。这样，车载系统只需要接收和处理卫星信号，显示装置则负责地图的存储位置的重叠。所以，如果已经有了掌上电脑终端，只需要购买一个信号接收器和地图软件就可以了。其实，很多手机已经具备了 GPS 的功能，若是加上了地图的重叠功能，就可以变成一套移动导航系统。

车载导航系统除了可以用来指路导航，还发展出许多其他用途，如寻找附近的加油站、自动提款机、酒店或者其他一些商店。有的还可以提前告知如何避免危险地区或是交通堵塞。

大多数的车载导航系统利用视觉显示器系统，作为人机交流的接口，有些则提供语音系统，让人们直接与导航系统对话，用语音来提醒驾驶人何时转弯，何时退出高速公路。有的还可以提供一个行径路线的地图，以便回程之用，或是走错了路要倒回去。有的车载导航系统还可以有不同的语音显示。有的还可以告知当地的限速、路况和平均速度，也可以用来估计到达目的地的时间。

练 习 题

一、填空题

1. 犀牛皮一般由_____、_____和离析纸组成。
2. 汽车系列精品有_____、_____、_____、_____、_____、_____、_____、

_____、_____等。

3. 倒车雷达全称为_____，也叫_____，是汽车泊车或倒车时的安全辅助装置，由_____、_____和显示器等部分组成。

4. GPS 系统具有_____、_____、_____、_____多功能、_____、_____、_____应用广泛等特点。

二、简答题

1. 底盘装甲和护板的概念是什么。
2. 汽车导航仪的主要功能是什么。
3. 自动泊车系统的优缺点是什么。

实训 12　贴车门犀牛皮

1. 实训目的

掌握贴车门犀牛皮方法及步骤。

2. 实训内容

贴车门犀牛皮。

3. 实训设备

实训车辆、水壶、毛巾、犀牛皮、剪刀、模板纸等。

4. 实训注意事项

1）注意实训的安全操作及场地卫生清洁。

2）原来有蜡的安装位置需进行除蜡处理，防止粘贴后出现犀牛皮脱落的现象。

3）黏贴表面必须完全清洁干净。

4）如果购买的犀牛皮存放时间过长黏性下降，可以将犀牛皮放置热水中 10～20min，即可增加犀牛皮的黏性。

5）黏贴过后，要保证 24h 内不要冲洗黏贴有犀牛皮的部位，防止犀牛皮脱落。

5. 实训方法及步骤

汽车车门黏贴犀牛皮工艺过程。

1）用中性清洗液清洗待黏贴的部位，如图 8-12 所示。尤其是待黏贴部位的灰尘和蜡等杂质。

2）裁切犀牛皮，如图 8-13 所示。

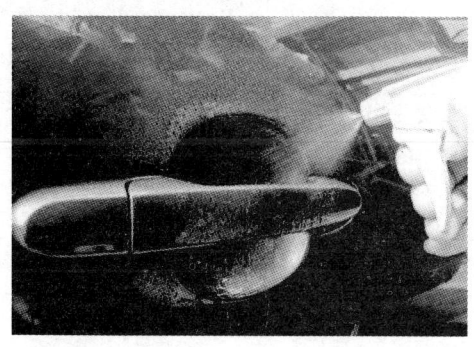

图 8-12　用中性清洗液清洗待黏贴部位

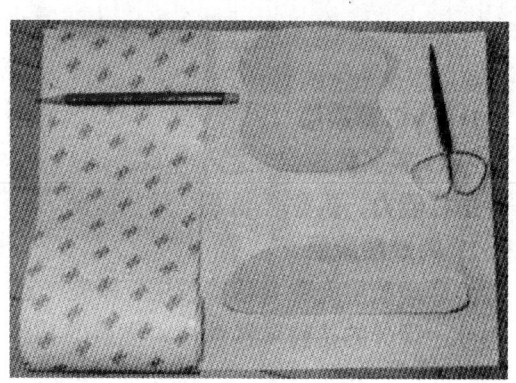

图 8-13　裁切犀牛皮

3）把裁好的犀牛皮放入拉手内并与原车拉手轮廓对齐，如图 8-14 所示。

4）挤出犀牛皮内的水，使其与漆面充分黏合。如图 8-15 所示。

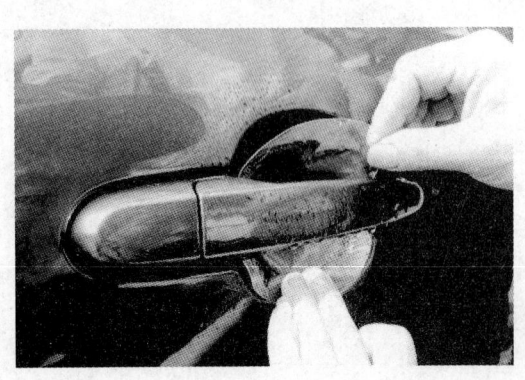

图 8-14　贴犀牛皮

图 8-15　挤出犀牛皮内的水，使其与漆面充分粘合

5）最后犀牛皮有气泡时，用热风枪加热使其软化，即可黏贴到位。

6）黏贴完毕后，擦干车身。

6. "贴车门犀牛皮"评分标准与操作工单

"贴车门犀牛皮"评分标准

序号	考核项目	配分	扣分标准（每项累计扣分不能超过配分）
1	安全文明否决		造成人身、设备重大事故，或恶意顶撞考官，严重扰乱考场秩序，立即终止考试，此项目记 0 分
2	安全文明生产	15 分	（1）不穿工作服、工作鞋、工作帽各扣 1 分 （2）工具、材料件乱放、混放每次扣 2 分 （3）材料或车辆表面未及时清理每次扣 1 分 （4）考试完后不清理工具、场地各扣 3 分 （5）不服从考官、出言不逊，每次扣 3 分
3	准备与检查	10 分	（1）设备每少准备一件扣 3 分 （2）设备选择不当，每次扣 4 分 （3）未校验设备每次扣 3 分
4	准备工作	5 分	作业前不安装 5 件套一项扣 1 分
5	清洗液清洗待粘贴的部位	20 分	未清洗，每个门扣 5 分
6	裁切犀牛皮	20 分	与轮廓不齐，每个门扣 5 分
7	犀牛皮放入拉手	10 分	犀牛皮放入拉手后未对齐扣 10 分
8	贴犀牛皮处理	15 分	产生气泡未处理一处扣 5 分

（续）

序号	考核项目	配分	扣分标准（每项累计扣分不能超过配分）
9	记录	5分	（1）维修记录字迹潦草扣2分 （2）填写不完整，扣3分
10	合计	100分	

"贴车门犀牛皮"操作工单

日期：_____ 姓名：_____ 得分：_____

车型		发动机型号	

一、准备工作

1. 工具准备与检查	
2. 材料设备准备	
3. 车辆准备	

二、操作过程

准备	记录：
剪裁	记录：
贴入	记录：
整理工作场地	

实训 13　安装行李架

1. 实训目的

掌握行李架的安装方法。

2. 实训内容

行李架的安装。

3. 实训设备

实训车辆、常用工具、双面胶、毛巾、螺钉旋具、与车型相符的行李架等。

4. 实训注意事项

1）注意保持实训场地卫生。

2）实训时不能野蛮操作。

3）每款车型的行李架安装方法都不一样，所以需要根据实际情况按照安装说明进行安装。

4）用3M胶黏贴的行李架，胶面一定要用热风枪加热，使胶面黏贴更牢固。

5）行李架安装螺钉需要安装紧固，防止松动。

6）安装时注意保护汽车漆面，防止对漆面有所划伤。

5. 实训方法及步骤

原厂行李架的安装比较简单，原厂都会在车顶上留有安装螺杆或螺钉孔，安装简单快捷。

现在主要讲装饰型行李架的安装，以日产逍客为例，如图8-16所示。

图 8-16　日产逍客汽车

1）安装前就应将车顶棚用纸巾擦拭干净！先将行李架底座和金属杆用螺钉按照对应的孔位进行连接，暂时性地摆在车顶上，连接前，注意整体的协调性，螺钉勿拧紧，保持可以随时调整的状态，如图8-17所示。

2）摆放行李架后按照对应的尺寸放置于车顶，并用铅笔沿着脚座边沿画线做好记号，如图8-18所示。

3）在铅笔所做的记号范围内均匀地刷上3M底胶水，均匀涂满，如果安装时不能与车顶完全吻合或微翘起，可在翘起的地方再涂点3M胶水，然后压住不放。如图8-19所示。

4）撕掉脚座底板3M胶带底膜，用热风枪加热胶面，将行李架安放到所做记号的对应位置。用力压住1min，如图8-20所示。

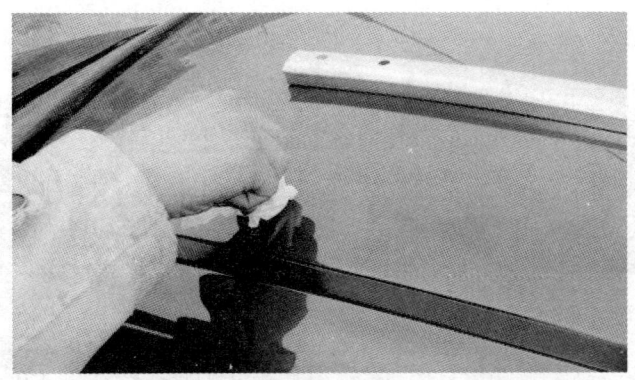

图 8-17　安装行李架

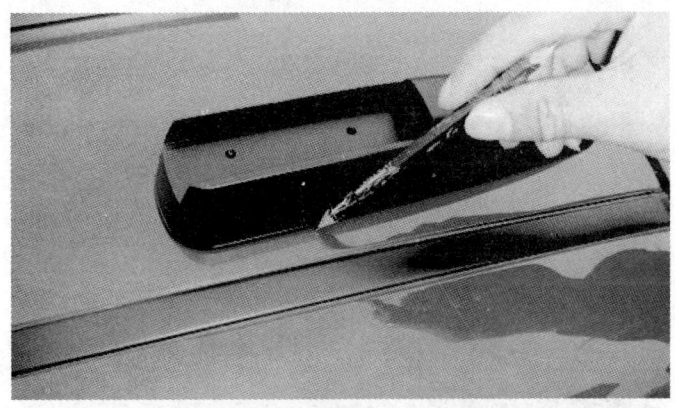

图 8-18　行李架的安装（一）

图 8-19　行李架的安装（二）

5）安装好之后螺钉只要大概地拧一下，无须拧得太紧，且螺钉只要拧一个，待第二天后把螺钉全部拧上并拧紧，最后盖上卡扣，如图 8-21 所示。

6）安装完成，如图 8-22 所示。

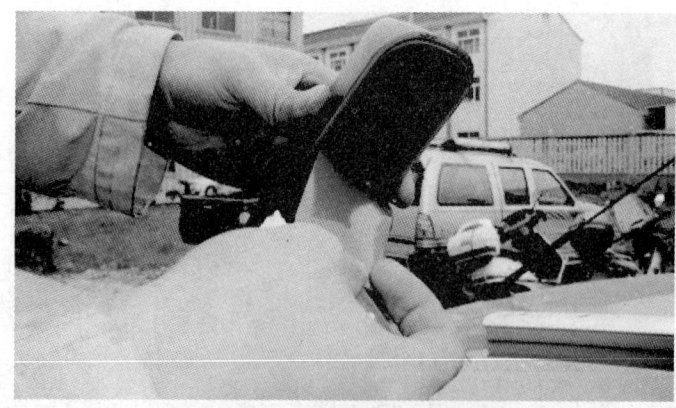

图 8-20　行李架的安装（三）

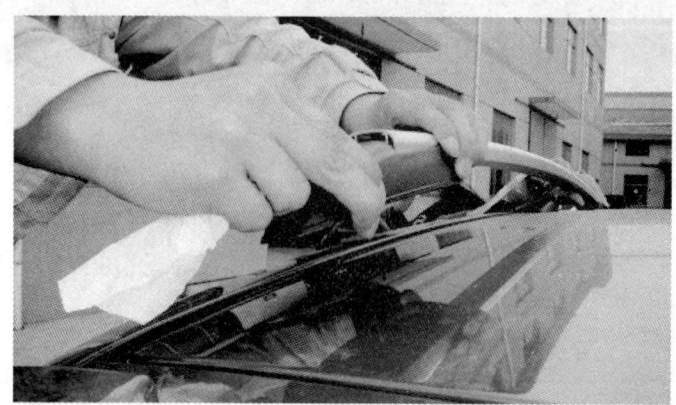

图 8-21　行李架的安装（四）

图 8-22　安装完成的行李架

6. "安装行李架"评分标准和操作工单

"安装行李架"评分标准

序号	考核项目	配分	扣分标准（每项累计扣分不能超过配分）
1	安全文明否决		造成人身、设备重大事故，或恶意顶撞考官，严重扰乱考场秩序，立即终止考试，此项目记0分
2	安全文明生产	20分	（1）不穿工作服、工作鞋、工作帽各扣1分 （2）工具、材料乱放、混放每次扣2分 （3）工具、材料落地或件表面未及时清理，每次扣1分 （4）考试完后不清理工具、场地各扣3分 （5）不服从考官、出言不逊，每次扣3分
3	准备与检查	10分	（1）设备每少准备一件扣3分 （2）设备选择不当，扣4分 （3）未校验设备，扣3分
4	准备工作	10分	作业前不安装5件套一项扣2分
5	行李架的安装	50分	（1）安装前未清理扣5分 （2）安装时协调错误扣5分 （3）安装前未做记号扣10分 （4）打胶水时超出记号扣10分 （5）行李架未放入记号以内扣10分 （6）安装完成以后未用螺钉紧固扣10分
6	记录	10分	（1）维修记录字迹潦草扣2分 （2）填写不完整，每项扣1分
7	合计	100分	

"安装行李架"操作工单

班级：_____　　姓名：_____　　得分：_____

车型		发动机型号	
一、准备工作			
1. 工具准备与检查			
2. 材料设备准备			
3. 车辆准备			
二、操作过程			
准备	记录：		
安装	记录：		
紧固	记录：		
整理工作场地			

实训14　安装发动机下护板

1. 实训目的

掌握发动机下护板的安装方法。

2. 实训内容

发动机下护板的安装。

3. 实训设备

实训车辆、常用工具、螺钉旋具、与车辆相符的下护板。

4. 实训注意事项

1）听从安排，不要随意走动。

2）注意保持教学场地卫生。

3）实训时不能野蛮操作。

4）安装发动机下护板的螺栓一定要用扳手拧紧，防止松动脱落。

5）选用的螺栓最好选择防锈螺栓和防锈垫片。

6）举升汽车时一定要注意安全，支撑脚必须支撑到位。

5. 实训方法及步骤

以钢质发动机下护板安装为例。

1）首先需要用举升机将汽车举起，如图 8-23 所示。

2）两人合作将下护板举起，与汽车发动机底部比对，检查发动机下护板型号是否匹配，再确定发动机下护板安装螺栓孔，如图 8-24 所示。

3）安装下护板螺栓和发动机下护板，如图 8-25 所示。

4）安装完成，如图 8-26 所示。

图 8-23　下护板的安装一

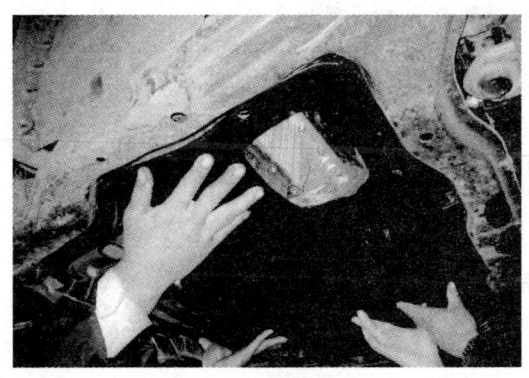

图 8-24　下护板的安装二

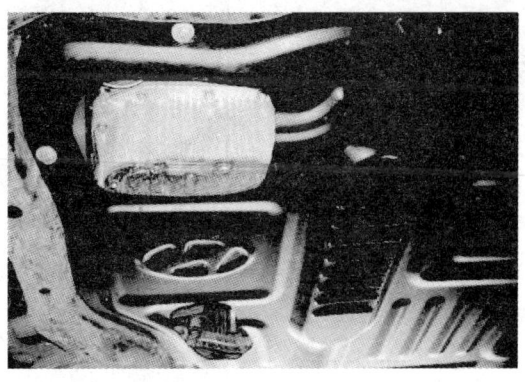

图 8-25　下护板的安装三

图 8-26 下护板的安装四

6. "安装发动机下护板"评分标准与操作工单

"安装发动机下护板"评分标准

序号	考核项目	配分	扣分标准（每项累计扣分不能超过配分）
1	安全文明否决		造成人身、设备重大事故，或恶意顶撞考官，严重扰乱考场秩序，立即终止考试，此项目记0分
2	安全文明生产	20分	（1）不穿工作服、工作鞋、工作帽各扣1分 （2）工具、材料乱放、混放每次扣2分 （3）工具、材料落地或表面未及时清理每次扣1分 （4）考试完后不清理工具或场地各扣3分 （5）不服从考官、出言不逊，每次扣3分
3	准备与检查	10分	（1）设备每少准备一件扣3分 （2）设备选择不当，每次扣4分 （3）未校验设备每次扣3分
4	准备工作	10分	作业前不安装5件套一项扣2分
5	下护板安装	50分	（1）安装前未检查是否与车辆型号相符，扣10分 （2）举开车辆时未采取安全措施扣20分 （3）安装时未用螺栓紧固扣20分
6	记录	10分	（1）维修记录字迹潦草扣2分 （2）填写不完整，每项扣1分
7	合计	100分	

"安装发动机下护板"操作工单

班级：_____ 姓名：_____ 得分：_____

车型		发动机型号	
一、准备工作			
1. 工具准备与检查			
2. 材料设备准备			
3. 车辆准备			
二、操作过程			
	检查	记录：	
	安装	记录：	
	紧固	记录：	
	整理工作场地		

实训 15　修复前照灯

1. 实训目的

掌握前照灯的修复方法。

2. 实训内容

前照灯的修复

3. 实训设备

实训车辆、螺钉旋具、常用工具、抛光机、砂纸、抛光蜡、保护膜、清洁剂、热风枪、UV 镀膜剂、UV 光谱仪。

4. 实训注意事项

1）听从安排，不要随意走动。

2）操作时必须在指导老师的指导下完成。

3）注意保持教学场地卫生。

4）实训时不能野蛮操作。

5. 实训方法及步骤

由于目前几乎所有的汽车前照灯的表面都是由有机玻璃/亚克力塑料制成的，而车灯表面在日常使用中经常受到汽车尾气的侵袭、太阳紫外线的伤害、日用化工品的腐蚀以及行车路上等诸多因素影响，所以很容易导致车灯表面出现模糊、发黄、划痕等伤害。

这些看似很小的毛病，事实上不仅影响汽车的外表美观与汽车本身的价值，而且大大降低了汽车前照灯的最主要的照明功能，造成看不清前方的状况，影响自身行车安全，随着国内汽车保有量越来越大，前照灯修复项目市场越来越大。如图 8-27 前照灯修复前后比较。

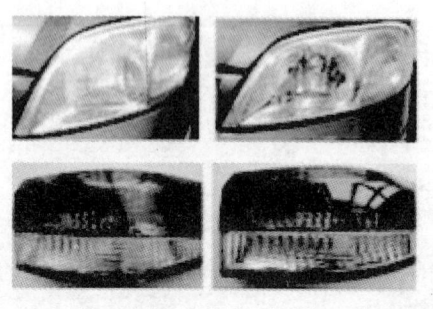 

图 8-27　前照灯修复前后比较

前照灯修复操作步骤如下。

1）使用耐高温纸质胶带（或耐高温聚酯胶带）将车灯外圈的车身漆面进行粘贴，使漆面在车灯修复过程中得到保护。部分车型可将发动机盖打开，方便车灯修复工作。

2）用清水或清洁剂对车灯外表面进行清洁，除去外部污物。

3）研磨修复，通常车灯表面模糊、发黄等氧化层的清除和划痕、划伤的消除均需要从水磨砂纸研磨开始，也可直接使用干磨机打磨。砂纸规格为 800#，1200#，2000#依次打磨平整光滑，打磨完用清水清洗前照灯表面。

4）待表面水分干燥之后，倒少许专用清洁剂沾湿专用静电除尘布，来回多擦几次即可。

5）喷涂灯表面。喷涂时请尽量调整好气压，把气压调小，来回喷涂两遍即可。

6）把喷涂好的前照灯表面在阳光下照射 15~20min（也可以使用热风枪或太阳灯烘烤）强制表面干燥。

7）取专用汽车前照灯 UV 镀膜剂并用 200# 的网纱过滤并直接喷涂在前照灯表面，来回三枪（虚喷一枪，湿喷一枪，最后压一枪）即可。

8）1min 后用热风筒吹 UV 镀膜剂强制表面流平/溶剂挥发。

9）打开汽车前照灯专用 UV 光谱仪，待 1min 后 UV 灯完全启动，直接照射。UV 灯与漆面的距离应控制在 20~30cm，速度按 4m/min 移动 2 遍即可。

10）使用 2000M 砂子打磨有尘点突起的部位。此工序磨的时候不需要使用很大力度，以免磨穿漆膜。

11）使用专用抛光蜡/羊毛抛光轮直接抛光。

12）清洁检查，除去车漆表面的保护胶带。前照灯修复前后对比如图 8-28 所示。

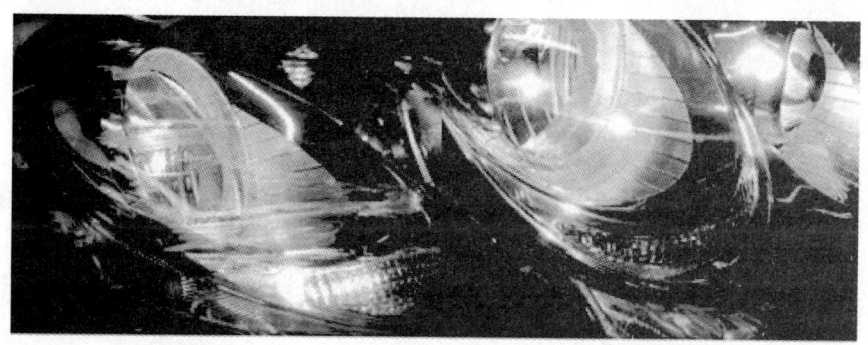

修复前照灯照片　　　　　　修复后照灯照片

图 8-28　前照灯修复前后对比

6. "修复前照灯"评分标准与操作工单

"修复前照灯"评分标准

序号	考核项目	配分	扣分标准（每项累计扣分不能超过配分）
1	安全文明否决		造成人身、设备重大事故，或恶意顶撞考官，严重扰乱考场秩序，立即终止考试，此项目记 0 分
2	安全文明生产	20 分	（1）不穿工作服、工作鞋、工作帽各扣 1 分 （2）工具、材料乱放、混放每次扣 2 分 （3）工具、材料落地或表面未及时清理每次扣 1 分 （4）考试完后不清理工具或场地各扣 3 分 （5）不服从考官、出言不逊，每次扣 3 分

（续）

序号	考核项目	配分	扣分标准（每项累计扣分不能超过配分）
3	准备与检查	10分	(1) 设备每少准备一件扣3分 (2) 设备选择不当，每次扣4分 (3) 未校验设备每次扣3分
4	准备工作	10分	作业前不安装5件套一项扣2分
5	前照灯修复	50分	(1) 修复前未用耐高温纸质胶带扣7分 (2) 未用清水或清洁剂对车灯外表面进行清洁扣5分 (3) 研磨修复错误扣6分 (4) 未将专用清洁剂沾湿专用静电除尘布清洁扣4分 (5) 未使用专用汽车前照灯UV镀膜剂喷头扣6分 (6) 喷头错误扣6分 (7) 未使用汽车前照灯专用UV光谱仪扣6分，距离不当扣5分 (8) 未使用专用抛光蜡/羊毛抛光轮抛光扣5分
6	记录	10分	(1) 维修记录字迹潦草扣2分 (2) 填写不完整，每项扣1分
7	合计	100分	

"修复前照灯"操作工单

班级：_____ 姓名：_____ 得分：_____

车型		发动机型号	
一、准备工作			
1. 工具准备与检查			
2. 材料设备准备			
3. 车辆准备			
二、操作过程			
保护	记录：		
修复	记录：		
抛光	记录：		
整理工作场地			

实训 16　改装氙气前照灯

1. 实训目的

1) 了解氙气前照灯的组成。
2) 掌握氙气前照灯的安装方法。

2. 实训内容

氙气前照灯的安装。

3. 实训设备

实训车辆一台、氙气前照灯一套、螺钉旋具、常用工具、电胶布、斜口钳。

4. 实训注意事项

1) 先将要安装的氙气灯系统用蓄电池点亮，查看是否有损坏。
2) 检查氙气灯安装后与灯罩的距离是否太近，该距离应大于5cm。
3) 安装时应确保安定器的电源端与车子的电源端极性相同。
4) 检查各接口的状况，注意接口是否牢固，并做好电线接口绝缘和防水处理。
5) 检查灯泡时注意不要眼睛直视灯泡，以防眼睛因强光灼伤。
6) 绝对不要用手触摸氙气灯玻璃体，因为手上的汗液污物附着在玻璃体上导致灯泡散热不均匀，影响寿命，甚至引起爆炸。
7) 安定器一定要安装牢固，并且定期检查是否松动脱落，以免出现接触不良，影响使用。

5. 实训方法及步骤

（1）氙气前照灯的工作原理　氙气灯是依靠瞬间高压激发氙气放电的新型前照灯，又称高强度放电式气体灯，英文简称 HID（High Intensity Discharge）。氙气灯打破了爱迪生发明的钨丝发光原理，在石英灯管内填充高压惰性气体——Xenon 氙气，取代传统的灯丝，在两段电极上有水银和碳元素化合物，透过安定器以23000V高压刺激氙气发光，在两极间形成完美的白色电弧，发出的光接近完美的太阳光。

（2）氙气灯和卤钨灯的区别　氙气灯的亮度高出卤钨灯的3倍以上，对提升夜间驾驶视线清晰度有明显的效果。氙气灯发射的光通量是卤钨灯的2倍以上，同时电能转化为光能的效率也比卤钨灯提高70%以上，所以氙气灯具有比较高的光能量密度和光照强度，而运行时电流仅为卤钨灯的一半。

（3）氙气灯的性能特性

1) 氙气前照灯的性能优点。

① 亮度高，拥有超长及广角的宽广视野，可比传统卤钨灯提升3倍以上，为行车者带来舒适感，视野更清晰，可大大减少行车事故率。

② 光照范围更广，光照强度更大，大大地改善了驾驶的安全性和舒适性。

③ 使用寿命长，约为3000h，大幅度超越汽车夜间行驶的总时数。

④ 节电性能强，减少汽车电力系统的负荷，提高车辆性能，节约能源。

⑤ 色温性好，色温在4300~12000K都可选用，其中6000K接近日光，深受广大用户好评，而卤钨灯只有3000K，光色暗淡发红。

⑥ 恒定输出，安全可靠，当汽车的供电系统和电池出现故障时，安定器自动关闭停止

工作。

2）氙气前照灯的性能缺点。

① 光效低，光线穿透力低。

② 发热厉害。

③ 工作电流大。

④ 色温不可调。

（4）氙气灯的型号

目前氙气灯按灯头型号分为 H 系列、90 系列和 D 系列。

1）H 系列主要有 H1、H3、H4、H6、H7、H8、H9、H10、H11、H13 等。

2）90 系列主要有 9004（HB1）、9005（HB3）、9006（HB4）、9007（HB5）等。D 系列主要有 D1S、D1R、D2R、D1C、D2C、D3C、D4C 等。

3）在汽车氙气灯中应用较多的是 H1、H4、H7、9005（HB3）、9006（HB4）、9007（HB5）等型号。

（5）氙气前照灯的组成

氙气前照灯主要由一对高压稳定器（安定器）、一对氙气前照灯（HID）灯泡、一对电源适配线及其附件组成。

1）高压稳定器（安定器）。高压稳定器可接收高压输入，可以自动断电以防意外或短路发生，阻绝高电压触电的危险；工作温度范围广，可在 -40 ~ 105℃ 工作，可承受发动机室内常态性的高温，降低因温度过高而发生故障的概率。

2）氙气前照灯（HID）灯泡。氙气灯泡通过精准聚焦检测光形，避免造成来车眩光；采用耐高温材质的灯座，避免灯具发生雾化；灯光精巧设计，防止灯管过长接触灯具而造成短路。

3）电源适配器。电源适配器一般由外壳、电源变压器和整流电路组成。

（6）氙气前照灯的安装　以改装氙气前照灯为例，改装前照明灯为黄色暖光，改装后为白光。

1）拆前照灯。拆前照灯之前应先观察相连部件，影响前照灯拆装的部件应先拆除，拆前照灯时注意不要损坏前照灯及相连部件。

2）拆前罩。将拆下的前照灯外侧前端塑料罩拆下，拆之前先拆相连的螺钉和弹簧等部件。拆装时可放在恒温箱中热 10 ~ 15min，待密封胶软化后用一字螺钉旋具撬起并趁热去除粘在表面的密封胶。

3）安装氙气灯。安装时应戴干净手套以防弄脏氙气灯。将事先选好的氙气灯取下灯泡、固定环、弹性圈、定位圈，将氙气灯安装在原灯罩上，并按照安装指示顺序进行安装，安装完成灯泡顺次安装定位圈、弹性圈和固定环，并用卡簧钳锁紧，注意固定环和所选灯泡型号应匹配。

4）安装灯泡后的测试。将选好的氙气灯正负极和电源适配器的正负极接通测试安定器和灯泡质量是否正常，同时检查光照效果是否符合要求。

5）检查前照灯内部卫生。检查凸透镜是否有脏污及指纹痕，若有指纹痕或脏物应及时去除，检查时不能直视灯光和凸透镜，应和凸透镜呈一角度以防伤眼睛。

6）在灯罩防水罩上开孔以备穿插电路引出线。

7)将前灯罩和灯体用密封胶密封,待胶完全干燥后去除多余的胶,并清理干净。

8)连接线组,安装前照灯。按照说明正确连接线组,并检查准确无误后安装防尘罩,将组装好的氙气灯安装到改装车上。

9)在车身选取适当位置固定安定器和电源适配器,并将线路布置美观,远离高温潮湿部位。

10)安装后的检查。对安装后的氙气灯做整体检查,如连线、接头,以及工具是否遗漏在发动机室内等,确保无误后,通过灯光调试后可以交车。

6. "安装氙气前照灯"评分标准与操作工单

"安装氙气前照灯"评分标准

序号	考核项目	配分	扣分标准(每项累计扣分不能超过配分)
1	安全文明否决		造成人身、设备重大事故,或恶意顶撞考官,严重扰乱考场秩序,立即终止考试,此项目记0分
2	安全文明生产	20分	(1)不穿工作服、工作鞋、工作帽各扣1分 (2)工具、材料乱放、混放每次扣2分 (3)工具、材料落地或表面未及时清理每次扣1分 (4)考试完后不清理工具或场地各扣3分 (5)不服从考官、出言不逊,每次扣3分
3	准备与检查	10分	(1)工具每少准备一件扣3分 (2)工具选择不当,每次扣4分 (3)未检查工具每次扣3分
4	准备工作	10分	作业前不安装5件套一项扣2分
5	前照灯拆卸	15分	(1)拆卸前未先观察前照灯及相连部件,而导致部件损坏的,扣8分 (2)拆装时未将前照灯放在恒温箱中加热10~15min,用一字螺钉旋具撬起并趁热去除粘在表面的密封胶的,扣7分
6	氙气灯安装	35分	(1)安装时应戴干净手套以防弄脏氙气灯。并按照安装指示顺序进行安装,注意固定环和所选灯泡型号应匹配,操作错误扣5分 (2)接通测试安定器和灯泡,检查是否正常,同时检查光照效果是否符合要求,不符合要求扣6分 (3)未在灯罩防水罩上开孔以备穿插电路引出线,扣5分

(续)

序号	考核项目	配分	扣分标准（每项累计扣分不能超过配分）
6	氙气灯安装	35 分	（4）未将前灯罩和灯体用密封胶密封，待胶完全干燥后去除多余的胶，并清理干净，扣 5 分 （5）连接线组，安装前照灯，操作错误扣 5 分 （6）未在车身选取适当位置固定安定器和电源适配器，并将线路布置美观，远离高温潮湿部位，扣 5 分 （7）未对安装后的氙气灯做整体检查，有东西遗漏在发动机室内，扣 5 分
7	记录	10 分	（1）维修记录字迹潦草扣 2 分 （2）填写不完整，每项扣 1 分
8	合计	100 分	

"安装氙气前照灯"操作工单

班级：_____ 姓名：_____ 得分：_____

车型		发动机型号	

一、准备工作

1. 工具准备与检查	
2. 材料设备准备	
3. 车辆准备	

二、操作过程

准备	记录：
拆卸	记录：
安装	记录：
整理工作场地	

实训17　修复前风窗玻璃

1. 实训目的

掌握前风窗玻璃的修复方法。

2. 实训内容

前风窗玻璃的修复。

3. 实训设备

实训车辆、常用工具、专用用工具、抛光机、保护膜。

4. 实训注意事项

1）操作所学的系统时必须在指导老师的指导下完成。

2）注意保持教学场地卫生。

3）操作所学系统时不能野蛮操作。

4）修复过程中一定要避光，同时避免在阴天、树荫下进行施工。

5）如因特殊原因必须在室外进行施工，请提前做好充足准备，尽量在30min内结束，同时在修复过程中一定要用纸箱板、毛巾、雨伞等做好遮光工作。

5. 实训方法及步骤

所谓汽车玻璃修复是指汽车风窗玻璃受外力冲击后产生的牛眼型、星型、裂纹等玻璃裂痕，在不拆卸风窗玻璃，用树脂和设备修复如初的技术。

风窗玻璃被石子飞溅到出现裂纹或破损，换一块风窗玻璃少则几百高则几千、上万，由于大多数车主都会热衷于原车玻璃，而且更换风窗玻璃后还会带来密封不严的烦恼，运用这项技术和工具可以轻松解决这些问题。

玻璃裂痕修复技术的原理是将风窗玻璃破损处内的空气抽空，注入与风窗玻璃透光率和折射率相同的专用树脂，再用专用波长的紫外线灯固化就可以完成对风窗玻璃的修复。不用花费更换风窗玻璃的费用还保留住了原车玻璃，同时不影响其密封性。

风窗玻璃内层没有出现损伤、裂痕。破损部位没有可见的不可清除的灰尘或湿气。为了避免灰尘及湿气进入破损部位，发生破损后应立即在损伤部位贴上胶带，这样更加有利于日后修复的完美。

（1）风窗玻璃修补范围　风窗玻璃修复前必须先观察风窗玻璃的受损情况，这是必不可少的程序，目的在于判断损伤部位是否可以完全修补，以及所需要采取的最有效的修复手段。下面介绍的是不同的原因使风窗玻璃受损，而在风窗玻璃上留下的不同的伤痕。根据形状基本分四大类。如图8-29所示为破损的风窗玻璃。

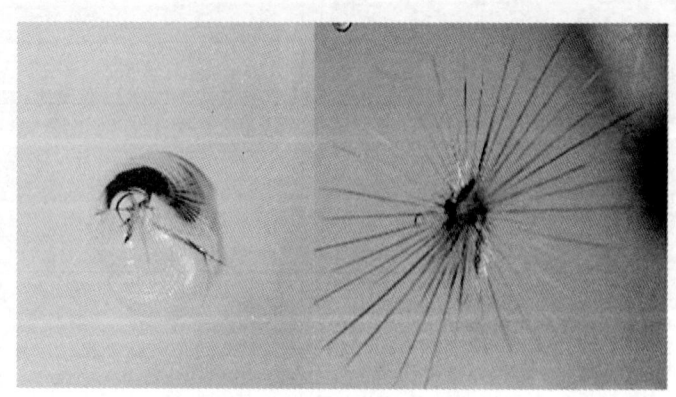

图8-29　破损的风窗玻璃

1）星型裂痕。
2）牛眼型裂痕。
3）牛眼与星型结合裂痕。
4）裂纹。

（2）牛眼及星型裂痕修复方法　在判断出风窗玻璃的裂痕类型以后，根据实际情况而确定出最完美而高效的修复方法。为了达到理想的修复效果，我们必须遵循以下步骤进行操作。

1）进行玻璃裂痕修复的最佳环境温度为 20±5℃，环境温度过低会影响修复效果，可以使用热风枪或吹风机进行局部加热，但是需要注意的是要逐步、整体地一起升温，切记不可达到烫手的温度。切记不可在某一个点上突然、剧烈地升温，这样会造成极大的风险隐患。

2）清洁玻璃表层。先用探针和棉签将破损点的污染物清除，注意力度不要将破损点的面积继续扩大。

3）对于细小的或没有明显的破损点的星型或牛眼型裂痕，我们应在裂痕的中心或裂痕相对明显、严重的部位进行打孔制造注胶点。注意钻头要与玻璃垂直，钻透第一层玻璃即可。钻透第一层玻璃时的感觉就是在钻孔过程中，钻头突然间失去了阻力，这时候就是钻头已经钻透了第一块玻璃了。另外，钻头在使用几次以后会变钝，用 600 号或 800 号的砂纸将钻头磨成一字螺钉旋具的形状，再次进行钻孔的时候会很好用的。

4）准备注胶器。将注胶器打开，清洁干净。在中间的胶圈的部分涂上凡士林，在注胶器的顶端的小白色胶圈的部分，滴上一滴玻璃划痕修复树脂，以起到润滑作用。方便后面操作。如图 8-30 所示为注胶器的准备。

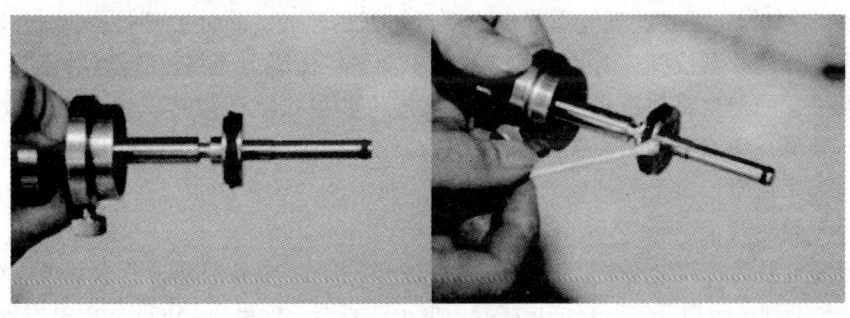

图 8-30　注胶器的准备

5）将三脚架的吸盘上面喷上适量的清水，注意不要太多，尽量控制在流下来之前。然后将三脚架的中心对准玻璃裂纹的中心点，将吸盘压牢，用以固定注胶器。如图 8-31 所示。

6）将注胶器推到底，旋紧注胶器上盖。用左手食指堵住注胶器注胶口，右手用力拉出注胶器活塞拉柄，在拉到三分之二的时候突然松手，这时由于注胶器内负压力的作用，活塞会被反弹回到初始状态，并会发出清脆的金属撞击的声音。这样反复 3~5 次，

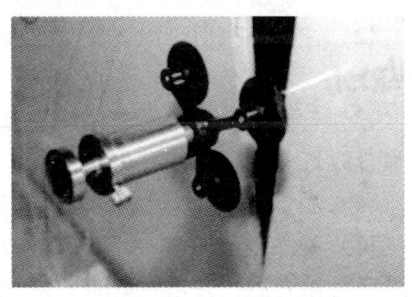

图 8-31　固定注胶器

确定注胶器内径将多余空气排净。

7）将注胶器拉柄拉出 10mm 左右（根据实际情况而定，如果牛眼较大，则再多拉出一些），锁紧，注入胶水，在注胶器顶端放置密封胶圈，放松顶丝，轻轻顺着注胶器的吸力放松注胶器拉杆，将胶水顶至密封胶圈相平的位置，锁紧顶丝，这样加注胶水工序完成。如图 8-32 所示。

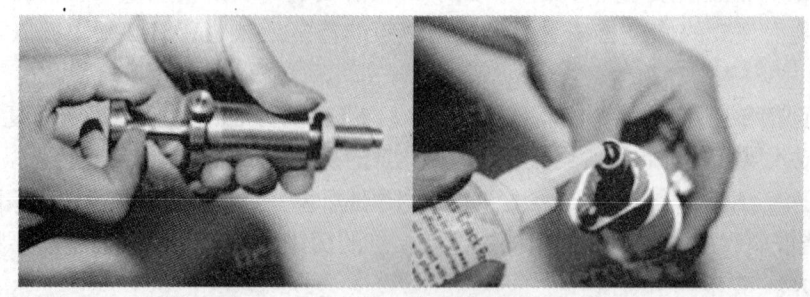

图 8-32 注入胶水

8）把注胶器固定在三角架上，将注胶器中心孔对准撞击点，确认对准后，将注胶器旋紧，力度掌握到能将白色密封圈压到轻微变形即可。不能压力过大，过大会使玻璃原有的牛眼或星型裂纹加大，力度过小会造成玻璃修复树脂外溢，而且无法抽真空。确定旋紧后，用注胶器上的偏心螺母将注胶器锁紧。

9）抽真空步骤。一只手把持住注胶器，另一只手将注胶器拉杆全部拉出，并旋转 90°，将拉杆卡住。然后在风窗玻璃的背面观察抽真空状态，如果有气泡产生，则视为此步骤正确，否则要重复前面的步骤，直到有气泡产生才为正确。抽真空步骤一般进行 5~10min。

10）在 5~10min 后或看到气泡停止产生后，开始注胶。将注胶器拉杆回旋 90°，此时，一定注意把持住注胶器拉杆，防止由于注胶器里面的巨大吸力而将注胶器拉杆回弹，这样非常危险。第一，回弹会将注胶器里面的胶水喷出，如果喷溅到眼睛里面，会造成危险。第二，会打坏玻璃，使原有的裂痕突然加大，造成二次破损。把持住拉杆，缓慢放松，同时观察注胶器顶端密封圈，由于受到胶水的压力后，密封圈会稍微膨胀，在看到膨胀的同时，可以证明已经开始注胶了。

11）确定注胶后，锁紧顶丝，用小手电观察进胶情况，观察胶水是否到达所有破损部位，在确认胶水全部到达破损部位后，停止注胶，取下注胶器。如果 3~5min 后没有发现胶水在破损部位移动（胶水填充停止），则需要继续给胶水压力，就是放松顶丝，压注胶器拉杆，注意密封胶圈不要过于膨胀。反复进行，直至胶水全部填充到破损部位，视为注胶结束。

12）注胶结束后，取下注胶器和三脚架，用 1~2 滴胶水滴在注胶部位，然后马上用贴片贴上。

13）打开紫外线灯，放到注胶点上方 1cm 左右的位置上，进行固化。7~10min 后，移开紫外线灯，撕开贴片。

14）用刀片成 90°轻轻刮除固化后的树脂，角度一致，用力均匀。

15）刮除多余树脂后，破损点的部分会留下一块小的白色的痕迹，如果用玻璃划痕抛光膏进行抛光后，会达到更加完美的效果。

16）修复结束后，整理工具，将注胶器内外擦干净，在胶圈的部位涂上凡士林及胶水，同时做好环境和工具箱的卫生。

(3) 长条裂痕修复方法

1) 取出两脚吸盘,用凡士林均匀涂抹在吸盘上,在裂痕的侧方,距离裂痕 6~10cm 的位置上涂抹凡士林(就是在我们修复裂痕的注胶器行走的路径上涂抹凡士林),将吸盘吸到玻璃上,大孔中心对准玻璃裂痕开始的部位。

2) 用小电钻在裂纹结束的地方打止裂孔。

3) 准备装好胶水的注胶器(裂痕长,胶水就要放得多些),装到两脚吸盘上,将注胶器的中心对准裂痕开始的部位,锁紧塑料顶丝,在看到注胶器顶端的密封圈稍稍变形为止。

4) 给胶水压力,锁紧注胶器顶丝,此时可以观察到胶水正在缓慢渗入裂纹之中,随着胶水的渗入,向前移动两脚架,在注胶结束的部位马上贴上贴片(可以先在贴片上滴 2 滴胶水),随着注胶的延伸,贴片也要不断跟上,直到到达裂痕结束的地方。

5) 用紫外线灯固化。

6) 刮除多余的固化的树脂。

7) 整理工具,做卫生。

8) 修复结束。

6. "修复前风窗玻璃"评分标准与操作工单

"修复前风窗玻璃"评分标准

序号	考核项目	配分	扣分标准(每项累计扣分不能超过配分)
1	安全文明否决		造成人身、设备重大事故,或恶意顶撞考官,严重扰乱考场秩序,立即终止考试,此项目记 0 分
2	安全文明生产	20 分	(1) 不穿工作服、工作鞋、工作帽各扣 1 分 (2) 工具、材料乱放、混放每次扣 2 分 (3) 工具落地或材料件表面未及时清理每次扣 1 分 (4) 考试完后不清理工具或场地各扣 3 分 (5) 不服从考官、出言不逊,每次扣 3 分
3	准备与检查	10 分	(1) 设备每少准备一件扣 3 分 (2) 设备选择不当,每次扣 4 分 (3) 未校验设备每次扣 3 分
4	准备工作	10 分	作业前不安装 5 件套一项扣 2 分
5	前风窗玻璃修复	50 分	(1) 修复时温度不适宜扣 10 分 (2) 未清洁玻璃表层扣 8 分 (3) 未准备注胶器扣 8 分 (4) 未抽真空扣 8 分 (5) 打开紫外线灯固化扣 8 分 (6) 未用玻璃划痕抛光膏进行抛光扣 8 分

(续)

序号	考核项目	配分	扣分标准（每项累计扣分不能超过配分）
6	记录	10分	（1）维修记录字迹潦草扣2分 （2）填写不完整，每项扣1分
7	合计	100分	

"修复前风窗玻璃"操作工单

日期：_____　　姓名：_____　　得分：_____

车型		发动机型号	
一、准备工作			
1. 工具准备与检查			
2. 材料设备准备			
3. 车辆准备			
二、操作过程			
准备	记录：		
修复	记录：		
抛光	记录：		
整理工作场地			

实训 18　安装倒车雷达

1. 实训目的

1) 掌握倒车雷达的组成。

2) 掌握倒车雷达的安装方法。

2. 实训内容

倒车雷达的安装。

3. 实训设备

实训车辆、倒车雷达设备、常用工具、电胶布、万用表、手电钻、开孔器、接线板等。

4. 实训注意事项

1) 实训时必须在指导老师的指导下完成。

2) 实训时不能野蛮操作。

3) 注意保持教学场地卫生。

4) 一般车前离地的安装高度为 45~55cm，车后的安装高度为 50~65cm。

5) 6 或 8 个探头倒车雷达前后探头不可随意对调，否则，可能会引起常鸣误报问题。

6) 注意探头安装朝向，要按 UP 标识朝上安装。

7) 在打孔安装时，应对探头卡胶或开孔修整一下，免得探头压得太紧，汽车振动使探头改变方向探测到地面，产生误报。

8) 探头不建议安装在金属板材上，因为金属板材振动会引起探头共振，产生误报。

5. 实训方法及步骤

（1）倒车雷达的含义　倒车雷达全称为"倒车防撞雷达"，是汽车泊车或者倒车时的安全辅助装置，能以声音或者更为直观地显示告知驾驶人周围障碍物的情况，解除驾驶人泊车、倒车和起动车辆时前后左右探视所引起的困扰，并帮助驾驶人扫除视野死角，提高驾驶与泊车的安全性。

（2）倒车雷达的组成　如图 8-33 所示。它由感应器（探头）、主机、显示设备或蜂鸣器 3 部分组成。

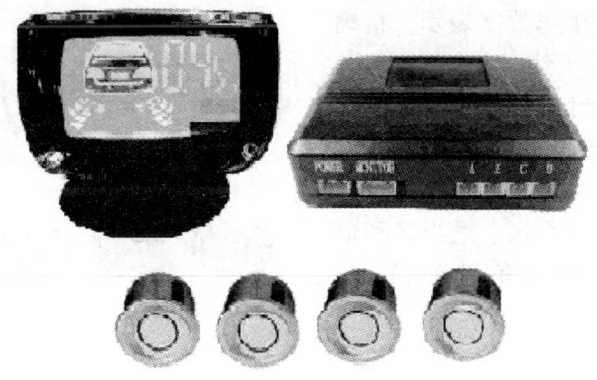

图 8-33　倒车雷达的组成

1) 显示设备或蜂鸣器。它是发出和接收超声波信号的机构，它将得到的信号传输到主机里面进行分析，再通过显示设备显示出来。

2）探头。探头装在前后保险杠上，根据不同品牌和价格，探头有2、3、4、6、8只不等，分别管前、后、左、右。

3）主机。主机发射正弦波脉冲给超声波感应器，并处理其接收到的信号，换算出距离值后，以显示器或蜂鸣的形式反映给驾驶人。

(3) 倒车雷达的工作过程　档位挂入倒档，倒车雷达自动开始工作，测距范围0.2～1.8m，所以在停车时，倒车雷达对驾驶人很实用。它使用一种非接触检测技术，方便迅速，能准确测算车身与障碍物间的距离。当车身与障碍物间距离达到某一范围时，探头发出信号，倒车雷达接收到信号后发出警示。如图8-34所示。

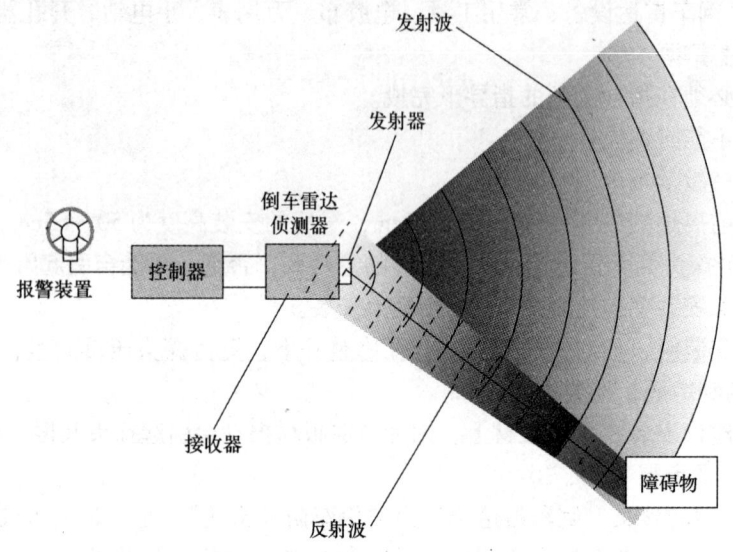

图8-34　倒车雷达工作原理

(4) 倒车雷达的分类　现在的倒车雷达基本根据显示形式不同分为数字显示式、颜色显示式、图形显示式和蜂鸣式4种。

1）数字显示式。如图8-35所示。安装在驾驶台上，距离直接用数字表示，精确到0.1m让驾驶人一目了然。它会提醒驾驶人：1.5～0.8m为安全区，0.8～0.3m为适当区，0.3～0.1m为危险区。

2）颜色显示式。如图8-36所示。通过颜色变化显示泊车的安全区、适当区和危险区。其中绿色为安全区、黄色为适当区，红色为危险区。

3）图形显示式，如图8-37所示。这种图形显示式在高档车中比较常见或者是在

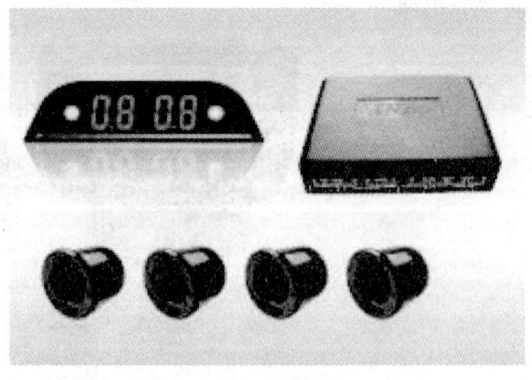

图8-35　数字显示式

原车有倒车雷达后加装带有此功能的DVD导航仪或反光镜显示器也会有显示，这种显示方式是与倒车后视同时在一个屏幕上显示，所以既可看到图像显示又可看到距离显示，所以可以更好地提高倒车安全性。

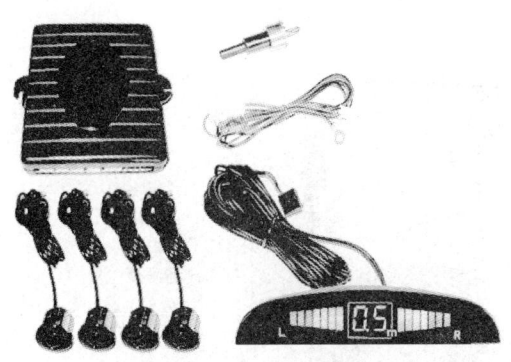

图 8-36 颜色显示式

图 8-37 图形显示式

4）蜂鸣式。如图 8-38 所示。它没有显示器，依靠语音或者蜂鸣提醒泊车时距离障碍物的情况。

（5）倒车雷达的安装

1）选择一套倒车雷达，目测倒车雷达安装位置。

2）拆除 A 柱内饰板，便于显示器的安装。

3）拆除左侧前后门边塑料板，方便所布线路隐蔽起来，防止磨损。

4）拆除完毕后就开始布线，布线的要求是跟随原车线路走，把倒车雷达显示屏线与原车线路捆绑在一起，这样做的目的是以后出故障方便检查，防止线路因行车振动发生摩擦而破皮，减少安全隐患。如图 8-39 所示。

图 8-38 蜂鸣式

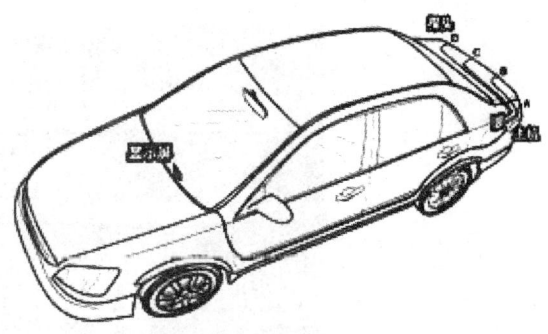

图 8-39 接线示意图

5）接倒车灯电源线，先将汽车钥匙开到 ON 档，将汽车档位挂入倒车档，再使用试电笔测量出倒车灯线，接好倒车雷达的电源线，绑好电胶布。

6）确定测量探头安装定位孔位置，从翼子板边缘和保险杠接缝处开始往保险杠方向测量 41cm 的位置为探头沿车身长度方向定位。如图 8-40 所示。高度定在离地面 52.5cm 位置，并做好标记，探头与探头的中间距离、高度要相同，这样装出来的效果才美观。不同个数探头的安装标准如图 8-41 所示。

7）确定完位置后，换上专用大小的打孔钻头，在打孔前需要用美纹纸保护打孔周围。

8）将探头线全部走到尾箱里面，探头线要固定稳固防止掉落以免挂断。

9）最后将所有线路与主机连接，固定牢固，防止插头处松动。安装完成。如图 8-42

所示。

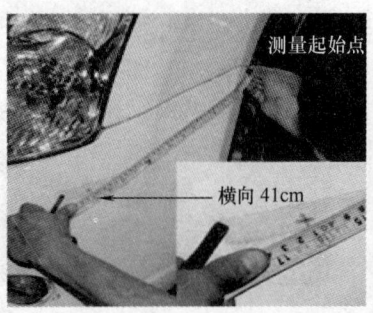
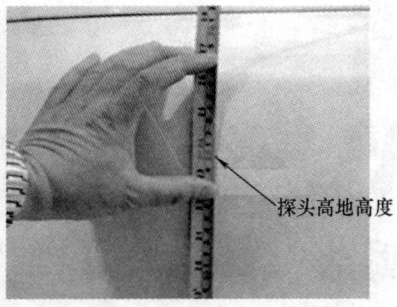

图 8-40 倒车雷达安装

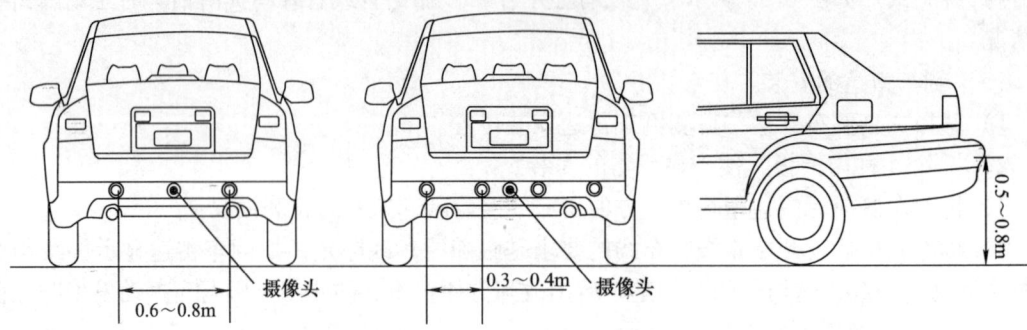

图 8-41 倒车雷达安装

图 8-42 安装完成的倒车雷达

10) 雷达测试

① 预警距离测试。将一个障碍物摆在探头的正后方,由远到近缓慢倒车,分别在远、近两端测量障碍物到车尾的实际距离,并和车内倒车雷达显示的障碍物距离相比较。

② 障碍物方位显示测试。用 1～3 个障碍物摆放到车尾的左、中、右测试,测试倒车雷达探测显示障碍物方位是否精确。

③ 探测死角测试。将障碍物中心顶偏离探头中心,测试倒车雷达是否发现。

6. "安装倒车雷达"评分标准与操作工单

"安装倒车雷达"评分标准

序号	考核项目	配分	扣分标准（每项累计扣分不能超过配分）
1	安全文明否决		造成人身、设备重大事故，或恶意顶撞考官，严重扰乱考场秩序，立即终止考试，此项目记 0 分
2	安全文明生产	10 分	（1）不穿工作服、工作鞋、工作帽各扣 1 分 （2）工具、材料乱放、混放每次扣 2 分 （3）工具、材料落地或表面未及时清理每次扣 1 分 （4）考试完后不清理工具、材料或场地各扣 3 分 （5）不服从考官、出言不逊，每次扣 3 分
3	准备与检查	10 分	（1）设备每少准备一件扣 3 分 （2）设备选择不当，每次扣 4 分 （3）未校验设备每次扣 3 分
4	准备工作	10 分	作业前不安装 5 件套一项扣 2 分
5	雷达安装	60 分	（1）拆除 A 柱内饰板，便于显示器的安装。拆卸错误扣 5 分 （2）拆除左侧前后门边塑料板，方便所布线路隐蔽起来，防止磨损。错误扣 5 分 （3）不按要求布线跟随原车线路走，把倒车雷达显示屏线与原车线路捆绑在一起，扣 5 分 （4）接倒车灯电源线，绑好电胶布。操作错误扣 5 分 （5）确定测量探头安装定位孔位置，并做好标记，操作错误扣 5 分 （6）确定完位置后，换上专用大小的打孔钻头，在打孔前需要用美纹纸保护打孔周围。操作错误扣 5 分 （7）未将探头线全部走到尾箱里面，探头线未固定稳固，扣 5 分 （8）未固定牢固扣 5 分 （9）未测试扣 10 分
6	记录	10 分	（1）维修记录字迹潦草扣 2 分 （2）填写不完整，每项扣 1 分
7	合计	100 分	

"安装倒车雷达"操作工单

班级：_____ 姓名：_____ 得分：_____

车型		发动机型号	
一、准备工作			
1. 工具准备与检查			
2. 材料设备准备			
3. 车辆准备			
二、操作过程			
	准备	记录：	
	测量	记录：	
	安装	记录：	
	整理工作场地		

实训 19　安装 DVD、倒车影视

1. 实训目的

掌握 DVD、倒车影视的安装方法。

2. 实训内容

DVD、倒车影视的安装。

3. 实训设备

实训车辆、常用工具、螺钉旋具、电胶布、万用表、与车辆相符的 DVD 等。

4. 实训注意事项

1）听从安排，不要随意走动。

2）操作所学的系统时必须在指导老师的指导下完成。

3）注意保持教学场地卫生。

4）操作所学系统时不能野蛮操作。

5）安装前，检查汽车仪表板功能显示、车内按键是否正常，还有车内外表面有没有乱花现象。

6）导航天线装在车内，建议安装在车前风窗玻璃下方，并必须水平放置，表面朝上，以便更好地接收信号。车内如果有贴膜，有些膜会影响导航信号的接受。

7）安装过程中，拆下来的汽车配件要放好，避免损坏车内仪表设备。并且，接线的时候留下的杂物要及时处理掉。

8）布置倒车摄像头连接线时不准被装饰板夹住，以免发生接触不良故障。

5. 实训方法及步骤

（1）汽车车载导航 DVD 定义　导航车载 DVD 是一种以 DVD 播放、导航功能为主的车载主机，它一般用来取代原车的 CD 主机。如果是专车专用设计，它的电源插头、音响线将与原车完全对插，不改变原车任何线路，并且外观、尺寸与原车风格统一。

（2）汽车车载导航 DVD 的主要功能

1）导航功能。具有 GPS 全球卫星定位系统功能，让驾驶人在驾驶汽车时随时随地知晓自己的确切位置。汽车导航具有的自动语音导航、最佳路径搜索等功能，集成的办公、娱乐功能让驾驶人轻松行驶、高效出行！

2）影音播放。既能够播放电影，也能随时聆听美妙的音乐。支持 DVD 与 CD。

3）蓝牙免提功能。Bluetooth 免提系统直接通过多媒体系统拨号。而其蓝牙手机可放置在车内任何位置，因而得以保持双手紧握方向盘、双眼密切留意路况，即可享受免提通话的便捷。

驾驶过程中通过手机免提功能进行对话，尽情享受免提通话的便捷。玩游戏、听音乐、结交朋友、与朋友共享照片，越来越多的消费者希望能够方便及时地享受各种娱乐活动，而又不想再忍受电线的束缚。Bluetooth 无线技术是唯一一种能够真正实现无线娱乐的技术。

4）支持 iPod 接入。已有多个品牌支持 iPod 接入，iPod 接入使车载 DVD 导航能同步 iPod 的音乐，能更好地享受音乐带给驾驶人的美妙感。

5）收音功能。随时随地听收广播，随时知道最新资讯。

6）倒车后视功能。倒车雷达系统，使用声呐传感器或者摄像装置，它们的作用就是在

倒车时，帮助驾驶人"看见"后视镜里看不见的东西，或者提醒驾驶人后面存在的物质。经过多年的发展，倒车雷达系统已经升级了技术，改良了性能，不管从结构和外观上，还是性能和价格上，如今的产品都各有特点，使用较多的是数码显示、荧屏显示和多功能倒车镜显示这三种。

系统在倒车的时候，车后的状态更加直观可视，对于倒车安全来说是非常实用的配置之一。当挂倒车档时，系统会自动接通位于车位的高清摄像头，将车后状况清晰地显示在液晶屏上，让驾驶人准确把握后方路况，倒车亦如前进般自如、自信。

（3）DVD的安装　每款车型的中控面板都不一样，所以需要长时间的安装经验才能熟练掌握各车型的拆装方法。以起亚狮跑的DVD导航机安装为例，如图8-43所示为DVD的安装。

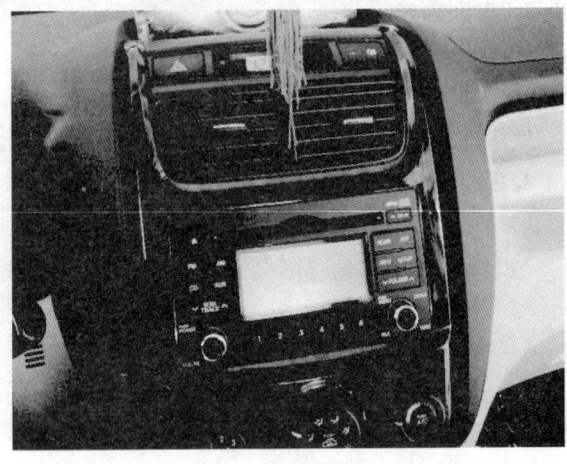

图8-43　DVD的安装

1）检查汽车功能是否正常，控制面板周围有无刮花，损坏。

2）装好车内保护套。

3）使用拆面板专用工具，将原车面板左下角、右下角、左上角及右上角撬开，如图8-44所示。

图8-44　DVD的安装

4）取下原车控制面板，如图8-45所示。

5）取掉原车左右两边固定螺钉，如图8-46所示。

6）取掉原车插头后，接上专车专用转接插头。将导航天线和倒车后视摄像头的线路布置好。如图8-47所示。

7）将倒车摄像头线路走好，专用摄像头都是安装在原车牌照灯处。轿车车型最好跟着原车线路走，SUV车型较大，而大部分牌照灯在后尾箱盖上，如果线路走下部，摄像头连

接线走下部，所配的连接线太短，所以 SUV 车型大部分是走车顶，如图 8-48 所示。

图 8-45 取下控制面板

图 8-46 取掉左右两边固定螺钉

图 8-47 取下插头

图 8-48 走线路

8）检测倒车灯线，将车电源打到 ACC/ON，变速杆挂入倒车档，用试电笔在尾灯处找到倒车灯线路，如图 8-49 所示。

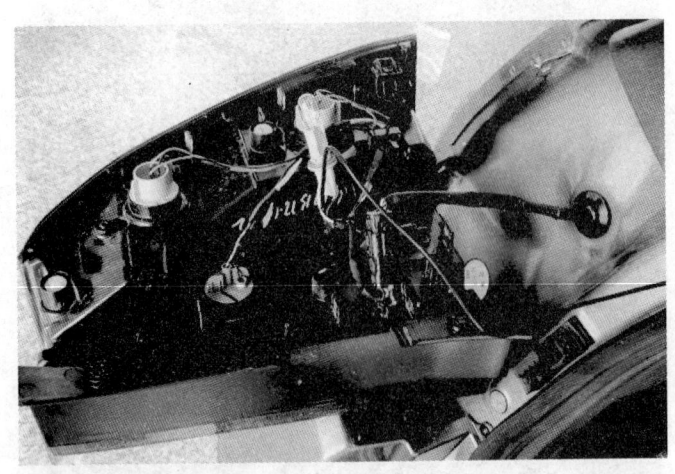

图 8-49　检测倒车灯线

9）连接倒车检测线，将倒车摄像头的倒车检测线与原车倒车灯正负极线相连接。再将 DVD 处的倒车检测线（BACK）连接。

10）测试倒车视频及 DVD 的功能是否能正常使用，匹配好原车方向盘控制键，拆卸掉 DVD 碟盒防振动螺钉。

11）安装复位，按拆除相反的步骤装回 DVD，将后尾箱拆除部位复位，如图 8-50 所示。

图 8-50　安装好的 DVD

6. "安装 DVD、倒车影视"评分标准与操作工单

"安装 DVD、倒车影视"评分标准

序号	考核项目	配分	扣分标准（每项累计扣分不能超过配分）
1	安全文明否决		造成人身、设备重大事故，或恶意顶撞考官，严重扰乱考场秩序，立即终止考试，此项目记 0 分
2	安全文明生产	10 分	（1）不穿工作服、工作鞋、工作帽各扣 1 分 （2）工具、材料乱放、混放每次扣 2 分 （3）工具、材料落地或表面未及时清理，每次扣 1 分 （4）考试完后不清理工具、材料或场地各扣 3 分 （5）不服从考官、出言不逊，每次扣 3 分
3	准备与检查	10 分	（1）工具、设备每少准备一件扣 3 分 （2）材料选择不当，每次扣 4 分
4	准备工作	10 分	作业前不安装 5 件套，一项扣 2 分
5	安装 DVD 倒车影视	60 分	（1）未安装车内保护套，扣 4 分 （2）使用拆面板专用工具，将原车面板左下角、右下角、左上角及右上角撬开，操作错误扣 4 分 （3）未取下原车控制面板，扣 4 分 （4）未取掉原车左右两边固定螺钉，扣 4 分 （5）未取掉原车插头，接上专用转接插头。将导航天线和倒车后视摄像头的线路布置好，扣 5 分 （6）未将倒车摄像头线路走好，轿车车型未跟着原车线路走，扣 5 分 （7）检测倒车灯线，操作错误扣 5 分 （8）连接倒车检测线，将倒车摄像头的倒车检测线与原车倒车灯正负极线相连接。再将 DVD 处的倒车检测线（BACK）连接。操作错误扣 5 分 （9）测试倒车视频及 DVD 的功能是否能正常使用，匹配好原车方向盘控制键，拆卸掉 DVD 碟盒防振动螺钉。操作错误扣 5 分 （10）安装复位，按拆除相反的步骤装回 DVD，将后尾箱拆除部位复位。操作错误扣 5 分
6	记录	10 分	（1）维修记录字迹潦草扣 2 分 （2）填写不完整，每项扣 1 分
7	合计	100 分	

"安装 DVD、倒车影视" 操作工单

班级：_____   姓名：_____   得分：_____

车型		发动机型号	

一、准备工作

1. 工量具准备与检查	
2. 维修手册及材料准备	
3. 车辆准备	

二、操作过程

准备	记录：
拆卸	记录：
安装	记录：
整理工作场地	

实训 20　安装防盗器

1. 实训目的

掌握防盗器的组成及安装方法。

2. 实训内容

防盗器的安装。

3. 实训设备

实训车辆、防盗器设备、常用工具、螺钉旋具、电胶布、万用表、12V 试电笔、斜口钳等。

4. 实训注意事项

1）安装前先将线全部清理，自检线路无误后，再分别把电源、振动器、LED 灯插上主机，主机及振动感应器的位置应避免高磁场的地方。

2）拆装车辆时要认真仔细，并对各种车型结构要了解清楚。

3）对各车型的电路要按规定方式科学查找，不可仅凭经验。只查找与安装防盗有关线路，严禁测试计算机线路和安全气囊、ABS 线路。

4）固定主机、振动感应器时注意是否有高温和漏水。

5）当可断 ON 线的车型安装时（如化油器、柴油车类不带计算机的），30A 断电器的小白线要接在 ON 线上，防盗器上的输出负电的小黄线要接在断电器上的小黄线。

6）制动带助力的车型、方向盘带助力的车型，若断点火线（ON），在设定防抢时，会在 30s 左右熄火，此时的车辆在高速时，熄火后车辆的制动以及转向都很沉重或失效，将会给第三者造成重大伤害。建议断接起动机线，不要断点火线。

7）防盗器安装好不好，接线很重要，接线处必须紧固，绝缘，线不能虚接，不该搭铁的地方不能搭铁，搭铁的地方必须接实，否则极易造成烧毁防盗器主机，或烧损车辆电路的严重后果。

5. 实训方法及步骤

汽车防盗报警器就是安装在汽车内部的防盗装置，与汽车相关电路连接，可以锁止起动机供油或点火系统的电路，起到阻吓、防盗作用。

（1）防盗器功能

主要有遥控开关汽车中控锁，增加车辆在起动之后踩制动下锁，关匙之后开锁，开车门闪灯、阻吓、紧急呼救寻车、中控锁自动化，有必要时还可以防抢（选择性）。

（2）防盗器的组成部分

由汽车钥匙插入开关、车门开关、锁门开关、点火开关、报警状态设置电路、是否盗贼检测判断电路、30s 定时器、解除报警器、LED 指示灯、报警器、报警灯、起动断电器、报警电路等组成，如图 8-51 所示。

（3）防盗器的种类

1）机械式防盗装置。机械式防盗装置是采用金属材料制作的各种防盗锁具，包括转向柱锁、方向盘锁、变速杆锁、踏板锁、车轮锁等。

2）电子式防盗装置。随着电子技术的迅速发展，在车锁上加装电子识别，开锁配钥匙都需要输入十几位密码的汽车防盗方式。电子防盗装置品种繁多，设计先进，结构复杂，性

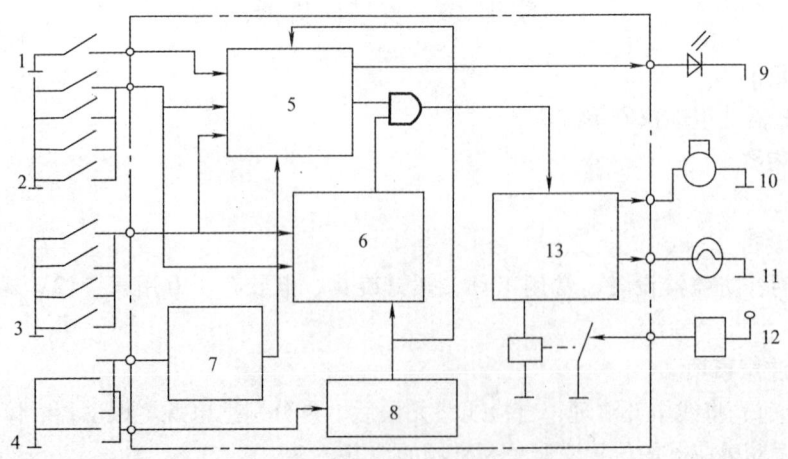

图 8-51　防盗器的组成
1—汽车钥匙插入开关　2—车门开关　3—锁门开关　4—点火开关　5—报警状态设置电路
6—是否盗贼检测判断电路　7—30s 定时器　8—解除报警器　9—LED 指示灯
10—报警器　11—报警灯　12—起动断电器　13—报警电路

能良好。

3）网络式防盗器。网络式汽车防盗系统主要利用 GPS 卫星定位系统对汽车进行监控，达到防盗目的，这是目前国际上比较流行且比较先进实用的一种新型防盗方式。主要有两种：GPS 卫星定位防盗系统和 GSM、GPRS 移动防盗。

4）指纹识别式防盗系统。汽车指纹识别防盗系统是一种新型、防盗效果很好的防盗系统。它通过人体指纹识别控制汽车的电路、油路、起动机等开合，达到防盗的目的。但是受到开启指纹的唯一性的局限，价格也较贵，应用不是很广。

(4) 防盗器的安装流程

1）引导施工车辆进入施工区位。

2）注意拉好驻车制动，熄灭发动机并拔掉钥匙。

3）安装前认真检查汽车的电路有无损坏，并由客户签字确认。

4）用试电笔找相关线路，并正确连接。

5）安装系统配线时，+12V 电源线必须最后安装，安装时需拔下熔丝。

6）防盗器主机固定好，防止车辆行驶中松动出现异响。

7）紧急解除开关必须隐藏在车厢隐蔽处，严禁外露。

8）安装报警喇叭时，喇叭口应朝下，防止进水损坏。

9）保证线路连接牢靠，绝缘性能好。

10）安装完毕后，应检查各项功能，并告知车主使用方法及注意事项。

11）确认后交车。

12）施工完毕后，立即清理现场。

6. "安装防盗器"评分标准与操作工单

"安装防盗器"评分标准

序号	考核项目	配分	扣分标准(每项累计扣分不能超过配分)
1	安全文明否决		造成人身、设备重大事故,或恶意顶撞考官,严重扰乱考场秩序,立即终止考试,此项目记0分
2	安全文明生产	10分	(1) 不穿工作服、工作鞋、工作帽各扣1分 (2) 工具、材料乱放、混放每次扣2分 (3) 工具、材料落地或表面未及时清理每次扣1分 (4) 考试完后不清理工具或场地各扣3分 (5) 不服从考官、出言不逊,每次扣3分
3	准备与检查	10分	(1) 设备、工具每少准备一件扣3分 (2) 材料选择不当,每次扣4分 (3) 未检验工具、设备每次扣3分
4	准备工作	10分	作业前不安装5件套一项扣2分
5	安装防盗器	60分	(1) 未拉好驻车制动,熄灭发动机并拔掉钥匙,扣10分 (2) 安装前未认真检查汽车的电路有无损坏,扣10分 (3) 未用试电笔找相关线路,并正确连接,扣5分 (4) 安装系统配线时,电源线未最后安装,且安装时未拔下熔丝,扣5分 (5) 未固定好防盗器主机,扣5分 (6) 紧急解除开关未隐藏在车厢隐蔽处,扣5分 (7) 安装报警喇叭时,喇叭口未朝下,扣5分 (8) 线路连接不牢靠,绝缘性能不好。扣5分 (9) 安装完毕后,未检查各项功能,扣5分 (10) 施工完毕后,未立即清理现场,扣5分
6	记录	10分	(1) 维修记录字迹潦草扣2分 (2) 填写不完整,每项扣1分
7	合计	100分	

"安装防盗器"操作工单

班级：_____ 姓名：_____ 得分：_____

车型		发动机型号	
一、准备工作			
1. 工具准备与检查			
2. 材料设备准备			
3. 车辆准备			
二、操作过程			
准备	记录：		
安装	记录：		
整理工作场地			

实训 21　安装凸镜

1. 实训目的

掌握凸镜的安装方法。

2. 实训内容

凸镜的安装。

3. 实训设备

实训车辆、常用工具、螺钉旋具、专用工具、与车型相符的凸镜。

4. 实训注意事项

1）拆下来的螺钉及配件要收好，以免丢失。

2）车灯外壳要及时保护好，以免弄花表面。

3）凸透镜及安定器需要固定牢固，以免以后出现故障。

4）保证灯内的清洁。

5）密封性一定要做好，防止灯箱内进水。

5. 实训方法及步骤

（1）改双光透镜的原因　以睿翼车型来说，睿翼的前照灯为了漂亮的造型，却削弱了灯光本身的性能，如远光，这个非规则形状菱形碗发出的远光很差，近光也很一般。想升级前照灯先从灯泡入手，改装氙气前照灯一般都是直接换灯泡和氙气包，但实际上这样做性能提升有限。因为，原车透镜只针对卤素灯设计，由于灯泡不一样，改装氙气灯后焦距产生变化，并不能发挥氙气灯的功效。同时，远光反光碗性能也很有限，有人装了一套远光、一套近光，四个氙气灯，不仅成本不低，同时氙气灯起动有一定延迟，占道晃灯性能也不行。

更改双光透镜之后，原近光位置既可以产生近光，又可以产生远光，加上原来自带的远光，就产生2个近光和4个远光的效果，大大增强了光照效果，由于远光碗的空间问题，睿翼装不了4透镜。

（2）安装透镜前注意事项

1）注意光型，每个透镜虽特型不一，但最后安装好之后要左右切线整齐，有些人极力追求光亮和切线，甚至有些人走极端，但是殊不知那样会给行车安全带来隐患。

2）注意做工。这里说的主要是改灯是个不小的工程，所以一定要掌握足够的专业知识及施工经验，因为装透镜要开灯罩，所以密封灯罩的时候要确保良好的密封性。

3）安全性。这个很重要。因为改灯势必涉及前照灯电路问题，车自燃大部分都是擅自更改电路引起的，所以改灯所需的所有附加线路线束接头都必须用热缩管套起来，以避免产生漏电打火的现象，从而产生危险。并且，要注意改装所增加的产品的兼容性问题，有些汽车改装氙气灯后会使行车计算机报错产生故障码，导致前照灯不亮等现象，相对来讲这一点大众系列汽车是较突出的，日系车相对就好改多了，行车计算机对前照灯电源这一块管理并不严格，当然这也因车而异，最好提前了解清楚。

4）售后服务。一个负责任的商家应提供尽可能充分的售后服务，因为即使是最完美的产品也会有出问题的时候。

（3）凸镜的安装

1）拆车灯，部分车型需要拆除前保险杠才能把前照灯总成拆卸下来。一般固定车灯用

5颗螺钉，上面3个、侧面1个、前面1个，个别车型会有塑料按扣。如图8-52所示。

2) 车灯总成保护，拆下车灯总成后第一件事情就是蒙一层保鲜膜，将车灯表面保护起来。

3) 开灯罩，先把灯上不需要并会妨碍开灯罩的部分拿掉。如灯的支架、金属卡勾、固定螺钉、灯泡及灯后罩等。然后用电烤箱软化，温度在150℃，时长14min左右。

4) 拆卸车灯，改装凸透镜基本都是安装在灯杯上，因此要将灯杯拆下。灯杯都会连接在外壳的调整杆，所连接的调整杆要同步拆解，否则会损坏。灯杯也有用球卡固定在外壳上的结构，当调整杆松到一定程度时，才可以撬下。所有的卡子都要保存完好。

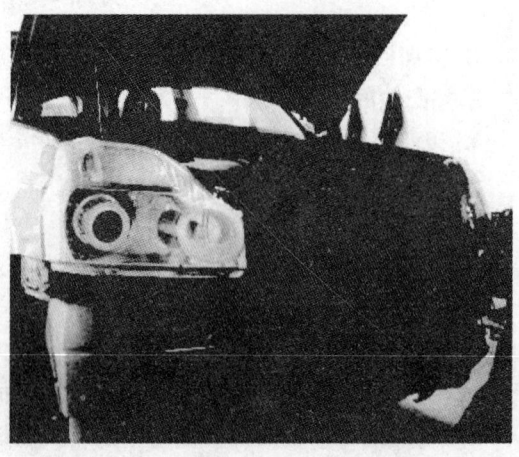

图8-52 拆车灯

5) 车灯清洁，车灯的清洁主要是将无法再次使用的封灯胶去除干净。部分车型的反光杯固定在灯罩上，所以要拆下来。然后是灯罩的清洗，用吹风将水吹干（用毛巾会留下水印），最后将外表面覆盖保鲜膜进行保护。

6) 灯杯的制作方式有两种

① 使用凸透镜定位器来确定凸透镜及螺钉孔位置。

a. 使用7.5cm左右的圈划线来确定凸透镜安装空间。

b. 使用不锈钢打磨片沿着所画的线来切割出安装凸透镜的空间。

② 当部分灯杯使用凸透镜定位器时，用中心线来确定凸透镜及螺钉孔位置。

a. 先画出灯杯的中心线。

b. 根据中心线，画出凸透镜安装位。

c. 切割凸透镜安装位及走线口。

d. 将凸透镜中心线与灯杯中心线重合，用螺钉旋具定位螺钉孔。

e. 电钻（5号）打孔。

7) 透镜的安装方式有两种

① 凸透镜使用螺钉直接固定在灯杯上。

② 部分车型使用凸透镜专用支架及螺钉来固定。

8) 安定器根据车体与车灯之间的空间，有两种安装方式

① 直接安装在车灯外壳上，空间较大时，开口处要用胶密封。

② 固定在车体上。

9) 线路整理：按照电线与车灯的连接方式分为两种。

① 分线型。即每个灯都有单独的插座与车体的灯线直接相连。

② 总线型。即所有灯在灯箱内连接，对外只有一个总插座。

10) 调试定位：

① 将车灯安装并把线路整理好后，就上车初调。主要是调整固定车灯的4个螺钉。

② 先用远光调整车灯的高度，再用近光调整两灯的水平。

③ 部分大众的车型需要接计算机，将氙气灯的控制打开。

11）车灯封装。可使用蛇型硬胶，放入烤箱里软化后密封。或使用打胶机密封，并用起钉固定。封装时要注意灯体内部清洁，凸透镜上不能有指纹印。如图 8-53 所示。

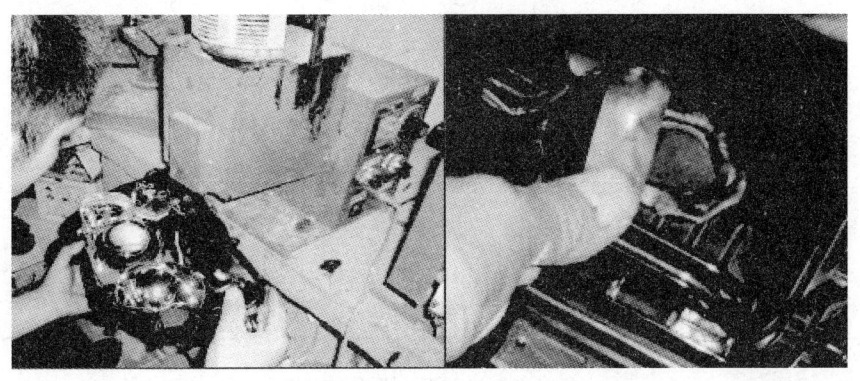

图 8-53　车灯封装

6."凸镜安装"评分标准与操作工单

"凸镜安装"评分标准

序号	考核项目	配分	扣分标准（每项累计扣分不能超过配分）
1	安全文明否决		造成人身、设备重大事故，或恶意顶撞考官，严重扰乱考场秩序，立即终止考试，此项目记 0 分
2	安全文明生产	10 分	（1）不穿工作服、工作鞋、工作帽各扣 1 分 （2）工具、材料乱放、混放每次扣 2 分 （3）工具、材料落地或表面未及时清理每次扣 1 分 （4）考试完后不清理工具或场地各扣 3 分 （5）不服从考官、出言不逊，每次扣 3 分
3	准备与检查	10 分	（1）设备、工具每少准备一件扣 3 分 （2）设备、工具选择不当，每次扣 4 分 （3）未检查材料每次扣 3 分
4	准备工作	10 分	作业前不安装 5 件套一项扣 2 分
5	车灯的拆卸与凸镜的安装	60 分	（1）拆车灯方法错误，扣 10 分 （2）开灯罩方法错误，扣 5 分 （3）拆卸车灯方法错误，扣 10 分 （4）车灯未清洁，外表面未用保鲜膜进行保护，扣 5 分

(续)

序号	考核项目	配分	扣分标准（每项累计扣分不能超过配分）
5	车灯的拆卸与凸镜的安装	60分	（5）透镜安装方法错误，扣5分 （6）安定器安装方法错误，扣5分 （7）线路未整理，扣5分 （8）未调试定位，扣10分 （9）车灯未封装，扣5分
6	记录	10分	（1）维修记录字迹潦草扣2分 （2）填写不完整，每项扣1分
7	合计	100分	

"凸镜安装" 操作工单

班级：_____ 姓名：_____ 得分：_____

车型		发动机型号	
一、准备工作			
1. 工具准备与检查			
2. 材料设备准备			
3. 车辆准备			
二、操作过程			
准备	记录：		
车灯拆卸与保护	记录：		
凸镜安装	记录：		
整理工作场地			

实训22　安装激光迎宾灯

1. 实训目的

掌握激光迎宾灯的安装方法及步骤。

2. 实训内容

激光迎宾灯的安装。

3. 实训设备

实训车辆、手电钻、试电笔、电胶布、开孔器、常用工具等。

4. 实训注意事项

1）拆卸车门盖时会有部分塑料装饰需要撬开，在用铁制工具撬动时注意不要刮伤塑料装饰，最好用电胶布保护好。

2）撬开车门盖后，会有部分卡扣会继续卡在门板上，需要将全部卡在门板上的卡扣撬出安装到车门盖上。

3）给车门盖打孔前，需要将两车门盖测量好打孔位置，做好周边保护。

4）迎宾灯接门灯线后要用电胶布绑紧，防止短路。

5. 实训方法及步骤

汽车迎宾灯作为LED类汽车光电产品新成员最早出现在2010年，回顾一下汽车迎宾灯的发展之路，自第一代到现在的专车专用3D镭射迎宾灯总体来说可以归纳为4次变迁，打孔通用型汽车迎宾灯、背贴通用型3D迎宾灯、无线粘贴型迎宾灯、专车专用3D镭射迎宾灯。从技术性和方便安装来看和大多数汽车产品一样趋向小型化、简约化，最后专车化，每次变迁都是一种更贴切于原车的突破。

（1）汽车迎宾灯的作用　迎宾灯的主要用途：一是为乘坐者照亮车门的路；二是提高车子档次，彰显品牌和车主的个性。并且此类迎宾灯根据车型的不同，车标也有不同的选择，现在已达到接近200种车标和各类图形，彰显车子的个性化。如图8-54所示。

图8-54　迎宾灯

（2）汽车迎宾灯的原理　迎宾灯的主要结构有光源、透镜、菲林片。LED 光源通过透镜折射到菲林片上，再通过菲林片后面的透镜将具体的车牌标志图像呈现在所照射的物体上。通过一系列光学反应达到理想的效果，这就是迎宾灯的内部结构。如图 8-55 所示。

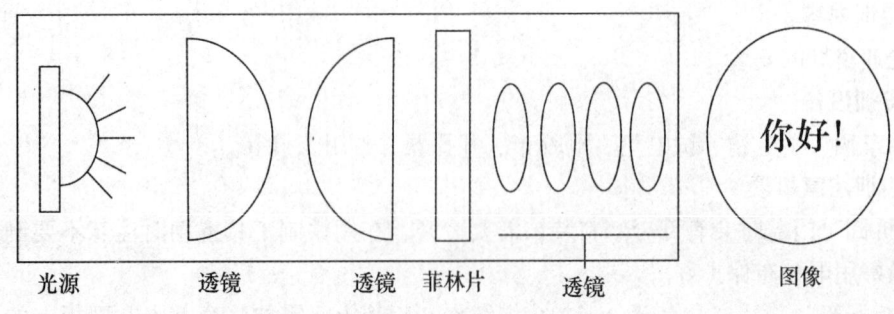

图 8-55　迎宾灯的原理图

（3）汽车迎宾灯的安装步骤（图 8-56）

1）拆卸车门盖。

2）用电钻在车门盖底面钻个小孔。

3）把灯具固定在车门盖上。

4）当迎宾灯固定好之后，把电源线接车门灯的正负极，测试是否正常。

5）测试正常之后，盖上车门盖。

6）安装完成。

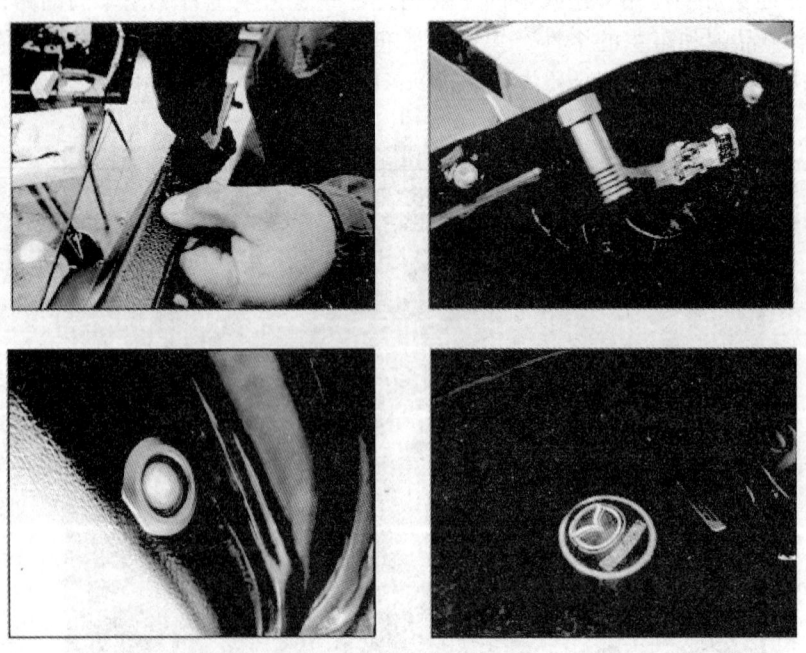

图 8-56　迎宾灯安装步骤图

6. "安装激光迎宾灯"评分标准与操作工单

"安装激光迎宾灯"评分标准

序号	考核项目	配分	扣分标准（每项累计扣分不能超过配分）
1	安全文明否决		造成人身、设备重大事故，或恶意顶撞考官，严重扰乱考场秩序，立即终止考试，此项目记0分
2	安全文明生产	10分	（1）不穿工作服、工作鞋、工作帽各扣1分 （2）工具、材料乱放、混放每次扣2分 （3）工具、材料落地或件表面未及时清理每次扣1分 （4）考试完后不清理工具或场地各扣3分 （5）不服从考官、出言不逊，每次扣3分
3	准备与检查	10分	（1）工具、设备每少准备一件扣3分 （2）工具、设备选择不当，每次扣4分 （3）未检查工具、设备及材料每次扣3分
4	准备工作	10分	作业前不安装5件套一项扣2分
5	安装激光迎宾灯	40分	（1）拆卸车门盖方法错误，扣10分 （2）用电钻在车门盖底面钻个小孔，未做扣10分 （3）把灯具固定在车门盖上，未做扣10分 （4）当迎宾灯固定好之后，把电源线接车门灯的正负极，测试是否正常。未做扣10分
6	安装注意事项	20分	（1）拆卸车门盖时会有部分塑料装饰需要撬开，在用铁制工具撬动时注意不要刮伤塑料装饰，最好用电胶布保护好。未做扣5分 （2）撬开车门盖后，会有部分卡扣继续卡在门板上，需要将全部卡在门板上的卡扣撬出安装到车门盖上。未做扣5分 （3）给车门盖打孔前，需要将两车门盖测量好打孔位置，做好周边保护。未做扣5分 （4）迎宾灯接门灯线后要用电胶布绑紧，未做扣5分
7	记录	10分	（1）维修记录字迹潦草扣2分 （2）填写不完整，每项扣1分
8	合计	100分	

"安装激光迎宾灯"操作工单

班级：_____ 姓名：_____ 得分：_____

车型		发动机型号	
一、准备工作			
1. 工具准备与检查			
2. 材料设备准备			
3. 车辆准备			
二、操作过程			
准备	记录：		
安装	记录：		
整理工作场地			

实训 23　安装 GPS 导航

1. 实训目的
1）了解 GPS 导航系统的组成。
2）掌握 GPS 导航的安装方法及步骤。

2. 实训内容
GPS 导航的安装。

3. 实训设备
实训车辆、导航系统设备、螺钉旋具、常用工具、电胶布、万用表等。

4. 实训注意事项
1）听从安排，不要随意走动。
2）实训时必须在指导老师的指导下完成。
3）注意保持教学场地卫生。
4）实训时不能野蛮操作。
5）GPS 系统显示屏支架在玻璃上吸附时，先将被吸附部位的玻璃进行清洁，并且支架的抽气开关一定要打开，扳到底为止。
6）GPS 车载导航系统原厂各线的长度足够，切勿外接线或作接口。

5. 实训方法及步骤
（1）GPS 车载导航系统的组成
1）GPS 导航系统主要由三部分组成：空间端、控制端和用户端。
① 空间端。由分布在 6 个轨道面上的 24 颗卫星组成。卫星轨道高度 20200km，倾角 55°，周期 12h。卫星的轨道分布保证整个世界各地任何时间可见到至少 6 颗卫星，卫星连续向用户提供位置和时间信息。卫星布置图如图 8-57 所示。

 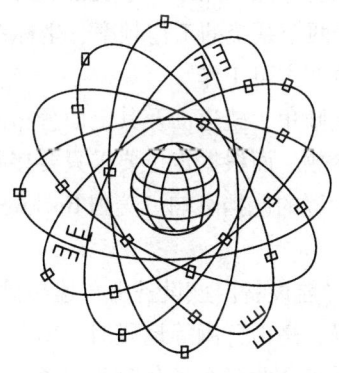

图 8-57　卫星布置

② 控制端。由 1 个主站、5 个监测站、3 个注入站组成。主控站位于 Colorado。监测站跟踪视野内所有 GPS 卫星、收集卫星测距信息，并把收集的信息送到主站。主控站计算卫星精密轨道，并产生每颗卫星的导航信息，通过注入站传送到卫星。
③ 用户端。由接收机、处理器和天线组成。通过接收卫星广播信息计算出用户的位置

速度和时间。GPS 工作示意图如图 8-58 所示。

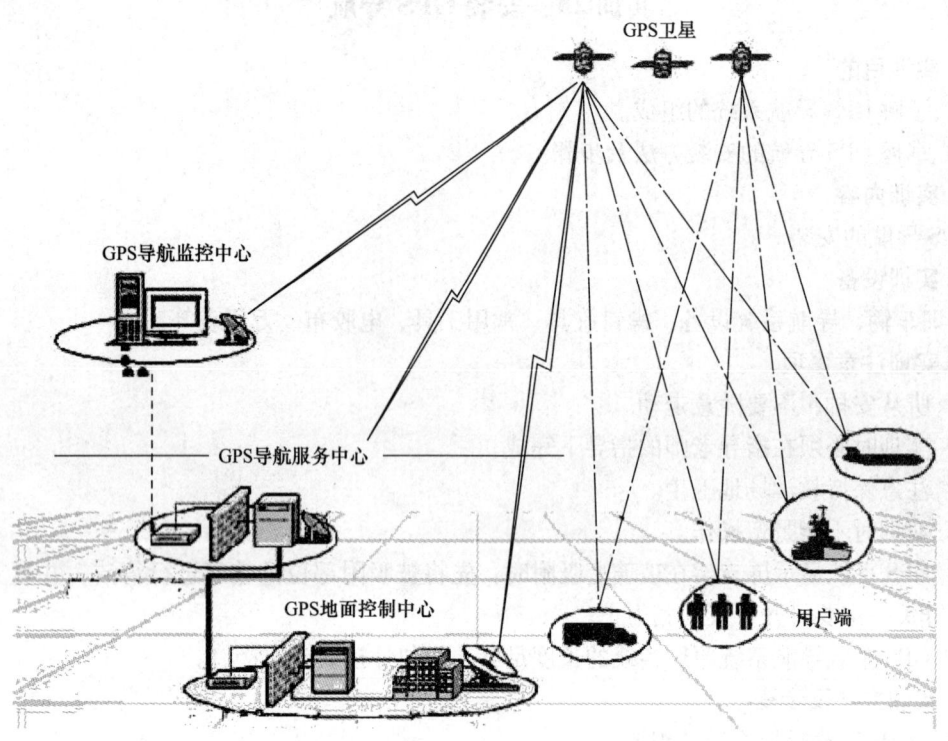

图 8-58　GPS 工作示意图

2）GPS 车载导航系统各组成系统

① GPS 导航设备。由 GPS 天线和 GPS 接收机组成 GPS 导航设备。目前天空中有两套较大全球定位系统。除采用单一系统接收外，也可以采用组合双系统接收（GPS + GLONASS = GNSS）。由于两个系统的工作频率、坐标系、传输识别方法不同，所以对天线和接收机的参数要作相应改变方可工作。

根据卫星倾角、轨道面及其上面分布的卫星数量的不同，在地球上任一点最多可能接收到 8 颗卫星参数。而根据定位要求只要接收到 4 颗卫星参数就能求出地面定位坐标。为减少城市中高楼大厦的遮挡影响。美国 Rockwell 公司出品的 12 通道 GPS-OEM，常用作 GPS 接收机的主机。

② 自主导航设备。该设备由车速传感器和陀螺传感器组成。当汽车行驶在隧道、高架桥、高层楼群、高山群涧等地段时，将与 GPS 失去联系，在中断信号的瞬间，机内自动导入自主导航系统。此时车速传感器从汽车前进的速度检测出车速脉冲，通过汽车微处理器（MPU）的数据处理，由速度和时间直接求出前进的距离。

③ 地图匹配器。由 GPS 导航和自主导航（包括车速传感器和陀螺传感器）所测得的汽车坐标位置数据、前进的方向和行驶路线轨迹在电子地图上都存在一定的误差，为了修正这些误差，需采用地图匹配技术。增加一个地图匹配电路，对汽车行驶的路线（包括各种传感器检测到的轨迹）与电子地图上道路的偏差进行定时数字相关匹配，做出自动修正，然后由微处理器整理程序进行实时快速处理，在电子地图上得到汽车正确位置的距离。

④ LED 显示屏。薄膜晶体管有源矩阵液晶显示器是个发展方向。因为它每个像素后面都配置了一个半导体开关器件来驱动,从而实现了高亮度视频图像显示,具有对比度好、扫描线多、视角宽、低反射等优点。日本导航研究会把三基色(RGB)TFT LCD 制定为导航用的标准,尺寸为 5.6in(1in = 25.4mm),224640 像素(234×960),6.4in,449280 像素(234×1920)。这种显示器由于视角宽、亮度高,在副驾驶座和后座位上均能看到清晰的画面,所以应用广泛。在我国已经常见。

现在国际上推出的宽屏幕画面 7in 液晶显示器,336960 像素(234×1440),对角线 180mm,具有家用彩电功能,通过增加电路能提供双画面和画中画画面,纵向长距离扩大画面显示等功能,这样就实现了导航地图画面、电视接收、重调多频信息接收等多种功能,给驾驶人长途驾驶带来乐趣。如图 8-59 所示。

⑤ 通信系统。车辆的移动性决定了系统的通信必须采用无线电通信方式。现在常用的通信方式为常规通信、集群通信、GSM 的短信息业务三种。其中 GSM 的短信息业务用于定位数据传输,目前

图 8-59 LED 显示屏

较为流行,因其覆盖范围广可以实现全球通。但是时间问题是制约其发展的重要因素。

(2) GPS 车载导航系统的安装 市场上常见的有专车专用导航 DVD 一体机、便携式导航机和 PDA 式导航机。如图 8-60 所示。

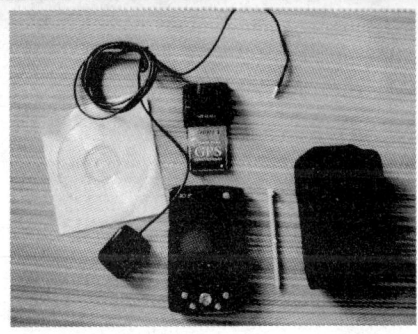

图 8-60 GPS 车载导航系统的安装

1) 显示屏的安装。便携式 GPS 导航的主机并不大,有个专门的背面带吸盘的支架,吸附在前风窗玻璃上,安装位置可以在前风窗玻璃左右下角或前风窗玻璃中间上部。安装要求

是不影响开车视线，方便车主操作和观看。如图 8-61 所示。

图 8-61　安装显示屏

2）电源安装。便携式 GPS 导航系统的电源系统采用点烟器电源接口，一般即用即插，比较方便。

6. "安装 GPS 导航"评分标准与操作工单

"安装 GPS 导航"评分标准

序号	考核项目	配分	扣分标准（每项累计扣分不能超过配分）
1	安全文明否决		造成人身、设备重大事故，或恶意顶撞考官，严重扰乱考场秩序，立即终止考试，此项目记 0 分
2	安全文明生产	10 分	（1）不穿工作服、工作鞋、工作帽各扣 1 分 （2）工具、材料乱放、混放每次扣 2 分 （3）工具、材料落地或表面未及时清理每次扣 1 分 （4）考试完后不清理工具或场地各扣 3 分 （5）不服从考官、出言不逊，每次扣 3 分
3	准备与检查	10 分	（1）工具、设备每少准备一件扣 3 分 （2）工具、设备选择不当，每次扣 4 分 （3）未检查设备材料每次扣 3 分
4	准备工作	10 分	作业前不安装 5 件套，一项扣 2 分
5	安装 GPS 导航	60 分	（1）便携导航固定不稳扣 20 分 （2）车载电源接错扣 20 分 （3）安装完好以后不能工作扣 20 分
6	记录	10 分	（1）维修记录字迹潦草扣 2 分 （2）填写不完整，每项扣 1 分
7	合计	100 分	

"安装 GPS 导航" 操作工单

班级：_____ 姓名：_____ 得分：_____

车型		发动机型号	
一、准备工作			
1. 工具准备与检查			
2. 材料设备准备			
3. 车辆准备			
二、操作过程			
准备	记录：		
安装	记录：		
整理工作场地			

实训 24　安装一键式起动

1. 实训目的

掌握一键式起动的安装方法和流程。

2. 实训内容

一键式起动的安装。

3. 实训设备

实训车辆、一键式起动设备、电胶布、常用工具等。

4. 实训注意事项

1）测量时一定要注意别搭铁或短路。

2）先确定中控可以正常开闭再测量，考虑门锁关闭情况以及门边开闭状态，部分车型有多组中控控制线，需选择简单且合理的一组连接。

3）无门边开关的车型，需要到主门线束中逐根测量，当测到某根线灯亮时，关闭门锁灯灭，则表示为门边灯负触发，反之为正触发，实在不行需要拆门板求证。

4）有的车有几组转向灯线，为了防止同边，需要将警示灯关闭后将钥匙打到 ON 位置，分别打开左、右转向，对找到的转向灯线做进一步的核实。

5）拆装锁销时严格按照操作步骤进行。

5. 实训方法及步骤

（1）安装前事项

1）首先在确认车辆的灯光、转向灯、中控、制动踏板、门边、驻车制动、尾箱开启、升窗器、起动无异常的情况下开始安装，安装时不要佩戴硬性挂件，如钥匙、刀架等，为防止刮伤油漆，安装前可以适当地给车辆带上保护套。

2）安装的流程是：拆—检—接—试—装。

① 需要拆的就是：方向盘下方护板、门边踏板、三角板、方向盘下护盖、门板及相关物件。

② 检查的线束及连接线束有：起动组、中控线、转向灯、门边线、制动踏板线、驻车制动线、行李箱线、喇叭。

（2）安装过程

1）将接线区域和固定按键的防护板拆下，找个合适的地方摆放。如图 8-62 所示。

2）起动组。对于没装过的车型，首先要测量的是起动组是否是协议控制的，寻找是否有 ACC \ ON \ START \ 常火线等，确定是否是 12V 控制，起动时其他线束是否有电压变化。（测量时一定要注意别搭铁或短路。）

3）中控线。通常需要找的中控线在主门与驾驶室之间的线束中；或者制动踏板上方的连接插座上；以负触发为例，可以拿带指示灯的试电笔一端搭铁，一端检测主门与驾驶室相通的线束插头，没有插头的用刀片切入式的方法逐根测量。如有开锁动作，则此线为开锁线。有关锁动作，则为关锁。

4）转向灯线。找转向灯线时先将警示灯打开，可以听一下闪光继电器的工作位置在哪个区域，然后在其附近的插头上查找，当试电笔的指示灯随着车辆的一同闪烁时，则这个是转向灯线，另一根转向灯一般在相邻或者相对的孔位，确定两个转向灯都找到，如有的车型

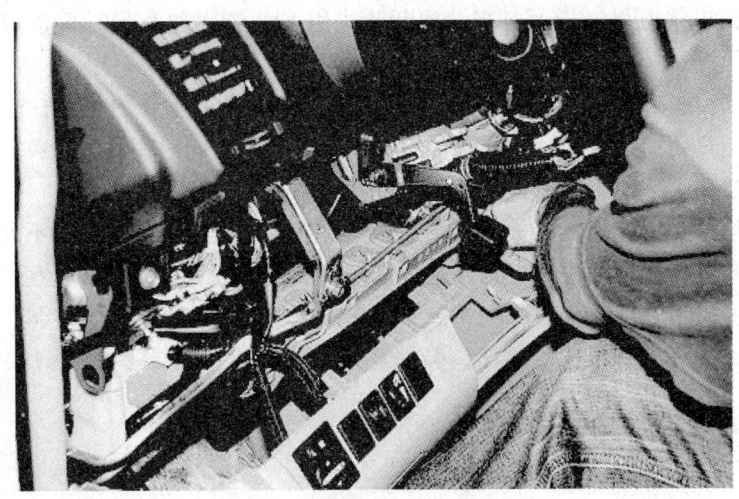

图 8-62 拆卸防护板

转向灯插头处检测困难则还可以在主门踏板中寻找，同样的方法用刀片切入式逐根测量，如果在一方只能找到一根转向灯，那么就应当去副驾驶处寻找另一根。

5）门边线。门边线的查找可以用一个最快捷的办法：用试电笔一端接 12V 常电源，另一端去测需要的门边线，当测到该线灯亮，按下门边开关灯灭时，此线就是需要找的门边线（负触发测法），假如测到该线不亮灯，按下门边开关亮灯，则表示该车型为门边正触发；找门边线时可以先在门边开关处查看门边线颜色，然后在靠近 A 柱护板处根据线色查找门边线。

6）制动踏板线。主要是行车中途防抢及起动熄火信号。制动踏板线查找时先找到制动踏板开关，一般情况下制动踏板开关上面有需要找的线，在钥匙没有打开的情况下，踩下制动踏板有电的那根线便是要找的制动踏板线，或者是部分车型制动踏板开关处很难接线的，可以在持续踩制动踏板的时候，测量附近插头的点位变化。

7）驻车制动线。主要是远程起动的控制信号。直接在驻车制动处可以找到驻车制动开关，驻车制动开关处连接的线就是要找的驻车制动线；还有一个办法是查看驻车制动线颜色后，将钥匙打开到 ON 位置，将驻车制动放下，用试电笔一端搭铁，另一端在前方寻找颜色一致的线进行测量，当检测到某根线，仪表台的驻车制动灯亮时则表示该线是驻车制动线。（驻车制动拉起时是搭铁信号，上述检测过程模拟了这个信号。）

8）行李箱线。根据要求配置。行李箱线查找时可以先检查原车的门板及驾驶室是否有行李箱按键开关，如果有可以在开关后面的线上直接连接，测量时先用示灯搭铁测量，测到某根线开行李箱时，则可以直接将行李箱线连接其上，假如搭铁测量没有开行李箱征兆，就用 12V 的蓄电池电压测量。

试电笔测量时，有的行李箱马达电动机必须要 12V 才能工作，此时可以用导线直接连接 12V，然后分出一小根细铜丝出来点触式测量行李箱是否开启，开启即行李箱线，连接时需要在中间加一个继电器转换正触发，对于没有行李箱开关键的，可以在主门踏板线束中，用正负触发分别测量，找出需要找的线，假如没有找到，就说明原车是回路控制，需要剪断回路的一根线来实现单路控制，这个时候可以到行李箱电动机处查看控制线的颜色，在门边线束中用12V试电笔测量时指示灯亮,剪断此线用12V细铜丝测量时行李箱即开启,同样用继电器转换即可。

9)喇叭。警报报警,提醒近距离车主。安装喇叭是个很重要的问题,往往安装时没有注重这个细节。安装喇叭必须远离高温区域,喇叭口朝下,同时喇叭的线束必须用胶带包扎好,搭铁处的油漆应抹掉。

布喇叭线时需要注意的是尽量隐藏线束,不要直接跨过门边,这样很不美观,可以从主门线束胶套处通过,或者临边的空洞,也可以直接从发动机室连接至驾驶室。以下就是连接线的查找,在接线时先将原车线皮剥开,然后在铜丝中间用试电笔扎个小洞,将连接线从小洞中穿入扎好,所有线都是如此接法,确保连接稳当,连接后插上主机测试(电话卡需要在通电前放入)。

10)钥匙芯片解码:发动机防盗

① 有3种方案可供选择:

a. 直接将钥匙贴于原车芯片检测环上,并将其固定。

b. 利用芯片解码盒:解码盒拆开,将钥匙固定在线圈中,解码盒上的灰色连接线接20P的灰色线,红色线接12V常电,黑色线圈绕锁头不少于4圈。

c. 将钥匙内部的芯片取出固定在芯片线圈处。

② 机械锁解除有六种方案:

a. 配一片钥匙坯旋转至ON位置。

b. 部分车型可以将机械锁销取出,如丰田车系。

c. 固定锁芯里的锁舌至插钥匙后位置。

d. 将锁芯部分拆除(内含锁销控制)。

e. 在方向锁与方向机中间隔铁片。

f. 将机械锁总成拆除,据客户需求而定。

11)按键固定

安装按键,一般情况下先将按键与铁片用3M胶连接起来,然后再固定到原车面板中,切记不要偷工减料直接拿胶粘,这样很容易掉,对以后增加很多售后问题。如图8-63所示。

至此所有的硬件部分连接处理完毕!连接后可以试车,确认起动无阻碍即可,假如起动时间过长,则要考虑芯片位置是否最佳,选择最佳位置摆放,测试遥控器开关锁,振动报警、遥控起动、开行李箱灯功能;手机绑定及功能调试,首先拨打主机号码确认能接听电话,手机授权及软件下载。

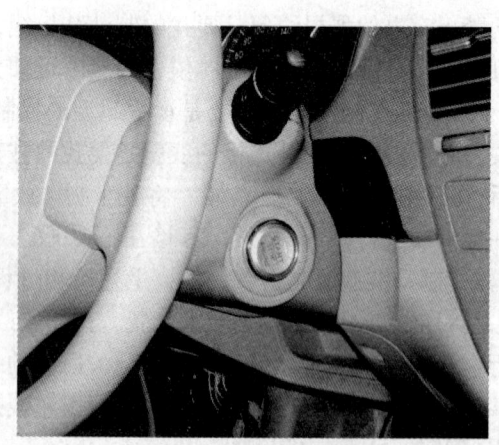

图8-63 安装完好的一键式起动

12)线束固定及主机安装。6P线束和20P线束、起动组必须用扎带固定好,起动组要固定,将所有配件连接好之后,将主机固定在远离熔丝盒的区域,避免原车电流的干扰,固定主机时要特别注意不要固定在转向传动轴、制动踏板开关、离合器开关、驻车制动等位置,这样会影响这些功能的实现,同时会带来售后修理。

13)安装完毕,填写安装服务记录及客户信息记录,方便以后的回访,售后服务责任到人。

6. "安装一键式起动"评分标准与操作工单

"安装一键式起动"评分标准

序号	考核项目	配分	扣分标准(每项累计扣分不能超过配分)
1	安全文明否决		造成人身、设备重大事故,或恶意顶撞考官,严重扰乱考场秩序,立即终止考试,此项目记0分
2	安全文明生产	20分	(1)不穿工作服、工作鞋、工作帽各扣1分 (2)工具、材料乱放、混放每次扣2分 (3)工具、设备落地或表面未及时清理每次扣1分 (4)考试完后不清理工具或场地各扣3分 (5)不服从考官、出言不逊,每次扣3分
3	准备与检查	10分	(1)工具设备每少准备一件扣3分 (2)工具设备选择不当,每次扣4分 (3)未检查材料设备每次扣3分
4	准备工作	10分	作业前不安装5件套一项扣2分
5	安装一键式起动	50分	(1)ACC点火线检测不正确,扣10分 (2)门边线检测不正确,扣10分 (3)转向灯检测不正确,扣10分 (4)一键起动线束连接不正确,不稳固。扣10分 (5)线束整理不整齐,扣5分 (6)一键起动主机固定不牢固,扣5分
6	记录	10分	(1)维修记录字迹潦草扣2分 (2)填写不完整,每项扣1分
7	合计	100分	

"安装一键式起动"操作工单

班级：_____　　姓名：_____　　得分：_____

车型		发动机型号	
一、准备工作			
1. 工具准备与检查			
2. 设备材料准备			
3. 车辆准备			
二、操作过程			
准备	记录：		
安装	记录：		
整理工作场地			

参 考 文 献

[1] 辛莉．汽车美容与装饰［M］．北京：机械工业出版社，2013．
[2] 曾志安．汽车车身涂装［M］．北京：人民交通出版社，2014．
[3] 覃维献．汽车美容与装饰［M］．北京：人民邮电出版社，2012．
[4] 黄昌志．汽车装饰与美容［M］．北京：北京航空航天大学出版社，2011．
[5] 宋东方．汽车装饰与美容［M］．北京：化学工业出版社，2010．
[6] 周燕．汽车美容与装饰［M］．3版．北京：机械工业出版社，2011．
[7] 谭本忠．汽车美容与装饰［M］．济南：山东科学技术出版社，2012．
[8] 金守玲．汽车装饰与美容［M］．北京：北京大学出版社，2013．
[9] 于志友．汽车美容与装饰［M］．北京：北京大学出版社，2015．
[10] 李昌凤．零基础学汽车美容装饰［M］．北京：北京大学出版社，2014．
[11] 祖国海．汽车美容与装饰（汽车类）［M］．北京：中国劳动社会保障出版社，2006．